莫忘克難
慈濟路

慈濟百號委員
口述歷史（二）

陳貞如等口述
沈昱儀等整理

口述歷史系列
003

莫忘克難慈濟路

證嚴上人開示

留史映心　莫忘克難慈濟路

對的事情，做就對了；做對的事，就是智慧。慈濟在今年（二〇二三）已經進入第五十八年，回顧過去，眞的是人能夠成就一切，有許多慈濟事都是認定應該做，就對大家說；人人聽了，就是把握當下，用心投入。因爲每一位慈濟人的信任與付出，慈濟才能從臺灣東部的花蓮，延伸到全臺北、中、南，乃至全球一百多個國家地區都有我們的慈善援助足跡。而這些還要感恩早期的資深委員，有他們的鋪路與傳承，才有後來不斷累積的感人故事。

慈濟最早的名稱是「佛教克難慈濟功德會」，創辦之初，我和常住還借住在普明寺裡，租地務農、做手工自力更生，生活相當艱困，經常無米下鍋。但我始終堅定要濟貧救苦的信念，有錢沒錢？不管，就是認定這件事是對的、需要做，我就會很堅持，做就對了。所以到了每月照顧戶發放日那天，總是希望讓他們中午吃飽才回去，於是向普明寺借米、借油來煮鹹粥。

在克難中，我們承接的第一個照顧戶，是八十幾歲、孤老無依的林曾老太太。接獲提報之後，我親自和委員到她家訪視，住屋非常破爛、簡陋又昏暗，還沒有進門，就聞到一股很不好的味道；進到屋裡，空間很狹窄，老人家躺在床上，整個床鋪都是排洩物，看了很令人鼻酸。我們幾個人把她扶起來，讓她坐在門外的椅子上，屋裡幫她清一清。

慈濟人到照顧戶家裡幫忙打掃，這樣的畫面，在現今的大愛臺常常可以看到，但其實早在五十幾年前，我們就是這樣在關懷。不過，那個年代要做慈善工作，眞的是很辛苦，只是時代在變，空間也在變，現在的人很難去體會。所以我一直跟大家提「盤點生命」，就是要把握現在，也要了解過去，看看過去的用心，一路過來都是很有價值的畫面，精神、方向都一致，沒有偏差。

而每逢過年前夕，我們都會爲每一家照顧戶辦年貨，吃的、用的都有。雖然那個時代，慈濟很坎坷，自己都很窮，但總是要去爲他們全家量尺寸，大小都給他們穿新衣。尤其是孩子，那個時代，學生只要上學就要穿卡其學生服，慈濟給孩子們卡其服還要給「太子龍」，就是比一般的卡其還要更好。慈濟要給的，都是給自己很歡喜，不是隨便選的。

又想起過去搭遊覽車巡迴全省複查個案和下鄉義診，臺灣頭到臺灣尾，我是都走得很透。我帶委員、醫生搭遊覽車，不是去遊覽，是一村一村去義診。那個時代，花蓮與臺東的交通有部份是鐵公路共用橋，遊覽車是開在鐵軌兩側邊緣，要是有一點閃失，輪子就會卡進鐵軌；橋上還有設幾處行人或腳踏車的避車空間。若是以現代來看，花蓮、臺東，感覺是很近，但在過去是很不容易啊！

那個時代能夠這麼做，就是靠那群資深委員，每一次不是靜智（陳貞如）開車，就是靜慈（吳玉鳳）僱計程車幫我繞全臺；還有張有傳、張澄溫、黃博施等幾位醫師，每週兩天來（慈濟貧民施醫）義診所之外，還輪流幫我去鄉下義診。想到那個時候自己是那麼渺小，卻能夠有這麼多社會善心人士，願意這樣相信我，陪伴我一步一步走，所以我說命中有福田，生命中遇到都是很多的福田，都是菩薩。

回憶過去的歷史，一路走來，實在是步步艱難，就像是在走田埂路，一個人走在前面，一個兩個跟在後面；跟的人慢慢增加，路也被走得變寬一些，可以三四個人橫排前進；彼此再互動分享，邀集整群的菩薩連結在一起，才走出了後來的大道。這條大道，是許多志同道合的人，人人用心，分分寸寸用愛鋪設而成。共同創造這麼多人間善事，歷歷都在我的記憶中，都是很有價值的文史資料，我也感覺到這一輩子不後悔，很有福。

而這些豐富的文史資料，源自最初的一念心，要讓這些成章、成文，一定要有人有心，下功夫去整理。文字就是永恆的歷史，對於寫歷史的人，就是珍惜自己生命的見證。一篇文章、一篇報導，上面的作者是誰，這也是爲自己留歷史；這個時代、這個事情，是這個人寫的，這個人的如是我聞，或者是如是我見，都是很有價值，都是我們生命的珍藏。

期待大家也要發揮生命的價值，把握因緣，我們現在的責任，就是要把慈濟爲人間所做的蒐集好，尤其是要眞。資深委員還在的，我們也要趕快去拜訪，將寶貴的歷史記錄詳細，而且整理到字字珠璣，出版了，讓這些眞實的故事流傳於世，就是爲時代作見證，爲慈濟留歷史，爲人間立典範。

推薦序

在克難中，做就對了

慈濟慈善事業基金會副執行長　何日生

一九六〇年代，臺灣經濟還處在一個發展的階段，特別是在被稱爲後山的花蓮，在經濟上更是落後。當時全臺灣的慈善事業其實還非常薄弱，更何況花蓮這偏僻的一隅，而證嚴上人在這個時候、這個地方，帶領許多家庭主婦跨出家庭的藩籬，親自走到苦難處，爲苦難的人付出她們的心力。沒有任何早期的這些婦女、委員們受過專業的慈善訓練，能知道慈濟最終會成爲一個國際性的大團體；也沒有任何人想像得到，證嚴上人會成爲全世界最重要、最有影響力的宗教領袖之一。

她們所秉持的一念心就是——做就對了！當時的學佛並不是趕經拜懺，也不是求往生西方淨土，而是在行善當中感受到人生的無常，感受到慈、悲、喜、捨四無量心的力量。

她們秉持的是對證嚴上人的「信」，相信上人對眾生的悲心，相信上人行的菩薩道。她們不只緊緊跟隨，還參與創造慈濟慈善的模式。包括《慈濟》月刊的成立，包括慈善的訪視模式。當時的慈善模式並沒有一定的法則，只要符合慈濟的慈悲利他精神，都可以自行的創發。

當年志工們透過自我的人際網絡，將上人的慈悲愛心傳遞到每一個他們能觸及的人士身上。在花蓮引起了五毛錢運動，從家庭到菜市場，大家沒有想過五毛錢也能助人。善的能量也擴散到全臺，在臺中、桃園、高雄、屏東、南投、臺北等地，陸續接引出慈濟委員。這是最早的眾籌，通過大眾的點滴愛心，幫助那些需要幫助的人。

志工菩薩在助人當中豐富了自我的生命，也超越自我生命的各種障礙。桃園的楊金雪師姊十九歲就加入慈濟，是百號委員。金雪師姊在慈濟的慈善世界裡找到自我生命的自信，獲得自我生命的智慧。原本害羞、自卑的她，逐漸克服自我的負面觀點，成爲桃園第一顆種子。不但自我成長，也帶動更多的志工投入，改變感恩戶的生命，也改變自我的生命。

陳貞如師姊是一個自信、外向、樂觀的專業人士，她是記者，也是事業經營者。她加入慈濟，跟隨上人，對佛法的意義並不了解。上人要她多布施，她當時其實不解其意，就是去做就對了！她長期幫林曾老太太送飯，這是慈濟早期的個案，慈濟志工們一直照顧到林曾老太太往生。貞如師姊回憶，當時不知道布施的福報，上人總是告訴她，以後妳就知道。幾十年下來，她覺得自己福報很大，家庭和合，孩子都很成器，長子還是大學的院長。她最終明白了當時布施的意義，布施眾生功德，深植自我福德。

陳秀琴師姊從小是養女，過得並不幸福，沒受過教育的她，結婚後夫妻很恩愛，挑戰卻也很多。她加入慈濟之後，在面對每一個困境時她都以發大願來應對，孩子生重病了，她發願要捐更多的榮董。榮董圓滿了，孩子的病也好了。老公積下大筆的債務，她不只加倍工作還債，同時發願要捐更多的善款給慈濟。最終不只債務還清了，也捐了數百萬元給予慈濟救濟更苦的人。每一個生命的困難，秀琴師姊都聽從上人的教導，以發大願超越自身的苦難。現在，她的三個兒子都已結婚，都很孝順。她含飴弄孫之餘，還幫兒子的安親班小朋友們備餐。她的生命始終在付出，所面對的難關都是身邊的人，不是自己，但是她總是默默承擔，盡力地付出。這是菩薩心。秀琴是上人眼中從最命苦變成最幸福的女人。

每一位家庭主婦在慈濟都轉變了自身的生命，投入慈善讓她們豐富生命的價值，跟著上人學佛，淬鍊她們的人生智慧。這是慈濟早期的慈善歷程，是一群聚愛心與善心的婦女依循著上人的佛法，才開拓出今日的慈濟大道。

當時的慈濟雖然是一個很小的組織，但是內在的慈善人文在上人的帶領下已經逐步踏實地建立。上人自己仍借住在普明寺側屋，但是已經幫李阿抛老先生建空心磚房。「但願眾生得離苦，不為自己求安樂」，上人以自身的典範，帶動每一位跟隨他的志工，感受到布施、慈悲、利他的喜悅。這種喜悅來自對於上人的信，來自對上人的佛法智慧的生活化。這是慈濟發軔的精神所在，這精神必須永恆地傳承下去。我們以本書紀念這群菩薩身形，也紀念慈濟發軔之初，那分無私利他、克難付出的精神典範。

封面故事

平等、尊重的愛

慈濟從一九六九年起，每年農曆十二月舉行冬令救濟發放日，邀請照顧戶到會所來圍爐，同時領取生活物資和補助金。

證嚴上人曾言，救濟不只是給予物資，更重要是精神上的安慰，要像對待自己家人般對待照顧戶，給的東西必須也是自己喜歡、願意用，才是做到平等心；而過年前訪視的最大目的，就是爲照顧戶拍全家福照片，爲他們一家大小準備適合的衣服和日用品，這就是尊重。

因此，早期委員每到冬令發放的前一個月，必定挨家挨戶訪視照顧戶，而且隨身帶著布尺爲大家量身，作爲準備衣服的依據。本書封面的檔案照片，即是翻拍自委員訪視時留下的「佛教慈濟功德會個案資料表」，上面的數字，各是肩寬、袖長、背長、上圍、腰圍、下圍與褲長等尺寸；詳實記錄的背後，是那分源自平等、尊重的愛。

照片中的三個弱勢家庭都來自花蓮縣鳳林鎮鳳信里，政府在一九七三年七月停止了對他們的補助，於是里長在一九七四年一月提報給慈濟，慈濟於二月開始全家、全人的濟助，直到他們的生活能夠自立，或是往生爲止——

黃木榮是退役軍人，妻子喑啞，平日他在外打零工，妻子在家照顧兩個子女。女兒兩歲多時，妻子突然精神失常，且三子出生後，發病情況更加劇烈，無法照顧嬰孩。黃木榮爲了照顧妻小，無法離家工作，生活陷入困境。慈濟志工訪視調查後，開會決議每月補助白米；一九八〇年二月，慈濟依案家需求停濟白米，改爲生活補助金；一九九六年五月，案家兒女皆能自力工作，且政府補助金足夠夫妻生活，於是停止補助。

停扶後，慈濟志工仍是持續關懷黃家，於二〇〇九年一月，爲他們打掃住家；二〇一五年十二月，在鳳林聯絡處爲黃木榮舉辦百歲生日祝壽活動……直到二〇一七年十一月底黃木榮往生，妻子也在幾個月後離世，才結束長達四十三年的陪伴。

張壽南是黃木榮的退役朋友兼鄰居，他患有關節炎及腎臟病，身體虛弱，無法出外工作，而妻子身有殘疾且智能不足，三位子女年紀最長僅五歲，正是需要人照顧的時候。慈濟志工訪視後，開始每月濟助白米；一九八八年六月依案家需求改為生活補助金。

二十多年過去，張壽南已往生，女兒們已出嫁，兒子在中壢工作，只剩張太太住在家裡。這段期間，慈濟志工林瑛琚、鍾秋菊、簡美月、吳月桂、鍾仙妙、黎碧霞等接續長年關懷，張太太每次看到志工們都很開心，甚至手足飛揚、又跑又跳地迎接。一九九六年五月，慈濟志工評估張太太領有政府補助，且兒女都能盡孝道奉養，才決定停止補助。

最後一位楊石松是單親家庭，他因病半身不遂，無法外出工作，但妻子卻無法接受窮困生活而離家出走，留下他與三名仍在學的子女。楊石松的胞弟將他們接來同住，奈何自己是一位體弱且單眼失明的人，要支持兄長四口的生活也非常吃力。

慈濟志工在訪視後，同樣每月濟助白米，一九七六年十月起改為生活補助金。一九七七年楊石松的長子高中畢業，到臺北餅店當學徒，每月都會寄錢補貼家用，之後弟妹陸續完成學業並投入職場。一九八三年楊石松往生，慈濟志工見三個孩子皆能獨立自主，決定結案。

《慈濟》月刊的催生者

陳貞如（五號）訪談紀錄

訪談／何日生、賴睿伶、江淑怡、沈昱儀

記錄／沈昱儀

時間／二〇二二年八月二十六日；二〇二三年二月十一日、三月十五日、九月二十二日

地點／順光佛像中心

【經典語錄】

看著孩子都很有成就，先生往生時走得很安詳，我才了解上人說的「功德無量」，不是付出的當下可以得到什麼回報。

【主述者簡介】

陳貞如，慈濟委員號五號，法號靜智，是慈濟最初的委員之一。生於一九四一年，一九六五年初識上人，時爲《民聲日報》花蓮分部的主任兼記者，對上人的濟世理念十分認同。一九六六年佛教克難慈濟功德會成立，她即加入功德會。除了招募會員，投入慈善工作，也運用媒體界人脈，邀集資深媒體人協助，參與創辦《慈濟》雜誌，爲後來《慈濟》月刊的前身。《慈濟》的發行，讓更多善心人士了解慈濟的理念與會務，進而成爲會員或志工，對慈濟的發展與茁壯，有著重要的貢獻。

二〇〇七年七月四日，陳貞如於順光佛像中心與上人法相合影。（攝影／林炎煌）

我是一九四一年出生，父母很早就往生了，家中七個孩子排第三，大哥入贅，二哥也是走得早，所以很多事情我都要靠自己，還要帶著四個妹妹。我開過餅店，經營百貨行，也當過《民聲日報》花蓮分部的主任兼記者，二十三歲嫁給吳昔旗的時候，妹妹們就像是我的嫁妝，跟著我一起住，後來都是我把她們嫁出去。現在（二〇二二年）經營的順光佛像中心已經三十幾年了，很多人想在家裡設佛堂，都會找我幫忙。

會認識上人，走進慈濟，是阿姨陳綿介紹的因緣。阿姨是佛教徒，常到普明寺拜地藏王菩薩，當時上人在普明寺修行，她對上人十分敬佩，經常向我提起上人的事情。一九六五年，阿姨的女兒，就是我的表姊，想到普明寺皈依上人，跟著上人修行，我就跟她一起前往，可惜那次沒因緣見面，表姊後來是在和南寺修行，我是再兩度到普明寺才見到上人；那時我二十四歲，上人二十八歲。

當時還不懂得佛教，看到他們在唸經，一跪要跪那麼久，唸的內容又那麼多，就覺得怎麼會那麼麻煩。好像是隔年，一九六六年的時候，慈師父叫我皈依上人。我問他皈依的意義，還有要跪多久、拜多久，他說二十分鐘就夠了，結果一跪跪四五十分鐘。

因緣啦！上人給我取的法號是靜智。那時候真的是不懂也不了解，上人說皈依佛是怎麼樣，皈依法是什麼，皈依僧是什麼，我都沒有在聽，只是在生氣——腳在痛。慈師父安撫我說：「好了啦，皈依好了就好了，慢慢來、慢慢來，不要生氣。」我說：「沒辦法，我要氣很久。」講真的，那時候就是不懂，後來跟著上人讀經，做慈濟，慢慢、慢慢就了解。

一九六六年，上人要辦佛教克難慈濟功德會，需要人手，我就去找舅媽幫忙，就是德利豆乾的吳玉鳳（靜慈）。那時候舅媽正爲家庭的事情煩惱，我邀她一起跟著上人做慈濟，就不會一直煩惱其他的事。所以她就跟著我加入功德會，後來家庭的事情也圓滿了。

善根本具　待獨老如親人

過去，如果我們家看到窮苦人，就會想要幫助他們，慈濟第一位個案林曾老太太[1]就是從我和妹妹陳雪卿送飯開始。

在功德會成立之前，我聽一位賣名產的朋友說起她的鄰居林曾

佛教克難慈濟功德會創辦初期，陳貞如（中）及吳玉鳳（右二）等人在普明寺後方的工作間前用餐。（圖片／慈濟基金會提供）

是一個獨居老人，八十多歲了很可憐，媳婦跑掉，領養的孫女也跑掉，剩下她一個人，經常沒東西吃，對旁人都很兇。知道林曾孤老無依後，我和妹妹就主動輪流幫她送飯，打掃房子，把她當作是家裡的一分子；那時候我媽媽還沒往生，飯菜是由她來煮。功德會成立後，我就提報林曾當個案，慈濟才每個月幫助她三百塊。

每回我去探望林曾，都會拍拍她的肩膀，她總是對著我笑。可是附近知道老太太的人都說她很兇，個性不好相處，就只有不會兇我。後來《慈濟》創刊，我第一個就是寫林曾的故事。雖然慈濟每個月有幫助她生活費，但我和妹妹還是繼續為她送飯，前前後後共送了四年，直到她往生。

林曾老太太往生後要出殯，那天我正好跟上人去訪視貧民，結束後趕到會場，才知道本來下午兩點多就要出殯了，結果葬禮上的人說要等「慈濟那位陳小姐」到了才能夠移柩，所以就延到了三點二十分。

早期訪貧，陳貞如前往花蓮縣秀林鄉崇德村關懷照顧戶陳阿春。（圖片／慈濟基金會提供）

一九八一年一月二十八日，花蓮靜思精舍冬令發放暨歲末圍爐，委員（左起）陳貞如、吳玉鳳、簡美月發放紅包（生活補助金）給照顧戶。（圖片／慈濟基金會提供）

功德無量　自做自得

年輕時，我因爲工作本來就很忙，跟著上人做慈濟之後變得更忙。那時候三個孩子的年紀都很小，還好有先生吳昔旗的支持，我才能放心陪著上人四處訪貧。上人如果要找我出去看個案，都會先問過我先生，我先生總是很高興地說好，孩子交給他顧，就算是跑全省複查個案十天，他也不會說一句不高興的話；而且他還是第一個皈依上人的男眾弟子，法號思榮，眞的相當光榮。

慈濟剛開始的時候，委員就只有十人[2]，也沒什麼錢；委員裡面我最年輕，其他人都比我大十幾歲。老實說，上人身上眞的都沒錢，口袋都空空的，有一次他到花蓮市辦完事情要回精舍，我騎摩托車載他去公路局搭車；那時候我當《民聲日報》記者，每天下午四點要在中央日報報社和其他家的記者開會，所以就趕回家準備。

結果，過一下子上人又走路到我家，我以爲是有東西忘記拿，上人才說：「你沒有幫我買票，我怎麼回去？」我又載他去車站，買好票、看著他上車後，我才離開。從此以後，我絕對幫他買好票，站在那裡跟他再見，我才有回來。

雖然慈濟沒什麼錢，但上人很慈悲，若聽到哪裡有苦難人，他就馬上前往了解。我們那時候幫助的個案比較多是獨居或孤老無依的個案，不然就是家裡生了好幾個小孩，但爸爸或是媽媽跑掉的單親家庭。去看完後，私底下我自己會再騎摩托車送東西去給他們，再幫忙打掃家裡。

上人很信任我，一起出門遇到窮苦人，就會問我口袋裡有沒有錢，比如說等一下要去的地方，有很多可憐的孩子，他就會要幫助他們。雖然我會掏錢出來給上人，但畢竟剛開始做慈濟，年紀也輕，不懂他的用意，還會抱怨：「師父，你都沒有問我要買菜嗎……」上人就是告訴我「功德無量」。我就回他：「你每次都說功德，但是我都看不到。你不要把錢捐光啦。」上人還是簡單地說：「以後妳就知道，以後妳就知道。」

我心裡想，錢都捐光了，以後我要知道什麼。這就是不懂，後來慢慢去感受，看著三個孩子長大都不曾讓我生氣，讀書不用打也沒有罵過，現在都很有成就，老大吳元芬是北昌國小教務主任，老二吳冠宏是東華大學人文社會科學學院院長，老三吳元芳在臺北經營貿易公司。而先生吳昔旗從林務局花蓮林區管理處退休後，跟著我一起修習佛法，長年茹素，直到二〇二二年八月時因跌倒住院，就這樣一直睡著，最後往生時走得很安詳。

從家人身上，我才了解上人說的「功德無量」不是付出的當下可以得到什麼回報，而是菩薩照顧我。所以，我後來覺得上人真的很偉大，他不用跟你說很多，但你就要去感受，感受如何做、如何得。

陳貞如一家都與上人十分親近，三個小孩都是上人看著長大。左為老大吳元芬（六歲），立者為老二吳冠宏（五歲），前為老三吳元芳（四歲）。（圖片／陳貞如提供）

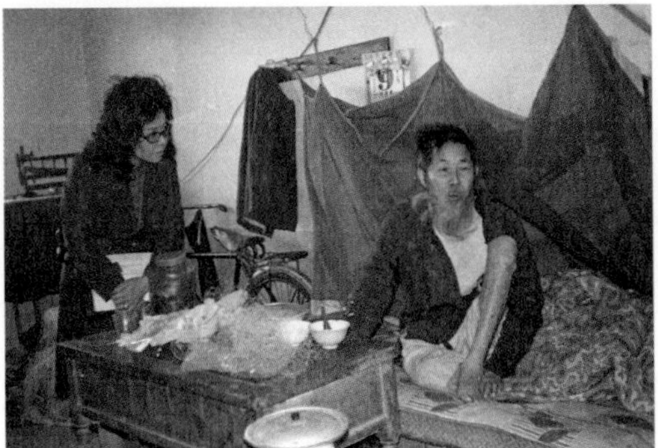

證嚴上人於一九七六年十二月間帶領委員進行全省複查貧民工作，行至屏東縣恆春鎮南灣里時，陳貞如關懷照顧戶陳應波。（圖片／慈濟基金會提供）

布施不怕難　貴在真心

早期看個案，委員們都差不多，都不是很內行，都是從不會開始學。不過上人都親自看個案，有什麼狀況，我們都直接處理，是後來較有制度，才照規矩做。很多地方你在一旁看了會感動，一個出家眾，身體瘦弱，說話輕聲細語，做事情很快很俐落；他雖然沒錢，但只要說要做事，說了以後錢就來，好像佛祖有安排。

上人和精舍師父都辛苦，吃的都是很簡單，豬母乳、蕃薯葉……都是去田裡採，路邊採，自己也要種，要不然怎麼有得吃？還要自力更生做蠟燭，我們都去撿養樂多罐，要把罐子剪開，蠟燭灌進去，再插燭芯，剪到這手都腫起來。我還有到外面幫忙撿水泥袋，帶進精舍跟他們一起剪開，先把袋子的水泥抖乾淨，常常弄到頭髮都白了，再重縫成一個個小袋子，賣給五金行裝鐵釘。還有做過手套……那時候都做手工，大家很勤快做。

委員人數比較多了以後就有分組，我是第二組組長，看完貧民都是要經過開會來決定怎麼補助。因為上人比較慈悲，有時候我們提補助一千元，那已經是很大的錢，很不簡單的決定，但上人有可能會建議給他一千五，然後問大家的意思怎麼樣。上人都提出來了，就很少人會反對，但是我如果有想法，都會當場就舉手表達出來。

上人是慈悲，我們是社會事看得比較多，知道有的人是假的。記得以前要送上人搭車，路上經常遇到一位殘障人士在乞討，上人都會問我有沒有帶錢，就要我分給他。有一回我送上人上車後，就回去看那個人，他竟然能站起來走路，還會跑。後來我跟上人說那個人是假的，我們已經給那麼多錢了，這樣很冤枉。上人說：「眞布施不怕假和尚。」就是說你眞心要幫助一個人，就不用管他眞假，他假是他的事情，因果自己去承擔。

還有一位個案是先生過世，太太自己帶三個孩子，我們幫了半年後，才打聽到她的娘家是開中藥房，她不是自己帶小孩，生活其實不需要補助，就把她停下來。結果她跑到精舍去問、去吵，還出手推上人，罵上人說：「你出家人也是讓別人救濟的，稀罕什麼……」

事後我進精舍聽到這件事情，轉身就又騎著摩托車出來，直接到她娘家的中藥

年輕時，陳貞如（右）與吳玉鳳（左）參與靜思精舍農耕工作，一手將花生撒進土裡，一腳隨即撥土掩埋，另一腳在踩踏上去，將土踏實。（圖片／慈濟基金會提供）

早期花蓮靜思精舍的農耕生活，陳貞如隨德慈師父到田裡巡視秧苗。（圖片／慈濟基金會提供）

房去找人。她爸爸不知道我要做什麼，就說她人在裡面，要幫我去叫她；我說不用，就自己進去跟她理論，還跟她打了起來，兩個人都被送到軒轅派出所去。

我是記者，派出所主管認識我，他從外面回來看到我，就問我今天怎麼有空來。我說，是被你們抓來的，接著跟他說明事情經過。主管才跟那個婦人說：「妳怎麼可以這樣去打師父，師父那麼好，來救濟妳……」她本來還想驗傷告我，後來也自知理虧不敢，就這樣處理了。

善緣護持《慈濟》創刊

功德會成立之後，我一直希望能讓更多人知道上人在做慈濟，有委員在訪貧救濟、收功德款，就藉著每天下午四點到中央日報開會的時間，去找侯（蔚萍）記者，問他要怎麼做才能夠讓人家曉得「慈濟」？他說：「成立一個雜誌啊！弄一個雜誌出來，妳才有辦法弘法利生，給社會的人知道，佛教有這個團體。」

我把辦雜誌的構想告訴上人，上人相信我，但當時功德會靠精舍師父們做手工和委員募款，做慈善錢就不夠用了，怎麼辦雜誌？那個時候辦雜誌一個月的花費一千八百元，我就和舅媽兩個人出錢，一個人九百。另外我再出三百，請侯記者當總編輯，還有一位幫忙的更生報記者也是三百；等於我一個月要一千五來負擔這個雜誌，舅媽負擔九百，就這樣子，把刊物出刊起來。

當年是戒嚴時期，我們出版雜誌的申請能通過，要特別感恩《中央日報》花蓮分部主任林志勝、《中華日報》特派員侯蔚萍及《中國時報》特派員溫煥元，這三位人稱「三仙老公仔標」的記者長輩。就是他們出面背書，去縣政府由承辦人員蓋章許可，所以才不用什麼審查程序，就能夠順利出刊。林主任還同意擔任發行人，侯蔚萍當總編輯，我當社長，舅媽是副社長。

第一期三千份要印出的前兩天，我帶著編排好的文稿，從市區騎機車要送進精舍給上人確認內容。結果因爲已經傍晚了，精舍附近的巷子都沒路燈，就在一個轉彎的地方撞到一位老伯，我們兩個都倒在地上，我還被機車壓著沒辦法動。這時候佳民派出所的張（榮財）主管路過，才把我們扶起來，還攔車送我們去治療。

處理好傷口後，再到精舍已經天黑了，上人看我手腳纏著紗布，很擔心地問我

中華民國五十六年七月二十日　慈濟　農曆丁未年六月十三日　第一版

慈濟（創刊號）

寡居貧病老婦林曾 獲慈濟會長期救助

按月付生活費並僱人照料

會員實踐佛教旨功德無量

社論 發刊獻辭

歡迎參加慈濟功德會為會員

慈濟功德會善舉

女榮販羅患眼疾 出資送羅東就醫

基隆市百餘佛教徒 沿街托缽募款勞軍

《慈濟》雜誌創刊號於一九六七年七月二十日發行，第一版即登載獨居個案林曾老太太的故事。（圖片／慈濟基金會提供）

有沒有怎樣。隔天我帶著送印刷廠的版樣去找侯記者，他看我全身掛彩，還說這是「好彩頭」！後來我們在外面做救濟，打包物資等，我就都拍照，雜誌再登出來，就越來越多人知道慈濟，也知道慈濟做的事情有憑有據，我們就越做越大，做到全省去了。

這群記者就像是我的長輩，比我多十幾、二十歲，都叫我小妹。我很喜歡照相，跑新聞的時候都會拍很多照片，再洗出來給大家去選，就像是他們的攝影師。我帶著三臺相機去拍，讓不同的事情有不同的呈現，所以我是他們的寶貝，大家對我有夠好。也因為有他們，我們才能在那個年代出版佛教的雜誌，不然哪有可能辦到啊！

甚至在我二十七歲的時候（一九六八年），他們還用女眾的保障名額（婦女保障名額），推舉我當縣議員。我跟上人「報喜」，上人叫我坐著聽他講話，講了兩三個小時要我不可以接，他說：「政治參與下去，往後妳會很累；修行、慈善做下去，往後妳就是修福又修慧！」最後我聽上人的話拒絕了，但也跟老大哥林志勝吵了一架。

為愛勸募　不遺餘力

爲了籌募更多的善款，我提出舉辦慈善歌舞大會的構想，邀請當時很有名氣的歌手謝雷、蔡一紅、徐珮等明星，到花蓮表演。我跑到臺北去拜訪謝雷，印象很深，他那時候應該是表演完在休息，我晚上九點十分到他家，坐到十一點二十分才見到他下樓。

我拿出印有《民聲日報》主任兼記者，以及慈濟雜誌社長的名片，向他自我介紹，並且說明我的來意，向他保證我跟

一九八三年十一月六日，慈濟在臺北市仁愛路的空軍官兵活動中心舉辦大型義賣活動，籌募慈濟醫院建院基金，義賣觀音畫像時由藝人小英哥（右二）主持，陳貞如（右）在旁協助。（圖片／慈濟基金會提供）

慈濟為籌募慈濟醫院建院基金，一九八三年十一月六日在臺北市仁愛路的空軍官兵活動中心，首次舉辦大型義賣活動，陳貞如（右二）擔任主持人助手。（圖片／慈濟基金會提供）

一九八三年二月五日花蓮慈濟醫院國福里預定地動土，當天同時在會場舉行義賣，陳貞如（右）承擔接待組工作，歌仔戲演員葉青（左）專程前來捧場。（圖片／慈濟基金會提供）

很多報紙都很熟，他願意幫忙的話，保證隔天每一家都會刊登，讓他更出名，全省都會知道「謝雷」這個人。他聽了很開心，不只答應到花蓮演出，還願意幫忙邀約其他明星，促成了慈善歌舞大會。

所以一九六八年那一晚在中美大戲院舉辦兩場演出，場場爆滿，總共募到兩萬多元，冬令救濟之外，還有剩錢作慈善基金。[3]

印象很深的募款活動還有蓋花蓮慈濟醫院的時候，（一九八三年）在臺北仁愛路的義賣[4]。義賣活動由知名節目主持人李季準主持，我在他身邊當助手，一站就是五個小時，都沒機會下去休息。我穿旗袍、高根鞋，幾個鐘頭下來，慘了，腳都麻痺了，完全沒辦法走路，在空軍的招待所休息大概有四十分鐘。

心不背離　默默守護

現在的志工過去都叫委員，以前委員不好當，跟在上人身邊，上人對我們是超級嚴格。尤其是上人不受供養，別人紅包包再多給他，他都是投入功德會。看他這麼做，我曾說：「師父，你很奇怪，人家給你，你就拿起來。」上人告訴我，那是要給我們做善事的錢，不能這樣子說[5]。

在學佛路上，上人是我的啓蒙師父，開始是《法華經》、《地藏經》、《藥師經》；法器也都是跟上人學，以前在普明寺人少沒有幾位，所以要誦經我就負責敲大鐘，我舅媽負責打鼓，那個時候人少，我愛唱歌，誦經就唱很大聲。

我買車之後，我們那群委員很愛搭我的車，上車的時候，看大家都很愛漂亮，出門都有擦口紅。可是停車時，大家都用衛生紙把口紅擦掉再進去個案家，上人都是這樣教育我們的。他眞的很嚴格、很嚴格。

早期都是我騎車或開車帶著上人訪貧，屏東、高雄、嘉義、雲林、臺中、臺北……再怎麼鄉下都去過。因爲要事先安排路線，所以路要怎麼走我都很清楚，後來搭遊覽車全省複查的時候，也是我帶路，過程中都不曾走過頭，也沒有停下來找路的。

回想這些以前的生活，我眞的很懷念，很喜歡，晚上如果在精舍睡覺，都會有田蛙聲。雖然是沒有再進去，但也是很懷念。

我離開慈濟是一九八幾年的時候，那時上人身邊的人已經很多了，我就是低調一點，退到後面，讓能力好的人可以在前面付出。但是我在這裡也是一樣，對上人的心沒有變過，包包裡面還是放著上人的照片，那是他四十幾歲的時候我帶他去照的，形影不離。

現在看到慈濟的發展，心裡還是很替上人開心，還是一樣護持著上人。每個月都還是繳功德款，像前陣子上人要買疫苗（COVID-19），我也是用LINE發訊息跟身邊的人募款。

我認爲要辦每一件事情，就是要眞心。現在的時機跟過去不同，我也有聽到一些委員說募款不容易，所以每個月來跟我收錢，我都會鼓勵他們，我比較喜歡說眞心的事情，現在可以做這個工作要眞心去做，不要做外表也不要做假的，不要這樣。

所以如果是遇到一些社會人對著我罵慈濟，我就會回罵他，叫他閉嘴，沒捐錢、沒參與的人，憑什麼胡亂講。就像有一些人來我這裡買東西，看到上人的照片就會亂罵慈濟。我說：「請問你有沒有出錢給慈濟？」他說：「我沒有那麼倒楣！」我就開始罵他，我說：「你沒資格講話，你沒資格罵人，你如果今天捐獻很多給我們慈濟，你看不平，我可以跟你解釋；你從來不出一毛錢，憑什麼罵我們？」

有人勸我不要那麼兇，現在的人不能兇，等一下他要找妳麻煩。我說：「我們講道理爲什麼怕人家找麻煩，他沒有出一毛錢他憑什麼批評，如果我看到你爸爸的照片就隨便罵，你不會生氣嗎？我來你家裡罵你爸爸，你會生氣嗎？」這是我們長輩，所以就算我現在沒有投入了，還是在後面保護。

慈濟功德會創辦初期，會務皆借用普明寺空間，一九六七年七月五日，上人與十位早期委員在普明寺前合照。前排左起：李時（靜恒）、俞金釵（靜能）、陳貞如（靜智）、洪碧雲（靜弘）；後排左起：陳阿玉（靜愍）、黃素瓊、吳玉鳳（靜慈）、陳雪梅、林碧雲、陳綿。（圖片／慈濟基金會提供）

1 林曾老太太是一九六六年佛教克難慈濟功德會創立後，第一個長期濟助對象。慈濟按月濟助白米一斗、現金三百，又請人燒飯洗衣，照應她生活起居直到往生為止。資料來源：〈第一個慈善個案〉（二〇二一年五月五日），慈濟數位典藏資源網（二〇二二年六月十日檢索）。

2 慈濟功德會是由秀林鄉佳民村普明寺證嚴法師主持，並推選有委員數名，她們的姓名是：吳玉鳳、陳雪梅、陳綿、黃素瓊、林碧雲、陳阿玉、李時、俞金釵、洪碧雲、陳貞如。……如果發現需要救濟者，於每月舉行的功德會委員會議中提出討論。若是臨時緊急須救濟者，由委員會召開臨時會議決定。目前，對於被救濟者的調查訪問工作，較遠的地方由陳貞如委員負責；較近的地方，由委員中分為二組，每組負責訪問一個月，每處每月至少訪問一次。資料來源：芳菲，〈濟貧解困・救苦救難——佛教慈濟功德會成立的緣由〉，《慈濟》創刊號（一九六七年七月），頁三。

3 （本刊訊）本會與民聲日報於一月十二日假花蓮市中美戲院聯合主辦之慈善晚會，其收支業經承辦人員整理完竣，除社會善士以及功德會會員贊助新臺幣一萬八千二百七十六元四角，開支歌星酬勞，戲院租金及一切雜支一萬六千四百七十六元四角外，門票收入新臺幣九千八百六十二元，扣繳稅捐二千二百六十三元八角，兩項盈餘共計九千三百九十八元二角，功德會已悉數濟助貧民過一個快樂的新年。資料來源：〈大會收支及受惠的貧民〉，《慈濟》月刊一三期（一九六八年一月），第一版。

4 慈濟功德會為籌募興建綜合醫院經費，一九八三年十一月六日在臺北市舉行義賣，這項慈善活動不僅在人口二百多萬的臺北市，造成前所未有的轟動，義賣金額也近千萬元，為歷年各種慈善活動所罕見。義賣活動在臺北市仁愛路空軍官兵活動中心介壽堂舉行，下午二時起，開始逐件喊價義賣，由名節目主持人李季準先生擔任主持人。資料來源：〈福田一方邀天下善士　心蓮萬蕊造慈濟世界——籌建慈濟綜合醫院義賣活動誌盛〉，《慈濟》月刊二〇六期（一九八三年十二月），頁一六。

5 證嚴上人堅持不受供養的原則，亦可見於《慈濟》月刊一六七期（一九八〇年九月）第十一頁〈慈濟委員小傳（八）——林素月（靜蓉）委員〉：靜蓉加入委員行列不久後，有一次到靜思精舍參加發放法會，發放米糧時，遺漏一把在地上，她便拾起放入精舍廚房的米缸內。這一切均看在師父眼裡，便召靜蓉於前，師父說：「做功德會要『誠』『正』站得住腳，雖是小小的一把米也是要拿來救濟貧胞，『公』『私』要絕對分清楚。」

隨夫行善　以愛以德傳家

高翁彩尉（二十二號）訪談紀錄

訪談／江淑怡、魏玉縣

記錄／魏玉縣、沈昱儀、林秀女

時間／二〇二一年一月三日、二〇二二年三月二十九日

地點／高翁彩尉家

【經典語錄】

對的事，做就對了。人家有需要我們，我們就去做。

【主述者簡介】

一九三〇年八月，高翁彩蔚出生在臺北大稻埕，被翁姓鄰居收養後，遷居臺中大甲。一九四八年與高日華結婚，之後兩人在二十二號慈濟委員李文塗接引下加入慈濟；一九八〇年，夫妻一起皈依證嚴上人，先生法號「思悟」，她的法號「靜道」。在志業參與上，他們承繼李文塗的二十二號委員號，她在先生的幕後護持，負責家務，或代替先生前往花蓮靜思精舍，協助準備冬令發放事宜，讓先生能專注於事業與在地的訪貧扶困工作。直到一九九四年先生病逝後，她才走到幕前，參加培訓，於一九九八年受證委員。二〇二二年初，高齡九十三歲的她在一次勤務中腰椎受傷，才暫停慈濟勤務。

慈濟菩薩道這條路，高翁彩尉一走四十多年，用身行教育子孫要知福、惜福，回饋社會。照片為二〇二〇年十二月十六日，她與家人為曾孫慶生，四代同堂合影。（圖片／高翁彩尉提供）

一九三〇年八月，我出生在臺北大稻埕的一個三合院裡，那裡住著很多戶不同的人家。兩個多月大時，就被其中一戶姓翁的人家領養，之後帶著我搬來臺中大甲。這些事情都是聽阿嬤和媽媽說的，我六歲時（一九三五年。受訪者慣用虛歲，全文皆以虛歲表述），人已經在大甲了，那年發生大地震[1]，我還有一點記憶。在這之前的事情我就不知道了，跟原生家庭也沒有來往。

媽媽把我抱回家的時

候，她才十五歲，還沒結婚。因爲是獨生女，很想有一個妹妹來作伴，所以看到隔壁鄰居生了小女孩，就是我，樣子很討人喜歡，就想要抱回家當妹妹。阿嬤跟她說：「不行啦！我那麼多歲了，以後顧不到，妳如果想要抱回來，就要當妳的女兒。」但是媽媽堅持不要，所以在領養後的戶口登記，我的媽媽是寫阿嬤的名字，我和媽媽就成了「姊妹」。

後來媽媽嫁人，還是住在大甲，我和阿嬤有跟著過去，她是爸爸的第三個太太。我七歲的時候，全家跟著爸爸去臺中開公司，做「博期米」（臺語，指米穀期貨），也就是「博米價」（臺語），早上才有營業，就像黃金，每天的價錢都不一樣。

公司就在現在臺中火車站前的那條街（即成功路），名字叫做「三六」，隔壁的公司叫「三本」，再來是「三菱」，路口三角窗那一間，叫做「三田」，後來改成物資局[2]。當時整條街都是日本公司，只有兩家是臺灣人開的。

那時我讀的國小叫さいわい（臺中幸公學校）[3]，全校都是女生，就在臺中一女（現臺中女中）的隔壁；對面是日本學校，叫做「明治」（現大同國小）。讀到十歲時（一九三九年），日本政府規定，爸爸做的那種行業不能再做了[4]，爸爸就帶我們再搬回來大甲，並且開了一家碾米廠，生意做得很好。

臨時搬回大甲，要轉學到大甲南國民學校（現文昌國民小學），但擠不進去，爸爸就拜託大甲的朋友幫忙，請學校讓我進去讀。讀了一個學期後，因爲阿嬤住不習慣，我又跟著她搬到臺中，並且重新回到さいわい國小讀書，直到畢業。畢業時我十五歲（一九四四年），阿嬤往生了，所以我又回大甲跟媽媽住。

我跟師兄結婚（高翁彩尉慣稱先生高日華爲「師兄」，以下以此表述），是因爲他二姑的婆婆，是我爸爸這邊的親戚，她介紹的。我十八歲（一九四七年）嫁給他的時候，他二十二歲，我們總共生了兩個男生、兩個女生。大女兒（高薰貞）一直沒有結婚，五十二歲時（二〇〇三年），因爲生病往生，到現在（二〇二三年）也將近二十年了。

師兄十歲讀小學，十六歲畢業。那時是住在金華路的老家，附近有一間王爺廟（頂山陞德宮）和土地公廟，土地公廟旁是大甲菸酒配銷所，他走路外出或回家幾乎都會經過。配銷所的人看他長得一表人才，在他小學畢業沒多久，就要他到配銷所上班，裡面的主管還主動教他記帳的方法，所以他後來是做出納退休（一九九一年三月一日，隸屬單位：公賣局臺中分局大甲配銷處）。

結婚後，師兄希望我專心帶孩子、做家務，所以我一直沒有上班，就在家裡煮飯、洗衣服。不過，那時候有很多做草帽[5]的生意人會來我家附近，找女人家做代工，所以我有時候也會拿一些來家裡做，多多少少賺一點錢，我的孩子有時也會幫

大甲、苑裡等地出產藺草，在臺灣家庭代工盛行的年代，當地的婦女多少都能編織藺草蓆、帽等物品補貼家用。圖為二〇〇九年七月十二日，高翁彩尉（左）在清水靜思堂，為志工示範如何編草帽。（攝影／林成章）

忙做一點。

金華寺共修　與慈濟結緣

每月農曆的初一，師兄都會到家裡附近的金華寺（尼眾道場）拜拜。當時金華寺的住持是正定法師，但師兄比較熟的是正戒法師，因爲正戒法師每次外出回返時，都會經過配銷所，有時候會進去配銷所化緣。有一次我們去金華寺禮佛時，正戒法師告訴他：「高先生，我們這裡禮拜天都有在共修，來這裡共修很好，你們夫妻就一起。」法師一直鼓勵我師兄，他就回應法師：「好。」

禮拜天到了，我提醒師兄說：「我們不是要去金華寺共修？」他說：「不知道有沒有男眾，如果都是女眾，就不要。不然，妳先去看看？」我就去看，有三個男眾，後來才知道，其中一個就是李（文塗）居士[6]。大家都在共修了，我就回來告訴他：「有啦。」他才去參加。

共修結束後，李居士把師兄拉去應接室（知客室）說話，講了很多關於花蓮師父（證嚴上人）救濟貧民的事情。後來我們每個禮拜天都去共修，李居士都會跟我們說花蓮師父的事情，說他是如何在（靜思）精舍清修，又是如何帶著一群人在做慈善救濟的工作。

正戒法師一直鼓勵我和師兄到金華寺皈依，所以我們就皈依了，那時候剛好是（一九七六年）農曆七月[7]。我們本來是要皈依正戒法師，剛好住持師父正定法師回來，正戒法師就客氣，要我們皈依住持師父。因爲正戒法師比正定法師的輩分較高，所以我們後來就稱正戒法師「師伯」，我的孩子都用臺語稱他爲「伯公」。

那天皈依之後，師兄就在大殿打坐，（正定）師父問他要取什麼法號。聽到師父這麼問，他就站起來往外走，邊走邊想，眼前突然慢慢飄過一道亮光，飄到柱子上時，竟現出了一個「悟」字。他心裡想說：「有意思，有意思！」

因爲他曾經說過要在五十歲修口，跟我一起吃素，而皈依那年又剛好是五十歲。他把想法告訴師父，師父就給他取了「法悟」；因爲我們是夫妻同修，所以師父給我的法號是「法道」，兩人合起來就是「悟道」。

說到打坐，其實我師兄要打坐，不必用手拉腳，就能把腳盤起來，變成蓮花座。而且他從小就不愛吃肉，只是因爲工作的關係，有長官來大甲，就要去應酬，要喝酒、吃肉。雖然他從皈依後就吃素了，但很可能年輕時喝酒就是跟朋友一人乾一瓶，酒喝多了，後來才會肝硬化，在一九九四年往生，那時候他才六十九歲[8]……

造訪靜思精舍　迎回佛陀舍利

到金華寺共修一陣子之後，（一九七七年）李居士就說要帶我們去花蓮見上人。我們一群人去，正戒法師的身體不太好，所以他和李居士搭飛機，其他人就坐公路局的車，從中部橫貫公路過去。

去到花蓮靜思精舍的時候，我跟著上人、師伯和李居士走進一間小廳，如果再走進去就是上人的房間；廳裡立一個龕，裡面有佛陀舍利，是人家拿來給上人的。走出來後，我大膽地跟師伯說：「師伯，師伯，我們跟師父要一個舍利回去，好嗎？」師伯和李居士眞的就去跟上人說，上人也答應了。我們看好了日子，就從大甲邀了兩部遊覽車，總共四十多人，往精舍請舍利回大甲[9]。

在前往花蓮的路上，我們的遊覽車開到一個地方，外面忽然暗了下來，看不清楚前面的路。這時候，佛祖好像顯靈了，就有一臺計程車出現在我們前面，司機於是跟著車燈慢慢移動。車裡的師父說：「不用怕，快念佛，念佛！」大家坐在車子裡面，就開始專心念佛。

我們到精舍時，已經下午了，大家三步一拜[10]進到精舍。精舍常住師父後來告訴我們，他們算時間，我們應該要到了，卻沒看到車子來，怕我們是發生危險了，他們很緊張，就趕快打電話到金華寺。金華寺這邊，沒有去花蓮的師父接到電話，也很緊張，就在大殿一直誦經拜佛，希望我們能平安到達精舍。

真的，那時候也不知道是哪裡鑽出來的計程車，就這樣在我們前面，像一盞燈。我們的司機看著燈，就一直跟著到花蓮，順利請舍利回來。

金華寺後來有改建，那顆舍利現在就放在正殿的佛龕裡面，讓大家去看，共修時讓大家拜。聽說如果是運勢不好的人，看到的舍利是黑黑的；運勢好的，看到的舍利就會紅紅的。我靠過去看，是它的原型，後面好像有佛光。

受上人精神感召　願在大甲發揚慈濟

一九七八年，師兄自己到（靜思）精舍打佛七[11]。一九八〇年五月時，我跟他一起去打佛七，結束那天，上人說：「有要皈依的人，就站出來。」我們就走出去皈依上人。因爲曾在金華寺皈依，就參考當時的法號，師兄叫做「思悟」，我就是「靜道」。

在精舍時，聽上人講他當時是如何出家的，又是怎樣在做訪貧跟救濟的事情。我師兄以前就聽過李居士談起，現在又聽上人親口說，他很感動，就說：「師父，您的精神，我要帶回去大甲，我要把感恩戶[12]的資料拿回去辦。」

他回來後，很快就去看個案。那時候，臺中的大甲、后里、梧棲、清水、大雅、大安，苗栗的苑裡、通霄等地，只要有人通報，他就會去看，看了回來，才跟李居士商量要怎麼幫助那些個案。

當時在溪埔仔，有一對七十多歲的夫妻，先生的背部長了很大的瘤，沒辦法走路，師兄還去揹他出來給醫生醫治。後來他往生了，師兄幫他辦理後事，之後還一直去關心那位太太，直到她往生。

內政部為表揚慈濟委員協助政府辦理社會公益慈善事業的辛勞，分區舉行頒獎典禮，中區於一九九一年二月一日在臺中省立圖書館中興堂舉行，表揚臺中、桃園、新竹、苗栗、南投共三百一十九位委員。部長許水德（前排中）與證嚴上人、委員代表（後排右二為李文塗，右四為高日華），一起合影留念。（圖片／高翁彩尉提供）

還有一個人的腰受傷，要換人造骨。人造骨要花很多錢，這個人沒有錢，那時慈濟也沒什麼錢，師兄爲了替慈濟省錢，就透過一個認識的朋友介紹，在臺中太平那裡找到一家診所，跟醫師談好人造骨的價錢，再去請一位大醫院的醫師，到那間診所幫這個人手術。

診所免費提供設備，而那位醫院的醫師知道我們都是在幫助人，所以手術也不拿錢。被師兄感動而不收費的，還有一位計程車司機——有一次他和李居士坐計程車到山裡看感恩戶，結果司機跟他們說：「你們是做善事，我不跟你們收錢。」

這些都是師兄告訴我的，因爲我沒有辦法跟著他去看個案，他都是騎腳踏車，或是用走路的。有時候剛好有菸酒配銷所的車，要送貨去別村的雜貨店，他就會搭便車去。

不過，搭便車也會遇到突發狀況。師兄曾經搭便車去日南、苑裡一帶，那天天氣熱，他把夾克脫下來，皮包放在夾克裡。途中，他暫時下車問路，結果車子開走了，夾克還在車上，他只好走路回來大甲。後來我問他，怎麼不跟雜貨店老闆借錢？師兄說：「不用啦，麻煩啦，我就用走的回來。」師兄對自己就是都這麼省。

借用金華寺　辦慈濟發放

慈濟每個月會固定發放物資給感恩戶，大甲還沒有成立聯絡處的時候，都是借用金華寺作爲發放的場地[13]，在農曆的每個月初一舉行發放。

大甲慈濟志工一九九一年二月十日在金華寺舉辦冬令發放，高日華（左二）將過年紅包一一發給來自大甲、外埔、大安、清水、苑裡、通霄等地的感恩戶。（圖片／慈濟基金會提供）

一九九一年二月十日冬令發放圓滿後，大甲慈濟志工與金華寺法師、慈濟感恩戶合影。前排法師左起為：圓懿法師、正體法師、正定法師、正戒法師、觀靜法師；後排志工左起為：陳三寶、李文塗、吳本、許素芬、林素惠、張瑞蘭、鄭文卿、高日華。（圖片／慈濟基金會提供）

花蓮（靜思精舍）那邊把東西寄來金華寺，正定師父他們跟我師兄會去整理。因爲師兄還要上班，所以是由金華寺的師父在發放，只有在遇到假日的時候，他才能去。如果感恩戶不能來金華寺領，師兄就要利用假日時拿去給他們。

有一次，師兄去大甲的另外一邊送物資，一直到很晚才回到家。他跟我說：「今天在那附近繞了好幾圈，因爲地址不熟悉，又沒有雜貨店可以問。」我當下沒聽明白，還問他：「走好幾圈，要做什麼？」師兄說：「不是啦，就是很遠，還要問路。」

所以我受證後，有一次在會議上聽大家報告訪視的個案，很多人都說訪視很辛苦。我告訴他們，以前高師兄沒有機車，都騎腳踏車，如果遠一點的，就要搭便車再用走路的，可是我都沒聽他說辛苦。大家現在都把車子開到路口，一直到車子進不去，才走路去案家，問一問出來，再坐車回來。這哪有什麼辛苦？怎麼可以一直喊辛苦！

農曆年前　代夫到花蓮幫忙發放

靜思精舍在農曆過年前都會辦冬令發放[14]，會事先準備應景的食材，像米粉、木耳、香菇之類的，以及要給感恩戶全家人的衣服。這些要發放的東西跟衣服，上人會事先跟大家商量，還會請人到感恩戶家裡幫他們量尺寸，記錄下來。

過年前是師兄工作最忙的時候，他不能去精舍幫忙，我就代替他去。我大概都是（農曆）十二月十五日左右去，二十五日一定會回來。那時候去花蓮，要先到豐原搭公路局的車，從中部橫貫公路過去，後來有火車了[15]，就從臺北去。我大媳婦當時已經生三個孩子了，她後來又生了兩個，總共五個。她那時候很支持我，不曾說：「妳不要去啦，我沒有辦法顧厝。」我都把家裡的事情放著，就回去花蓮幫忙。

有人會送舊衣服來精舍，一整堆的舊衣服，我們就看一看、摺一摺。因為事先都有去量感恩戶家人身體的尺寸，所以就看看，這件衣服適合哪一個穿，就把衣服整理好、放好。要給感恩戶的物資，常住師父們也打包得很仔細。

發放當天，我都在廚房幫忙，要準備中午三十桌的飯菜。有一些師姊的孩子已經讀高中了，也都會回來幫忙，工作好像要用搶的。眞的好懷念以前一起做事的時候。

冬天，常住師父怕我們感冒，用芥菜煮蕃薯，大家吃得好高興；又煎鹹年糕，也很好吃，是花蓮的師姊做的，她們都很厲害。我們做一做就休息、吃點心，一天三餐加點心，算一算總共吃五頓。上人自己很節儉，卻不怕來的人吃。

有一年[16]，發放當天的午餐改成打便當，因爲打便當比較清閒，我隔年就沒有再去花蓮了。因爲一趟路那麼遠，而且去了沒幫到什麼忙，還要吃五頓。但是後來好像又換回辦桌的，我也不知道，因爲後來就沒有再去幫忙了。

佛佛道同　相互珍惜

金華寺的正戒師伯一直都很護持上人，曾經告訴我和師兄：「師父（上人）是佛教的寶貝，要顧好。」所以知道我要去花蓮，就託一些東西要我拿給上人。我的身體不大好，花蓮冬天又常常下雨，又濕又冷，我要穿很多件衣服，但洗了又不會乾，所以都要多帶好幾件。行李這麼大個，我就跟師伯說：「弄小包一點啦！」

從花蓮要回大甲了，換成精舍的常住師父交代東西給我，說是上人要我帶回去給師伯。我說：「那麼多，我提不動。」又補充一句，「這樣不好喔！師伯有吩咐，不要再提東西回來。」

常住師父不敢拿主意，要我自己去跟上人講。沒辦法，我只好跟上人說：「師父啊，我沒辦法幫你提那些回去，我自己行李很多。而且師伯有說：『不要提東西回來。』我如果提回去，他會念我。」

上人聽了，輕輕地笑了一下，沒有回應我，但是要回來的時候，就只剩下一點點，小包的。我實在很大膽，竟然眞的這樣跟上人說。但是沒辦法就是沒辦法，我要擠公路局的車，到豐原還要再搭車回來大甲。

再說，過年期間，我也要拿給感恩戶的紅包回來，如果弄丟了，是要賠錢的。我把行李的最底下先放一些衣服，中間那層放紅包，上面再放衣服。紅包不可以放在最上面，因爲若有人從行李上面割開，錢就會被拿走，所以就放在中間。要去上廁所的時候，行李也要顧緊緊的。

有時候，天色很暗，如果有人要搶，會搶肩上揹著的這個小背包，不會去搶那一大包的行李，會以爲裡面是衣服，不會知道重要的東西都在裡面。我一個人，就這樣揹著行李，回到大甲車站，再走到三合院（高日華老家）的店仔口那邊，師兄會在那邊等我。

以前金華寺的師父常會在過年後帶著弟子到花蓮參訪靜思精舍，師父們因爲年紀比較大，弟子就帶他們搭飛機，其他人包遊覽車或搭花蓮輪[17]。記得二女兒在二十歲那年，她也有跟我們一起搭花蓮輪過去。

要去花蓮之前，慈濟的師兄們還會開小貨車，載我們跟金華寺的師父去大安港採海菜。海菜採回來後要洗乾淨，整理好，再加上菜乾，全部都一起送到花蓮去。

師兄車禍　上人來探望

一九八七年夏天，師兄發生車禍，跟一臺幼稚園的娃娃車相撞，受傷很嚴重，金華寺的師父還說，太嚴重了，應該救不回來。二女兒（高薰美）因此到金華寺

大甲地區早期委員與證嚴上人在靜思精舍合影。前排左起：張瑞蘭、許素芬、林素惠；後排左起：李文塗、高日華、吳本。（圖片／慈濟基金會提供）

發願，如果爸爸能夠復原，她就要去花蓮當志工。

師兄總共住院一個多月，後來回家靜養，我要照顧他，不能去花蓮慈濟醫院當志工，所以二女兒在十二月就代替我去了花蓮一個多月。她白天去醫院當志工，晚上幫忙抄功德會的捐款帳簿，假日就做蠟燭。[18]

我師兄發生車禍後，上人來大甲，還專程來家裡看他。他那時候仍然行動不方便，坐在床上靜養，看到上人來，非常高興；上人還告訴他，要好好養病。[19]

從幕後走到幕前　培訓當委員

師兄在一九九四年七月因爲肝硬化往生，當時他六十九歲，我六十五歲。有很多慈濟人來助念，那時候沒有分哪一區，可以說整個臺中都有人來助念。

後來林秀娥師姊跟我說：「以後如果有人要助念，我再來邀妳參加。」我告訴她：「人家有來幫我們助念，我也應該去幫人家助念，就等明年再開始參加吧。」林秀娥師姊又說：「要就現在，還等明年？」其實我師兄還沒往生前，我有時候也會去助念，也參加過義賣，就是沒有參加（受證爲）委員。

開始助念後，我常常和吳本師兄的太太吳李睽油師姊，以及楊阿妧師姊、林鴛鴦師姊，四個人一起行動。林鴛鴦師姊已經往生了，她是一○二歲往生的。

當時如果有人說：「還有一個地方，要再順便去嗎？」我們都說：「好啦。」就去了。有時候回到家，我大媳婦問我：「助念不是一個小時而已，怎麼去這麼久？」我就會告訴她：「我們又去另一個地方助念了。」就閒閒的，四個都是閒人。

大甲聯絡處成立之後，禮拜天我會去值班，那時候是在許素芬師姊那裡（大甲

二〇一五年五月十日，高齡八十五歲的高翁彩尉（左前），出席在大甲體育場辦理的浴佛典禮，並協助會眾虔誠禮佛足、接花香。（攝影／李弘文）

一九九九年九二一大地震後，十月十七至十九日，大甲組慈濟志工輪值到埔里聯絡處承擔簡易屋工地香積工作，高翁彩尉（左三）也前往支援。（圖片／慈濟基金會提供）

鎭光明路二〇八號）[20]，我師兄往生後，我還是再去。李居士跟吳本師兄叫我受證當委員，我說：「不要啦，你們如果在忙，就叫我，我就出來，這樣就好了。」這二年跟我這樣說，我不要，過一年又跟我說，就這樣一直追著我，一直打電話給我，要我出來受證。

我又告訴他們：「年輕人喜歡出來，就讓他們出來啦。」他們說：「年輕人，年輕人要再調查（評核之意）[21]啦。」我說：「我不用調查喔？信任我到這樣的程度，好啦，好啦。」我就是這樣才出來的，所以是師兄往生後，我才參加培訓。

要當委員，要去臺中分會訓練（上培訓課）。有一次遇到剛好來臺中辦事的紹惟師[22]，他聽到我要接受訓練，就問：「妳怎麼還要訓練？」我說：「他們說要受證，就要再訓練。」人家既然說要這樣，那就要照著做。

培訓課有安排三天的花蓮尋根，因爲大女兒住院，我要去照顧她，就沒有參加，後來還是有順利拿到委員證（一九九八年）。師兄在世的時候，我算是他的幕後，他往生之後，我被推薦出來了，委員號就是用他的二十二號[23]。過去他募的會員也改成我的會員，不過有的會員老了，有的人往生了，搬走的搬走了，只有幾位還繼續在繳功德款。

我比較不會募款，當初覺得自己比較閒，就到花蓮慈濟醫院當志工。因為去一次就要一個禮拜，年輕的志工通常都有家庭要顧，有的要上班，而我的媳婦把家事都打理得很好，讓我可以放心出門。現在，我心裡最懷念也最想要做的，也是到花蓮慈院當醫院志工，可以跟著大家一起用餐，一起去做事，那種感覺很好。

難忘花蓮慈院當志工

記得第一次去花蓮做醫院志工的時候，我是自己一個人搭火車去，但是我一點都不擔心，因為到精舍，就像在走家裡的廚房，很熟啦。我沒有搭上最早的那班火車，是搭十點多的那班，到花蓮的時候，天已經黑了。

火車到站後，要換搭公車到康樂村（精舍所在地），因為外面天色暗暗的，我看不清楚，所以拜託司機，如果康樂村到了，要告訴我說。我看到車上的人一站一站地下車，心裡也跟著緊張起來，就去問司機：「現在到哪裡了？」他說：

「到康樂村了。」我才趕快下車。

下了車，咦！那棵樹怎麼不見了？對面的店、草寮，也不見了！這裡是康樂村嗎？精舍在哪裡？天色已經這麼晚了，我趕緊問路旁的住家，在他們的說明下，才順利走到精舍。本來以為是走廚房，看到樹不見了，賣東西的草寮也不見了，才發現景物都改變了。

還有一回是過年初二，我腰椎痛，身體一動就痛，只能躺在床上。這時床頭的電話響了，是簡玉春師姊打來，她說元宵那時的花蓮慈院志工缺人，問我可不可以去。因為腰很痛，我原本是不敢答應，但聽到沒有人可以去，心想還有十多天，而且腰應該也不會痛那麼多天，就答應她了。她又提醒我，初五要去分會（現民權聯絡處）拿資料和開會。

初五那天，我沒辦法自己走路去搭公車，就叫老三（高銘遠，大媳婦的第三個孩子）載。進到分會時，腰還是很痛。看到會所的佛像，我就跪下去拜了三拜，起來之後，竟然沒感覺到痛了。後來走來走去，真的也都沒感覺痛，甚至可以自己坐車回大甲，還從車站走回家。這要講給人家聽，人家可能也不相信，但，這是眞的，眞的很神奇。

我是到最近十年才沒有去花蓮慈院當志工，八十幾歲時都還有去，因爲冬天太冷了，還要自己再帶被子。我也去過大林慈院做志工，是這幾年才沒有去，後來也有去臺中慈院做醫院志工。

年歲已長　隨喜做慈濟

現在沒有辦法去做長時間的勤務了，只有去臺中慈院做志工，換成做一天的，一次做一天。最近一次要去做一天的，我在樓上等人來載，一樓的門關著；我都是依照時間執行，時間到了，就快點下樓。可是那天打開門都沒看到人，還以爲是年輕人睡過頭了，後來才知道是他們到我家卻沒按門鈴，就放我鴿子，兩個人先走了。

這幾年，我的耳朵漸漸重聽，沒辦法接聽電話，値班也沒什麼工作適合我做，所以就做隨喜的，想去再去。不然，電話不敢接，人家來，也不敢去接觸，只好帶著咖啡、糖果、餅乾跟大家結緣。我都是星期五下午値班，這陣子已經沒有去

高翁彩尉（右）經常到花蓮慈院、大林慈院及臺中慈院等地承擔醫院志工，一直到近幾年才因年紀大，行動不便而停止。圖為二〇〇七年二月一日，時年七十七歲的她，在臺中慈院當醫院志工時留下的身影。（攝影／盧有福）

了，不想在那裡佔一個名義。

我也在長青班上日語課，因爲以前讀的都忘記了。反正現在閒閒的，就開那臺「賓士」（四輪電動代步車）去。

我小時候在臺中讀書，現在二兒子、二女兒都住在臺中，我有時候也會去他們那裡。坐車去臺中，要換兩次車，都是自己去；我很會坐車，這樣坐、那樣坐，我都會，但是現在腰在痛，暫時不能去了。

聽進師父的話　做到不能做

我從年輕身體就不好，沒想到可以活到現在，也已經九十三歲了！前一陣子（二〇二二年二月），聽說上人要買疫苗[24]，缺很多錢，我就趕快拿兩千元去捐。有一個星期五，想要再幫四個曾孫，每個人各捐一千元買疫苗，就拿錢去大甲聯絡處。

剛好隔天要迎新慈誠委員，大家都在裝椅子的腳套，我就幫忙裝。裝好了幾張，已經沒有椅子了，我就要再去拿椅子來。在拿的過程中出力，只拉了兩次，椅子沒拉出來，第三次只好鬆手，結果回家後，腰就痛得吃也吃不下，睡也睡不著。

我在心裡對著上人說：「師父，我的業力很重，就連佛菩薩也不能代替我痛。」痛得就像針在扎一樣。後來去看醫生，說是骨頭壓到神經，我心想，我的身體難不成是紙糊的？只出一下力而已，況且我又是去做好事，怎麼會惹上這一場病？

這次的痛，吃藥也沒有用，後來醫師告訴我，不是閃到腰，是腰椎骨受傷，要

為慶祝慈濟成立五十周年，大愛臺於二〇一六年三月五日，在大愛臺、臺中靜思堂、高雄靜思堂、花蓮靜思堂等地連線，錄製四十八分鐘的特別節目，高翁彩尉（左）在眾人掌聲中進入臺中靜思堂。（攝影／周士龍）

去照X光。結果是骨質疏鬆（壓迫性骨折）去壓到神經，後來才住院灌骨水泥。唉，消業障啦！

做慈濟四十幾年了，我覺得很高興。早期的時候，上人很忙，我有事情都不敢去問他，都是在心裡求佛菩薩。比如要去訪貧，不知道路，就請佛菩薩來幫忙帶路；身體不舒服了，也不敢去吵上人，都只是求佛菩薩保佑。就如金華寺的師父說的，佛祖不會誤人，也不會怕被人吵。因爲上人太忙了，身體也不好，就只好吵佛菩薩。

上人常常提醒我們「對的事，做就對了」，所以我本來想，有皈依上人就好了，沒有想要當委員，反正要做什麼事，直接去做就好了。人家如果有需要我的地方，我就去做；不會做的，就不要去做，不要去佔一個位子。上人還要我們「多用心」，我都有聽進去，才一直沒有離開慈濟，不然師兄往生後，我就不會再出來了。現在只想，就這樣順順地過日子就好。

1 即「一九三五年新竹—臺中地震」，發生於一九三五年四月二十一日清晨六時二分，芮氏規模七點一，震央在臺中市北北東三十公里處的大安溪中游，是臺灣有史以來最嚴重的地震災害；又名關刀山大地震或屯子腳大地震。資料來源：蔣正興，〈回顧一九三五年新竹臺中地震〉，《科博館訊》三三二期（二〇一五年七月），頁六。

2 全名為「臺灣省物資局臺中辦事處」，位於臺中市中區成功路上的舊豐中戲院旁，即成功路與綠川東街的轉角處，今已廢棄。資料來源：余如季，〈快門時機系列：臺中〉，國家文化記憶庫（二〇二二年三月四日），https://pse.is/466wdm（二〇二二年四月二十六日檢索）。

3 臺中幸公學校於一九四三年遷移校址，校名幾經變更，於一九六八年實施九年國民義務教育後，更名為「臺中市北區篤行國民小學」；舊校址今為居仁國中。資料來源：篤行國小官網，https://pse.is/42y8r2（二〇二二年四月二十六日檢索）。

4 日本帝國進入戰爭時期後，對各項農產物的統制配給政策，以主要糧食為首要重點。一九三九年四月，日本頒布「米穀配給統制法」，廢止「米穀交易所」與「正米市場」；正米市場類似股票市場與期貨交易的概念。新設立「日本米穀株式會社」，一元性地經營全國米穀市場，管理米穀交易商。資料來源：黃仁姿，〈戰爭與糧食：二戰期間臺灣糧食管理體制的建構（一九三九～一九四五）〉，《國史館館刊》第五十二期（二〇一七年六月），頁三八～三九。

5 指傳統大甲帽，是指以大甲、苑裡一帶農家栽培的大甲藺草為原料所生產的草帽。

6 李文塗居士，臺中大甲人，居住花蓮期間，曾到訪靜思精舍向證嚴上人請益，不久後即皈依上人座下，獲賜法號「思齊」，委員號二十二，是慈濟第二位男眾委員；工作之餘，投入探訪、慰問貧民及研究佛法。一九七〇年因故回到大甲，也將慈濟志業帶回發揚，並在金華寺成立佛教正信會，接引高日華等人加入慈濟。後來，李居士轉向鑽研佛理，大甲慈濟會務轉由高日華處理，委員號也由高日華承繼。

7 高翁彩尉的皈依證書上載明，皈依時間為「民國六十五年夏曆七月二十九日」。

8 高日華皈依取法號，以及交際應酬、肝硬化的內容，是由二女兒高薰美協助說明。

9 茲擇錄李居士給會長稟函如下：自從（農曆）八月十一日，師父駕臨大甲，慈悲允許贈予世尊舍利，給我們供養，蓮友們都法喜充滿，更加虔誠修持懺悔，更加做有意義善事……又：李思齊居士與虔誠佛教徒四十餘人，乘坐遊覽車於本月二日（農曆十月二十二日）下午抵達靜思精舍，在抵康樂村進入精舍路口，佛徒們便三步一拜，虔誠的魚貫抵會。資料來源：〈大甲佛教正信會　迎世尊舍利供奉〉，《慈濟》月刊一三四期（一九七七年十二月），頁一五。

10 佛教徒修行方法之一，有三步一拜，也有一步一拜，常見於信徒到名山寺院禮敬參拜佛菩薩時的朝拜活動中。

11 一九六九年至一九八八年，慈濟年年於農曆三月在靜思精舍舉辦佛七法會，以此修持功德，迴向所有愛護慈濟的善士大德，並慶祝周年慶；一九八八年為最後一次舉辦，此後因精舍空間已無法容納年年增加的與會大德，故自一九八九年起停辦。其間亦曾停辦兩次：一九八一年慈濟十五週年，因精舍內部整修停辦；一九八六年慈濟二十週年，因籌備慈濟醫院啟業停辦。資料來源：慈濟年譜資料庫。

12 慈濟人稱濟助個案為「照顧戶」、「感恩戶」。稱為「感恩戶」，是源自證嚴上人對志工的教導，慈濟的訪視精神是尊重生命，而非不情願或輕視、草率地施捨，是要抱持著歡喜、感恩、尊重之心，以溫和笑容與親切言語來用心關照個案的自尊心。因為有受助者示現貧、病、殘等苦相，讓布施的志工警惕世間無常，從而知足惜福，成就愛心，所以要感恩受助者。

13 大甲金華寺主持正定法師致力人間佛教，社會慈善事業，對地方建樹頗多，深得地方善信敬重。多年來尤全力支持佛教慈濟事業，不但將金華寺作為慈濟大甲地區每月發放場所，並時時呼籲諸方大德響應贊助。慈濟於一九七八年在金華寺成立發放據點，發放日期為農曆每月初一，濟助範圍分布在彰化至苗栗竹南之間。大甲地區的受濟戶絕大多數是孀寡婦女、或有稚子、殘老家屬需照護，或需外出做工維生，為了方便她們的作息，發放是採隨到隨取的方式、大致由清晨六時至下午六時左右。但是有些受濟戶無暇前來或臥病在床，則需由高日華委員利用假日時個別發送；前來領取發放的貧戶中有不良於行的，高委員則以米票折換現金發給，務使受濟戶便利為先。資料來源：《慈濟》月刊一六五期（一九八〇年七月），頁一八；《慈濟道侶》一一四期（一九九〇年九月十六日），第二版。

14 上人在藥師法會開示說，慈濟歷來每月發放日都在農曆二十四日，獨有冬令發放在二十三日，是因為臺灣風俗中，臘月二十四日是家家戶戶年終大掃除的日子，為保存這項純樸、美好的習俗，所以冬令發放提前一天舉行。資料來源：善慧書苑，〈隨師行記：一九九九年二月八日〉，《慈濟》月刊三八八期（一九九九年三月），頁八五。

15 一九八〇年二月一日，北迴鐵路全線通車。

16 應為一九八三年二月五日的冬令發放，此次發放日也是花蓮慈濟醫院國福里建地動土的日子，為減省準備素宴的人手及花費，當日午餐改以素便當取代素宴。資料來源：《慈濟》月刊一九七期（一九八三年三月），頁四一。

17 花蓮輪於一九七五年七月首航，往返基隆花蓮間；北迴鐵路開通後旅客銳減，一九八三年九月停駛，自此走入歷史。

18 此段由二女兒高薰美協助說明。

19 此部分由翁師姊的大媳婦協助說明。根據《慈濟》月刊第二五三期第八頁紀錄，上人到大甲探往高日華的時間，是在一九八七年十月二十四日。

20 一九九三年三月二十六日，慈濟委員許素芬及其家族，提供位於大甲鎮光明路二〇八號的地點作為慈濟會所，慈濟大甲聯絡處正式成立。後因租約到期，一九九九年三月一日，大甲聯絡處搬遷到大甲鎮光明路一四〇號三樓；二〇〇一年十二月三十日，位於新政路的大甲聯絡處終於落成；二〇一九年十一月三十日改建完成的大甲靜思堂正式啟用。資料來源：洪玉鳳、許秉瑜，〈不畏無常 用心守護大甲人的家〉（二〇一九年十二月九日），慈濟數位典藏資源網（二〇二二年四月二十六日檢索）。

21 慈濟委員在培訓過程中，要經過資深委員評核，通過後才能報准受證。

22 即是德慈法師。生於一九三四年，臺灣花蓮縣新城鄉人，一九六四年依止證嚴上人，法名悟雲，字德慈，號紹惟。二〇二一年五月二十六日圓寂，世壽八十七，僧臘五十七載，戒臘五十五載。身為靜思大弟子，以身作則領眾勤耕勞作，維持僧眾的修行與生活，上人肯定他「守護家風，樹立典範」。而其一輩子修行功夫，完全用在「扶疏增長」上人創建慈濟大乘志業。

23 夫妻同為慈濟委員時，不論受證時間孰先孰後或同時受證，皆是共用一組委員號。

24 慈濟基金會購買五百萬劑BNT德國原廠疫苗，全部捐出做為民眾施打之用，並於二〇二一年七月二十一日與上海復星完成採購及捐贈合約簽訂。資料來源：慈濟基金會，〈慈濟基金會完成採購及捐贈BNT疫苗合約簽訂〉（二〇二一年七月二十一日），慈濟數位典藏資源網（二〇二二年四月二十六日檢索）。

自信無悔的慈濟人生

楊金雪（五十八號）訪談紀錄

訪談／何日生、徐淑靜

記錄／徐淑靜、施金魚

時間／二〇一四年十月、二〇二〇年九月二十七日、二〇二二年五月二十一日

地點／桃園靜思堂（前兩次）、電話訪問

【經典語錄】

不要自我設限，沒有嘗試過的事情不要排斥，勇敢地接受每一次的挑戰。

【主述者簡介】

楊金雪生於一九五六年，桃園市人，十個兄弟姊妹中，排行老么。三歲時，父親為人作保被倒，煩惱到中風，家庭經濟也陷入困境；六歲喪父。因此在國中畢業後不再讀書，選擇幫家裡做生意。一九七二年，大甲慈濟委員李文塗到桃園經商，後來在桃園佛教蓮社與楊金雪家人結識，並招募為其會員。一九七五年，楊金雪自李文塗手中接辦部分會員的善款，成為桃園第一位慈濟委員。她即使為協助改善家庭經濟而忙碌，仍致力於勸募及濟貧工作，催生社區道場，凝聚志工力量。她也帶動家人行善，母親及手足皆加入委員或榮董行列。

二〇〇九年三月八日，楊金雪於桃園區慈濟醫院志工課程上分享。（攝影／魏岩宗）

我是一九五六年出生在桃園鎮（現今桃園區），原本家裡有十個孩子，六個兄弟、四個姊妹，我是家裡最小的。但是其中有四個哥哥在日據時代相繼因爲發燒、腹瀉不治往生，所以六個哥哥只剩下大哥和小哥。

爸爸跟媽媽差十四歲，媽媽是爸爸的第三任太太，他前兩個太太，婚後第三天回娘家作客，就沒有再回來，可能是我爸爸太過木訥老實。他老實到什麼程度呢？比如媽媽說：「市場沒有大白菜嗎？」爸爸就會一直買大白菜。媽媽又說：「市場沒有高麗菜嗎？」爸爸就不買白菜了，換買高麗菜。吃到膩了，媽媽說：「你也買個菜心。」他就買菜心，爸爸就是那種男人。不過，他的學問很棒，四書、醫理的書看很多。

我媽媽小時候曾經送給人家做童養媳，阿嬤捨不得，又把她討回來。那時候流行小兒痲痺症，她回來後發高燒，接著又出現其他小兒痲痺症狀，所以走路會一拐一拐。

爸爸在菜市場擺個小攤子，賣些比較不容易壞的東西，像是鹹蛋、薑、蒜頭之類。媽媽沒有跟著去顧攤子，而是在家裡照顧我們這些兄弟姊妹，還要侍奉祖母。

幼年喪父　拚經濟不喊累

我三歲的時候（一九五九年），爸爸幫別人作保被倒，欠人家很多錢，我們家經濟因此陷入困境。爸爸煩惱到中風，臥病三年，我六歲時，他就往生了。我大哥跟我相差二十歲，他在爸爸生病時結婚；爸爸往生後，大嫂接下攤子做海產生意，媽媽就在家裡照顧孫子，還有煮三餐、整理家務。

媽媽覺得女子無才便是德，書不見得要讀很多，我的三個姊姊都只有國小畢業。不過，我很幸運，那時候開始實施九年義務教育（一九六八年），所以很自然地就升上國中。國中畢業的時候，我都沒有問媽媽，也沒有問大哥，自己就決定不升學。那時候覺得自己像童養媳，很自卑，也很認分，不敢有非分之想。只是心裡想著，以後長大，自己有能力的話，就要幫助更多的人。

早期我跟大嫂是有距離的，開學要繳學費，我都不敢跟她說，也不會跟大哥要，一直忍，忍到期限的前一天，老師在催了，我才鼓起勇氣跟大嫂說。每次要繳什麼錢都要等到最後一天，所以覺得書讀得很辛苦，就不想再讀了。

直到聯考都過了，大哥問我要不要去臺北念補校，還帶我去臺北報名，但我考慮再三，還是不讀的好，因爲一想到註冊都要跟大嫂拿錢，而且回家時間很晚了，必經道路很小，沒有路燈，旁邊都是竹林，還有一條大水溝；我膽子很小，很害怕自己走那條路，也很不喜歡跟人家伸長手要錢的感覺，所以就沒有去讀。

小時候不懂事，都覺得大嫂很苛薄，我在家裡幫她顧店，每個月才領五十元工錢。我燙頭髮、買木屐的錢都要從薪水扣，連我發育期間（青春期）常常肚子

很計較。痛，買藥花五塊錢，也要扣薪水。我一個月所有的打點都靠這五十元，所以就會

讀文昌國中時，校門口對面經常飄來麵攤的油蔥香味，總是讓我忍不住多吸幾口。有一次二姊陪我去註冊，我跟她說，每天看別人去麵攤吃麵，聞那個味道好香，不知道有多好吃！二姊就帶我去吃，吃到我一直想吃的麵，就感到很滿足。那時候很容易滿足。

後來自己打理一個家，才知道那時候大嫂持家的壓力有多大，也想起以前常聽媽媽說，我們每天要吃十斤米，今天償還昨天十斤米的錢，再跟人家賒十斤米回來。媽媽都一直告訴我們，要很感恩大嫂，她在我們最苦的時候，願意嫁到我們家，一進來就願意把一家子的重擔承擔起來，所以我們怎麼樣都要忍。那時候我們都很拚，也都不會喊累，只想著要趕快改善家庭經濟。

我爸往生的時候，因爲三姊金英是虔誠的佛教徒，參加佛教蓮社，所以有好多蓮社的人來爲爸爸助念，我們都很感恩。之後，每個星期六、星期天，媽媽會帶我們去蓮社念佛、聽師父講經或參加法會，我常常打瞌睡。我們有入班，聽大哥哥、大姊姊講一些佛法的故事，我很喜歡聽。我的小哥楊寶祥就在那裡認識了慈濟委員李思齊（本名李文塗，法號思齊）。

一念善心　承接勸募工作

李思齊老家在臺中大甲，曾住過花蓮，一九七二年到桃園開印刷工廠。在佛教蓮社認識我小哥後，跟小哥滿投緣的，就問他可不可以幫忙介紹慈濟會員。小哥一口答應，第一個介紹我大姊夫簡阿傳，接著還有幾位蓮友。

後來，小哥考上中國造船公司（現今臺灣國際造船公司），在基隆的造船廠上班，假日回來，有空時就會帶著李思齊去勸募會員，也帶他到家裡。李思齊就跟我們說，證嚴法師爲了幫助貧苦的眾生，創立慈濟功德會……我們自己生活也很苦，能夠感受貧窮的辛苦，所以全家都加入會員。

一九七五年，李思齊要結束印刷工廠營運返回故鄉，他覺得沒人繼續向桃園的會員收善款很可惜，要小哥來接，但是小哥要到日本受訓，沒有辦法接，就推薦我，說我國中畢業了，比較有時間。當時因爲這個情況，我懵懵懂懂地接下來，成了委員。

李思齊只交給我二、三戶而已，他可能覺得我是個小女子，沒有能力收太多人。他要離開的時候，告訴我，哪家好收，哪家不好收，他說：「妳能夠收的，妳就收。」因爲我對慈濟都不了解，只知道花蓮有一位偉大的師父在做好事，但要踏出那一步，還是有點膽怯。還好他帶我去福壽街收一位歐巴桑的善款，而且跟她說，以後由我來收。我的第一筆善款是在七月寄回花蓮。

雖然李思齊沒有給我很大的壓力，沒有說一定要收多少，但是我知道這是做好事，如果有多一點人捐的話，對我個人來說也是件好事。我開始募款，就找我國中比較要好的同學，我說：「我在收慈濟的功德款，你只要一天存一塊錢，一個月就有三十塊，就可以幫助人了。」找了好多同學，他們都不願意，可能是那時候年紀都還小，沒什麼經濟能力。

後來，我第一個募到的是國中同學劉美英，收到她三十塊的時候，眞的好高興，因爲那時候也沒辦法把慈濟說明得很詳細，她願意把錢交給我，就是一種肯定，之後我就更敢跟親戚朋友勸募了。

那幾年，我們家生意非常好，四點起床開始忙。接近中午，下港（指臺灣南部）的貨到，我們家的攤子位在小巷裡面，車子進不來，要用三輪車去永安路接貨，還要處理魚貨，忙到晚上六、七點；爲了讓家裡的經濟趕快好轉，我們姊妹們都不喊累，所有的事情都自己做。因爲我埋頭努力打拚賺錢，一直都沒有想到要去花蓮靜思精舍看看。

同病相憐　開啟首例濟貧

一九七八年十月，我的同學也是會員簡秀琴，她跟我說，莒光街有一個二十二歲的先生，大腸癌往生了，積欠二十多萬的醫藥費，他的太太即將臨盆，不但無力償還欠款，生產費也沒有著落。秀琴問我，我們每個月在交善款，那位太太現在很需要錢，可不可以幫助她？我很贊成，那個月我收了善款二千六百四十元，就帶在身邊去看她，心想如果她需要，就直接交給她。

我們抵達的時候，棺材還在，那位太太看起來二十歲出頭，年紀跟我差不多，身邊還有個一歲多的女兒。我心裡想，我六歲沒有父親，童年過得那麼灰暗，這個小女孩才一歲多，如何度過悲哀的童年？我把錢交給那位太太，說這裡有二千六百四十元，是我這個月收到的功德款，就只有這麼多，可能對妳幫助不大，不過這是我們的心意。

回家的第一件事，就是趕快寫信到花蓮向上人報告，畢竟那筆錢是大眾的，不是我個人的。我寫下善款的明細，以及案主的情形。那時只想應該跟上人報告，也沒有期望後續會有什麼回應。

我也把個案的情況說給家人聽，媽媽、大姊、二姊立刻掏出錢來，差不多有一千多塊，我又拿去給她，還留下電話和住址。我跟她說：「這是我家人的一份心意，我的能力有限，可能沒有辦法再繼續幫助妳，不過如果妳有心事，可以跟我聊一聊。」那時候沒有訪視經驗，也沒有其他委員可以請教，還不知道不能把個人資料留給案家。

沒想到，一個星期後，臺北的「老三[1]」師姊胡玉珠，打電話給我，說她已經去看過那個個案，要到家裡認識我。我很震撼，竟然來了五位師姊。那是除了李思齊外，我第一次接觸的慈濟委員。

她們跟我說，上人很偉大，他身體很瘦弱，卻發願要做濟貧的工作，而且還是自力更生。然後又說，看過那個個案後，只要給予急難補助就好，因爲她有社會資源和家屬幫忙。這時我才知道，不能只有看表面，她背後有政府和親戚可以幫忙，都要列入考量。

她們還說，上人知道桃園有一個楊金雪，每個月寄善款回去，但是沒見過面，他如果到桃園關懷個案，要來認識我。她們也邀我回花蓮。當下觸動了我的心，想到做慈濟三年了，爲什麼沒有多去了解？從那一刻起，就想要找機會回花蓮。

師徒相會　堅定行善之路

我從承擔委員開始，就會定期收到花蓮本會的《慈濟》月刊，一九八〇年，我接到本會要舉辦成立十四周年紀念法會——打佛七的訊息[2]。那時候北迴鐵路[3]已經開通了，我就放下工作，邀國中同學郭錦華、蔡雪華，坐火車回花蓮的靜思精舍參加佛七法會，不過，只有參加最後三天。

可能是一般的年輕人都比較沒定性，所以上人看到我就說：「我以為楊金雪是一位老菩薩，沒想到是個年輕的女孩！」德慈師父也都跟大家介紹我，說：「這就是桃園的楊金雪師姊啦！」每個人看到我，都很親切。因為我一直匯款但都不曾回去，好像很稀罕，感覺當了三天的名人。那種氛圍、那種喜悅，久久難忘。

打佛七時，整個大殿滿滿的人，一起唱誦梵唄，「一心頂禮……」一句句，好感動！看到上人在禮佛，那威儀很莊嚴、很攝心，覺得這就是我要找尋的師父。我告訴自己，一定要更努力、更用心做慈濟。

上人開示的佛法，很生活化。上人說，每天的本分事要做好，行有餘力，就去幫助別人，不要浪費時光。人的一輩子有多少時間，如果都花在睡覺，不是很可惜嗎？我聽了覺得很有道理。

過堂的時候，每個人的飯菜都擺好了，一碗飯、四樣菜，我看到其中有一碟是從沒吃過的紅鳳菜，很害怕，從小到大看到紅紅的食物就怕怕的。但是不吃不行，結果吃了，也沒有感覺不好。我才體會到，自己這個不要，那個不敢，都是自我設限，所以我勉勵自己，沒有嘗試過的事情，不要去排斥。

以前，助人後的歡喜頂多是讓姊妹知道，自從見過上人，信心就來了，就敢去跟別人分享，會員就越來越多了。

走訪精舍一趟對我的影響很大，所以即使生活很忙，我還是會安排時間，帶會員回去。住八德的許會師姊本身是學佛者，除了自己捐款以外，也募了許多蓮友成爲會員；我想鼓勵她領勸募本，成爲委員，就帶著她和其他會員一起回精

一九八八年五月八日，楊金雪（前排左三）與桃園委員回靜思精舍打佛七，在佛堂前合影（圖片／楊金雪提供）

舍。許會師姊在親眼看到上人和常住師父所做的一切之後，她對我說，精舍小小的，但上人做的事情是這麼大、這麼多，她很感動，所以就發心拿勸募本。

累積經驗　獨立承擔訪視

我和臺北的師姊接觸後，就開始跟她們去複查個案，三個月一次，臺北、桃園的委員會一起去看個案，桃園只有我一個人參加。我會在桃園交流道和她們會合，她們接到我後，就直接再開上高速公路往南，從新竹開始看個案再回桃園。

那時候訪視，也沒有規定成員一定要上過課。以前我都不懂，跟著臺北師姊訪視，從旁觀察她們，怎麼看、如何對談、怎麼記錄，才知道要注意的層面很廣。訪視時，有的人去看廚房，有的人去向鄰居探聽，並不是所有的人都去跟案主談，然後要問得很詳細，也不能在案主面前寫紀錄。回到車上，每個人就分享自己聽到什麼、看到什麼，再作筆記。

累積經驗快兩年，臺北師姊漸漸地將新個案交給我們調查，到了一九八四年九月，每三個月一次的複查個案也交給我們進行，這時桃園訪視才獨立運作。因為

一九八五年十月十七日，證嚴上人再次行腳至桃園佛教蓮社，並以「貪瞋癡」為主題，對大眾開示日常生活修持；行進間，楊金雪（上圖，背紅包者）隨侍在側。（圖片／楊金雪提供）

民眾口口相傳，慈濟都在做救人的事，所以也有個案是由民眾提報；有時候是委員聽到災難訊息，或是在報紙上看到苦難人，我就找有空的人一起去看。我在做生意，通常只能下午出門，但如果是個案複查，就會出去一整天。

一九八五年（一月十八日），上人第一次來桃園，我陪他到桃園省立醫院，探視罹患尿毒症與血癌的年輕個案；上人的探視，給予他們很大的安定感。之後，上人再到桃園到佛教蓮社跟會員大德開示。[4]

種子播下木成林

最初，桃園的慈濟委員只有我一個人，直到一九八四年之後，許會、劉張碧垂、陳田蜜智、王陳桂、賴愛珠、吳陳月桃，她們才加入委員。[5]我們人雖少，但結合起來仍是一股力量，如果要去訪視，大家會到桃源街的一家鞋店集合，是徐李燕和賴愛珠師姊開的，因爲那裡是市中心，多數師兄姊住在附近。之後有龜山、大園的菩薩也加入委員的行列，尤其是大園的曾勝耀師兄，他是虔誠佛教徒，認識很多當地的蓮友，召募很多會員，他常擔任活動主持人，餐會、喪事等，他帶動得很好。那時候（一九八〇到一九九〇年間），我們常舉辦慈濟飯，就是藉由委員或會員家裡的大小事，例如：生日、入厝、婚姻、小孩出生等，由主人邀請親朋好友來參加餐會或茶會，慈濟人則準備餐點，介紹慈濟志業；很多人參加以後都很感動，加入會員。

因爲人漸漸變多，地域比較廣大，自然而然的大致分成四組，桃園市人比較多有兩組，八德、中壢各一組；那時還沒有落實社區[6]，大致上由當地最資深的委員和他招募的委員、幕後[7]分在同一組，所以地區會稍微重疊。一九九一年上人選定四組組長，曾勝耀是第一組組長，我是第二組，周淑卿是第三組，中壢的卓梅玉是第四組。曾勝耀住大園，帶的大部分都是那邊，我的區域就是鶯歌、龜山、蘆竹、大園。

當時聯絡都是靠打電話，組長自己聯絡組員，時間約好，在一個大目標地點集合。但也有例外，不同組的人想參與，也可以一起去。

花蓮本會每個月都有全省委員聯誼會[8]，上人帶著委員討論個案，我大約是一九八四年左右開始參加，一九八四年慈濟醫院（第二次）動土後，我幾乎每個

一九八四年楊金雪參與花蓮慈濟醫院第二次動土典禮。（圖片／楊金雪提供）

一九九五年楊金雪（站立拿麥克風者）於慈濟全省委員聯誼會向上人報告桃園會務。（圖片／楊金雪提供）

月帶著會員去花蓮，去看我們正在蓋的醫院，從低頭看建築到抬頭看建築，順便參加全省委員聯誼會[9]。我們會坐禮拜六下午的火車，然後住在靜思精舍對面一間稻香村旅舍，隔天早上四點朝山進精舍，都是從大馬路邊開始朝山（蘇花公路與精舍街交叉路口），沿著小路從前門進去。那時候委員聯誼會都是在大殿後的中庭開會，後來慈濟紀念堂（現今花蓮靜思堂）開始蓋，地下層的水泥還沒鋪好，地還不平的時候，聯誼會就移到那邊開會[10]；每個月都幫當月壽星慶生，上人送壽星的紀念品，那時候是北區慈誠大隊長簡乾成提供，我負責帶去精舍。

醫院落成前，每個月要去精舍的會員比較少，醫院落成後人數變得比較多，人數多就由北區交通組幫我們買車票，就會整個車箱都是想參訪慈濟的人，這就是慈濟列車[11]。

之前醫院還在蓋的時候，每個月都要自己排隊買車票，我會帶著大哥的孫女一起去。一大早我們坐五點的火車去臺北車站，到臺北差不多六點以前，然後我們開始排隊，七點開始賣票。爲什麼這麼早去？這樣我們才可以買兩輪的車票，一個人可以買四張，兩個人就買八張，因爲小孩也算一個人頭，排隊兩輪就可以買到十六張。如果車票不夠，還可以找臺北的師姊幫忙，她們很照顧桃園，都會願

一九九〇年十月十四日楊金雪（二排右一）帶會員至靜思精舍參訪。（圖片／楊金雪提供）

一九九〇年三月二十五日楊金雪（左二）偕同桃園分會幹部，於臺北普門文庫，向上人報告桃園擴編完成。（圖片／楊金雪提供）

意幫我們買票。

有關買車票，我還記得一件事，有一次要出發了，臨時有人不去，要退票，我怕搭不上火車，就請排在前面的年輕人幫忙退票，結果他退票後就把錢拿走，我記憶猶新。

不畏路遙　獲報使命必達

印象最深刻的一個個案，是住在新竹縣尖石鄉秀巒村（泰崗部落）的個案。一九八七年接獲提報時，我買了地圖一看，那麼遠，而且在海拔一、二千公尺的山上，心裡有點猶豫，但是想到案家需要幫助，不去看的話會過意不去。

我、李美鳳師姊和她先生呂萬壢師兄前往關懷，路過橫山鄉，我們就到橫山分局打聽，警察先生看了我們一眼，就問我們要去那裡做什麼。我說，那是慈濟接到的個案，她有四個孩子，先生上吊自殺。警察知道這個個案，說他上星期去過，路很難走，要四輪傳動的車子才能上去。

警察看我們沒有要回頭，帶著懷疑的眼光說，眞的想去，就試試看吧！辦了入山證，過了那羅部落，有叉路，不知道該往左還是往右，附近有一家理髮店，我們就去問老闆。他說，以我們這種轎車，不到半路，就卡住了。會開口提醒，是因爲我們要上山做好事，如果是要去玩，他就不講了。他還告訴我們，想上山一定要早上六點到竹東市場，那裡有專門載人上秀巒村的兩千二百C.C.的柴油車。

過了幾天以後，呂萬壢師兄和我帶著便當就到竹東市場搭車，一個人的來回車資是六百元。秀巒村地

一九九〇年楊金雪（左二）等志工到新竹泰崗部落訪視。（圖片／楊金雪提供）

處偏僻，柴米油鹽醬醋茶都靠那輛車，日用品與食物價格比平地貴很多，山下一斤米十元，到了山上變成二十元。

山路很不好走，坎坎坷坷又陡峭，花了五個小時才到秀巒。見了案主才知道，她十九歲結婚，孩子多，全靠先生打零工養家。山上的生活費很高，先生承受不了生活壓力，幾個月前走上絕路，全家生活也陷入困境。記得那時候我們打開便當，孩子看著裡面的食物，說他們已經很久沒看到白米飯了，我們就把便當送給他們吃。原來他們平日只吃些野菜，或是看哪裡有人在收成小米，就去撿來吃。

山上好多人會跟我們說，哪一家很可憐，派出所的警員也會說。他們比較清楚哪一家有困難，我們知道哪裡可能有個案就會去看。那時候個案多，範圍廣，南到竹南，北到鶯歌、三峽，有時候大半個月都在看個案。住得遠的，去看一個就要一整天；近一點的，一天就可以看二、三個。去訪視時，我會先跟大家集合在一個地方，說明蒐集到的案家狀況。三個月一次的複查時，一大早六點，我們幾部車一起出門，我會準備大鍋菜，中午就在外面野餐。

早期的活動，印象深刻的特殊事件是去助念，現在規定八點以後不要助念，當時沒有規定，我們會念一整晚。曾經有一次去新竹新豐鄉，助念到隔天早上四、五點，結果那個人沒有往生，還說肚子餓，家人煮稀飯給他吃。

其實一個家有人往生的時候，家屬最是無奈、徬徨無助，但只要有人陪伴，心就安住了。

催生道場　匯聚愛心能量

幾年來桃園沒有一個固定的共修地點，一九八七年，回花蓮打佛七時想到，要接引更多的社區會員，就需要有一個固定的據點，才能凝聚委員的力量。當唱誦「一心頂禮」的時候，我虔誠向佛菩薩祈求，能趕快有這個因緣。

那時候認識的人不多，我想到李美鳳師姊在桃園市三民路有一間閒置的房子，我就想，如果那個地方變成我們的共修場所，那該多好。回來後，我就跟李美鳳說，如果她那一間房子能成爲桃園委員的共修點，眞的是功德無量。她就一口答應。

一九八七年十月二十六日，慈濟桃園分會在桃園市三民路二段三百二十號成立，上人蒞臨為大眾祝福。（圖片／楊金雪提供）

我是在一個偶然的機會下認識美鳳師姊，一九八一年有一天晚飯後，我到成功國小散步，看到一群婆婆媽媽正在操場跳土風舞，我看了好一會兒。音樂停止後，有個人注意到我，以爲我很感興趣，就問我要不要參加，我就說好啊。其實，那時候我是看到有那麼多人，想要藉機跟她們介紹慈濟。

加入土風舞社之後，我就向她們介紹慈濟、勸募善款，尤其與美鳳師姊更是投緣，她不僅熱心公益，也很認同上人的理念。因爲她會開車，所以我就常找她載大家去訪視，有時她的先生呂萬壢也會參加。有了他們夫妻的發心，桃園的訪視工作就推動得更順利。

美鳳師姊答應後，就開始裝潢，一九八七年十月二十六日，上人親臨現場，宣布——慈濟功德會桃園分會成立。每個星期五晚上七點半至九點半都有共修，大家邀請自己的會員來參加，前半段禮拜《法華經》，後半段講慈善、醫療，大家分享心得。那時候想要成為慈濟委員不用培訓，所以這個禮拜五的共修時間，就像現在的培訓，幫助會員更了解慈濟。

然後，我們在暑假就開始舉辦兒童的活動，那時候很多別的道場都會辦兒童佛學營，而且我哥哥的孫子，剛幼稚園畢業，也有參加夏令營。我覺得如果小孩子從小就給他好的學習環境，長大後比較不會變壞，所以我就跟大家提議，大家也都認同。

我們的委員或會員有孩子、孫子，只要願意，都可以帶小朋友來參加。暑假兩個月共舉辦了八次活動，每星期六早上從八點到十二點，讓小朋友學佛教行儀、慈濟人文[12]、慈善等等，還帶他們去看個案、去朝山，讓他們在這八個禮拜的洗禮之後，更知道如何做一位佛教徒，知道小菩薩該做的事情有哪些。而且除了上課內容之外，也能讓他們之間有同事度[13]的精神，在他們成長的過程中，有暑期班同學的記憶，同學間可以成為朋友，可以相互鼓勵。

用心耕耘　新道場人氣旺

桃園分會最早的地點在三民路，李美鳳師姊提供的房子，大約三十幾坪，只能容納四、五十人，使用了二、三年，已容不下越來越多的會員大德一起共修。一九八八年，黃義盛師兄在桃鶯路的房子蓋好了，空間比較大，大概可以容納一百人左右，我們主要到他家二樓共修；一九九一年桃園區男眾組成「見習慈誠隊」，初期都在這裡共修；三民路會址就比較少活動。後來一九九二年改到中壢聯絡處，是陳鴻永伉儷發心提供，那裡很大有四層樓，一樓作為靜思人文的流通，二樓是才藝教室，三樓是佛堂和共修的地方，四樓作為倉庫。桃園會務整個移到那裡，等於之前的地點都沒有在用了。

共修沒有一個固定的地點，的確不方便，上人也希望桃園能找到一理想的處

早期桃園委員每月在三民路上的會所召開聯誼會，討論個案的情形，或者是交流心得、為法親慶生、分享慈濟故事等。下圖左二為楊金雪。（圖片／楊金雪提供）

所。邱秀英師姊平時很發心，經營公司人面較廣，所以上人每次來，都請她幫忙找尋適當的土地。經過尋尋覓覓，一九九四年她買下永安路一間房子，請上人去看，上人覺得太小，她又買下隔壁共三百坪，捐出作爲共修道場，於是在一九九四年成立了桃園聯絡處（現爲永安聯絡處）[14]，我們就有固定而且更寬廣的道場了。

聯絡處的功能，除了定期共修外，還有電話服務，如接聽委員及民眾提報個案，還有收受捐款服務，或是幫老菩薩（指年長委員）塡寫匯款到花蓮本會的單子。另外，委員出門訪視前，都會在這裡集合，看完個案再回來討論補助的金額。

我們也辦理培訓課，請資深委員來講學佛行儀、慈濟緣起。有一次，曾勝耀師兄來講「三皈依」，他在大園淨蓮寺學佛，是個很資深的佛教徒，跟我們分享爲什麼要助念、怎樣念佛才能一心不亂、告別式如何唱誦。

我很感恩大家，聯絡處在眾人用心耕耘下，發揮了全方位的功能。

空難救援　懼怕拋一邊

桃園有中正國際機場，所以我們經歷過幾次空難救援，像是華航大園空難[15]。一九九八年二月十六日晚上八點多，我接到大園空難的消息，就馬上趕過去，九點到機場，整個櫃臺都是慈濟人。因爲我做機場生意，跟華航經理很熟，我就問經理，我們人很多，要怎麼安排比較不會妨礙他們工作？他沒有碰過這樣的事，也束手無策，就要我們到貨運站等。

我們在那裡等到十一點多，還是都沒消息，有些人就先離開，我覺得自己不能走，堅持留在那裡。後來，經理要我們去過境旅館安撫家屬，因爲慈濟的旗袍跟華航很類似，家屬看到我們就一直抱怨，後來才知道搞錯了；家屬太悲傷而無法注意衣服細節，我們可以理解。

那時候呂秀蓮縣長在召開記者會，我就跟她說，家屬希望慈濟人到第一現場臨時搭起的帳棚爲往生者助念；經縣長溝通，華航准許我們進去助念。悟空法師一個人在裡面助念，看到我們就說：「你們終於到了！」我們用很大的聲音唱誦佛號，三十幾個人的力量還是微薄，我就打電話請志工來支援。過沒多久又下雨了，就覺得更悲苦、更淒涼。經理說已經備好雨衣了，請我們幫忙提供薑母茶。

我也請陳田蜜智師姊準備早餐，支援的志工也到了。早上七、八點時候，我們就陪伴認屍、幫忙搬運遺體。阿兵哥把遺體送過來時，只有覆蓋白布，風一吹，看到了殘缺的遺體……那一刻，我覺得能夠平安，眞的很幸福。到了晚上，遺體送往殯儀館之後，我們把所有場地都清理乾淨。八點多，有外面道場的法師帶領大家一起灑淨，他讚歎上人很會教弟子，師父不在身旁，竟然能堅持到最後，做得這麼圓滿的結束。那時候有好幾位師兄姊在現場待了超過二十四小時，現在想起來，我們眞的有做到上人所說——走在最前，做到最後。

那時候可能是憨膽，我想，如果我怕，大家也會怕。我就假裝鎭定地告訴大家，不管看到什麼，就是要告訴自己，今天是來給罹難者祝福、幫他們拔苦，所以不要怕。

話雖然這麼講，還是有很多人被血肉模糊、殘缺不全的遺體嚇到。其實那種場面，很少人可以很鎭定，很多救難人員看到他們的便當有肉，都不敢吃，改吃慈濟人準備的素食餐。因爲需求量很大，所以陳田蜜智師姊，從早上一直煮到下午。

這次的參與，我才深深體悟到，上人常告誡我們，人生無常。那架飛機就要落地了，已經快到家了，沒想到卻是天人永隔。

母親身教　以善以愛傳家

從小哥開始接觸慈濟，現在我們家可以說都是慈濟人，四個姊妹都是委員，大哥是榮董，小哥是慈誠和榮董，小嫂後來也成爲委員，他的子女做生意，都是榮董，但兩位哥哥已經往生。我先生也是委員，孩子都成家立業了，很遺憾還不是委員。

我大嫂八十幾歲了，以前覺得她很小氣，進入慈濟後我都抱著感恩心，感恩她把這個家撐起來。媽媽和大嫂相處，難免有磨擦，但我們都會勸媽媽，大嫂不是那個心，她只是心急，我們都引導媽媽正向思考，絕對不會說大嫂一句不好的話。我媽媽都說，我們這些年輕人跟嫂嫂都是同一國的。我大嫂本來要受證，不過她出門都要人家幫忙，就說不要好了。

全家都有這樣的善念，其實受媽媽的影響非常大。媽媽相信天公疼憨人，憨憨地做，上天不會虧待我們。以前她都告訴我們，我們雖然窮，但是要窮得有骨氣，不能讓人看不起。拜拜時宴請親朋好友，要有很真誠的心，把我們家最好的拿來宴客，不能漏氣，不怕人家吃，才會富有。如果有人來乞討，我們都還沒吃飯，媽媽也會先添一大碗給他；即使在我們最辛苦的時候，媽媽也會說，大家少吃一點，別人就有一頓飯可以吃。

媽媽很節儉，都穿孫子不要的衣服，但我要她捐錢種健康因、智慧因，她都說好。每年的生日、母親節、過年紅包好幾十萬，她都存起來給上人建醫院、建學校。

她八十七歲那一年，正好是花蓮慈濟醫院啓用，我問媽媽想要做榮董嗎？她說她每年身邊的錢都給師父了，怎麼可能做榮董。結果不可思議，我家土地給政府徵收，拿到四百多萬的補償金，我媽媽拿出一百萬給上人蓋醫院，哥哥也很支持。她覺得自己不需要錢，她對我說：「我要吃有得吃，也沒要去哪裡，這樣子就夠了。」她往生，沒有留下一分錢。感恩媽媽有這麼開闊的胸襟，我們也都承襲到媽媽好的種子。

突破膽怯　開啟自信大門

進入慈濟眞的很好，讓我學會抱持感恩心，也找到了自信。

一九八五年回精舍過年，我們圍坐在大殿後面的中庭，上人坐在中間。上人就說，每一個人都要上臺說話。這對缺乏自信的我來說，是很大的挑戰。

回想起，自從一九八〇年第一次回精舍以後，每年我都回去過年。精舍每個月發放是在農曆二十四日，但是只要是在歲末的冬令發放，就會提早在十二月二十三日。各地委員會在發放的前一天，回去跟上人圍爐過年，然後大家都要講話。因爲我很沒有膽量，叫我在那麼多人面前講話，會很緊張，所以始終都是最後一個講話，講的內容都是：「師父，我剛要說的話都被大家講完了，感恩。」

那一年，我就告訴自己：「今天一定要很勇敢，絕對不要最後一個。」可是在最前面我也不敢，就一直要等最好的時機，後來覺得再等下去也不是辦法，就衝上去。一上臺，就一直哭，一句話也講不出來。上人看我哭，很不捨地說：「以後我會常常去桃園啦！」

那時候，下臺了，還一直在啜泣，大家就一直安撫我，不知道我在哭什麼。不關心還沒事，越關心我越哭。

其實，我心裡是有很多委屈，看到上人，就哭給上人看。因爲我年輕，桃園區的委員幾乎都可以當我的媽媽，所以在會議上我說話都沒分量。不過，他們有不同意見，也都是爲了慈濟，像是有一次我們去助念，慈濟都是唸「南無阿彌陀佛」，但那時候我傻傻的，別人叫我唸「阿彌陀佛」，我就跟著唸，於是被師姊罵。

那次當眾哭過之後，我就不再膽怯，我告訴自己要改變，彷佛重生一般，我的信心就來了，我決心要勇敢接受每一次的挑戰。

一念初心　恆持一輩子

在早期比較有機會跟上人互動，有時候大家圍坐在上人身邊，向上人請法。上人總是教導大家，人與人之間難免有磨擦，凡事不要跟人家計較。

上人說，這輩子的人生，是上輩子寫的劇本，而這輩子所做的，就是在寫下輩子的劇本。我想，自己過去生的劇本，一定沒有寫得很漂亮。以前做生意，我的動作很快，所以看到別人動作慢就會很急，一急，聲色就不好，常指責人家，你怎麼那個沒做、這個沒做。在上人的教導下，我的習氣已經慢慢改變。

二〇二〇年八德靜思堂啓用前的暖身運動，大愛電視臺要辦感恩音樂會，我們要義賣護持大愛臺，我覺得包粽子最好，可以做到無痕飲食。組長說包五百至六百顆就好，但我覺得至少要三千顆，我告訴組長可以找幹部一起做，幹部帶頭賣力做，大家也會跟進。通常意見分歧時，我會找一天再跟組長溝通，或是在合心會議提出來討論，不會把不愉快埋在心裡。

到了包粽子的那一天，我剛好也要跟澳洲菩薩連線，因爲撞期，就兩邊跑。連線方面我要測試、試音等等花很多時間；但包粽子方面，備料步驟很瑣碎，我負責放料，由男眾來炒。那天狀況很多，一下說要分享，一下說米沒洗，一下又說米沒熟……

以前我會因感到急迫而指責別人，但現在會告訴自己，凡事不要急，安住在當下；那一刻無論做什麼都要安住，事情總會完成。

上人給我的法號是「靜泓」，我的委員號是五十八號，加入慈濟很早，但我告訴自己，這只是跟上人的緣比較早，是我的福報，從來不會覺得自己很了得，也沒想過如果沒有我慈濟就會怎麼樣。以前碰到逆境，我從不說不做慈濟，從來沒有那種念頭；有時開會時大家的看法不同，我會在回家的路上，一邊流淚邊唱著〈普天三無〉，回到家也不會說自己受了委屈，不想讓家人知道，怕他們不讓我做慈濟。

慈濟是我自己想要做的事，既然跟著上人，就是一輩子的事，我的人生如果拿掉慈濟，不知道還剩下什麼？是慈濟豐富了我，我很感恩。

1 老三師姊名叫胡玉珠（靜緣），和陳美珠（慈蓮）、楊玉雪（慈妙）是結拜姊妹，攜手創業、學佛。三人在慈濟志工李水玉（靜銘）接引下成為慈濟會員，並隨之前往花蓮靜思精舍參加冬令發放，親見證嚴上人生活刻苦，卻致力為眾生付出，大為感動。後來三人一起皈依上人，成為大臺北地區最早一批的委員。新進志工依她們年紀長幼次序，暱稱陳美珠為「老大」師姊，楊玉雪為「老二」師姊，胡玉珠為「老三」師姊。

2 慈濟功德會成立於一九六六年，一九八〇年為成立十四周年，功德會於五月一日至八日舉辦紀念法會。該年度四月五日出版的《慈濟》月刊一六二期，將此次法會訊息誤植為「十五周年」。

3 北迴鐵路於一九八〇年二月一日全面通車。

4 一月十八日：十一點多，率眾驅車前往桃園。桃園委員楊金雪（靜泓居士），與多位熱心會員驅車來交流道迎接。近年來，師父南北四處行腳，尚未在桃園停留過。靜泓師姊於車上，一臉興奮，天真的表示：自昨夜師父答應要來，一夜高興得難以成眠。車子先驅往桃園省立醫院，探望幾個急難個案，案主均是求學年紀的青少年尿毒症與血癌，均非小病。抵達桃園佛教蓮社已十二點多了。資料來源：釋德宣，〈隨師行記〉，《慈濟》月刊二一二期（一九八五年四月五日），頁十。

5 目前桃園地區會務在楊金雪委員推展下，每月募得功德會費已達八萬七千多元，其幕後有多位大功臣——許會、劉張碧垂、陳田蜜智、王陳桂、賴愛珠、吳陳月桃等六位居士，均處於幕後，鼎力推揚「慈濟」。今因緣成熟，並在楊委員的鼓勵下，發心邁入委員行列。資料來源：〈本會增生力軍 新委員介紹〉，《慈濟》月刊二一六期（一九八四年十月），頁三五。

6 落實社區，早期慈濟志工的組織模式，是以各個慈濟委員透過人脈介紹慈濟；一九九六年賀伯颱風賑災期間，慈濟志工跨縣市移動，因路途遙遠，人生地不熟，影響動員效率；有鑑於此，慈濟改變組織型態，推展「社區化」志工編組方式，以居住地為單位，將鄰近的志工編制在一起。資料來源：潘煊編著，《行願半世紀》（遠見天下文化出版股份有限公司，二〇一八年十一月八日第一版第八次印行），頁二四八至二五三。

7 幕後，幕後委員的簡稱。慈濟委員募得的會員中，若有會員進一步協助委員推廣慈濟理念、招收會員，即稱為該委員的幕後委員。

8 全省委員聯誼會，聯誼會開會日期，訂於每月農曆二十四日精舍發放日前一個星期天。在慈濟功德會成立之初，每月在靜思精舍舉行「慈濟功德會委員會議」，會議中將各地人士發現的貧戶個案提出，討論救濟方式與發放金額。而當時委員多分布於花蓮，因此來參加會議者，都以當地人為主。一九七二年，慈濟會務由花蓮逐漸向臺北、臺中、高雄、屏東地區拓展，為了加強委員間聯誼及交換工作心得，以促使會務更順利推展，證嚴上人決定由全省各地委員推派代表返回本會靜思精舍，召開全省委員聯誼會。資料來源：〈慈濟委員聯誼會〉，慈濟語彙。https://reurl.cc/dW75YV（二〇二二年八月十八日檢索）。

9 此時期應為「慈濟全省委員會員聯誼會」。民國六十八年，隨著上人提出籌建醫院的構想，全臺各地的委員為了讓更多人了解上人的理念，不辭辛勞地帶領會眾回花蓮參加聯誼會。參與的會眾日多，「慈濟全省委員聯誼會」漸擴大為「慈濟全省委員會員聯誼會」，開會場地改到大殿與辦公室之間的中庭；各地會務報告及訪視個案討論，另循慈善系統開會研商，不再於會中進行。資料來源：靜淇（二〇〇六年四月）。〈四十年般般不變的叮嚀——我憶聯誼會〉。《慈濟》，四七三，八三。

10 一九九〇年五月十三日，全省委員聯誼會首次於慈濟紀念堂地下室舉行。資料來源：林碧珠等編輯，《一九六六至一九九二慈濟年鑑》（臺北市：慈濟文化出版社，一九九三），頁六九五。

11 慈濟列車一詞是因一九八九年九月十七日，慶祝慈濟護專開學典禮及慈院開業三週年，貴賓、委員、會員二萬餘人參加；為紓解人潮，慈濟特向臺灣鐵路局提出專案申請，加開火車班次，由於整列火車僅搭乘慈濟人，因此又被稱之「慈濟列車」。但早在一九七二年八月二十四日，臺北第一位委員靜銘師姊就招募了四十多位同道，搭乘遊覽車前往花蓮，參加靜思精舍每月一次的「救濟金發放」，了解慈濟如何照顧貧戶；撇除交通工具的差異，可算是由臺北發出的第一班慈濟列車。資料來源：慈濟年譜資料庫。

12 慈濟人文，慈濟的慈善人文，在於真誠之愛的無私付出，無論何處有苦難，皆會立即伸出百手、千手去撫慰一切眾生；醫療人文實踐「志為人醫」，尊重生命、守護健康、守護愛，建立溫馨醫病關係；教育人文落實「教之以禮、育之以德」，自幼培養禮儀、人品道德，養育出懂得感恩、尊重、愛的孩子。把生命用在最有價值的地方，做得歡喜，而使人格價值昇華，就是慈濟人文的精粹。資料來源：〈大喜無憂—慈濟人文志業簡介〉，慈濟數位典藏資源網（二〇二二年八月十五日檢索）。

13 人與人之間有緣才能在一起，不一定在同一間辦公室才是同事，就像慈濟人在醫院當志工，彼此勉勵，相互成就，就屬於同事度。資料來源：李如玉記錄、慈冷整理，〈你的法船擱淺了嗎？〉（二〇二〇年十一月十二日，德念法師志工早會開示），大愛行網站（二〇二二年八月十九日檢索）。

14 邱秀英於一九九四年，捐出桃園市永安路一處三百多坪的處所，供桃園慈濟人共修及活動之用，當時稱為桃園聯絡處，一九九五年改制為桃園支會，直到二〇〇六年大業路上的桃園靜思堂啟用，才功成身退，改為永安聯絡處。資料來源：蔡白球、藍明姮、李明霂、陳秀貴，〈師徒雲端相會 一解想師之情〉（二〇二一年七月三十日發布），慈濟數位典藏資源網（二〇二二年五月十四日檢索）。

15 一九九八年年二月十六日臺灣時間二十時四分，中華航空一架六七六號班機自印尼峇里島飛往當時的中正國際機場準備降落時，飛機失速下墜，最後摔落爆炸。機上乘客與機組人員共一九六人全數罹難，地面六人死亡，共計二〇二人罹難，俗稱大園空難。資料來源：蘇育宣（二〇二一年二月十七日）。二三年前大園空難奪二〇二命 滿地黏糊血水碎肉。中時新聞網。https://www.chinatimes.com/realtimenews/20210217004440-260402?chdtv（二〇二二年五月十四日檢索）。

一心承諾 善行五十有餘

涂茂興（六十四號）訪談紀錄

訪談／王秀純、陳秀雲、林淑娥

記錄／葉灑瀛、林如萍、陳秀雲

時間／二〇一〇年十一月、二〇二二年三月

地點／高雄靜思堂

【經典語錄】

上人為眾生辛苦要把醫院蓋起來，我銘記在心，他每一個動作、每一句話、每一個心念，我都絲毫不敢鬆懈，每一天都把這件事情放在自己心上。

【主述者簡介】

涂茂興年輕時在花蓮當兵，緣此認識慈濟志工李時，也結識在軍醫院服務的妻子徐懿馨，在這些因緣支持下，成就他對證嚴上人的承諾，他把師志當成己志，從訪視濟貧、急難救助、醫療照護、菩薩招生等皆不遺餘力，一心一志足跡遍行嘉義以南。他更堅毅地認爲，法的精神是永久存在，他就一個恆心，永遠是要做慈濟。

二〇一九年十月十五日高雄靜思堂舉行授證二十年感恩會，邀請資深慈濟人前來分享，希望凝聚善念，齊心為傳承慈濟法脈努力。高雄第一顆慈濟種子涂茂興師兄（思毅）上臺分享。（攝影／林道鳴）

我是一九四六年（民國三十五年）出生，故鄉是臺南縣北門鄉（現爲臺南市北門區），村裡有一間南鯤鯓代天府，是信仰道教的地方，常常有進香活動。

緣繫花蓮　抽籤注定東行

小時候，印象中的爸爸很熱心，他在臺南大市場開了兩家瓷器五金行，生意上都是我媽媽在處理，他會去參加一些宮廟當委員，做一些公益的事情，對地方奉獻很大，他也在新南國民小學擔任家長會長，爲校舍的建設、勸募奔走。

家中生意是做日據時代日本人留下來的一些東西，開始做得很好，後來爸爸染上賭博，家境就不比以前。一九五六年，爸爸本來跟朋友約好要去日本開發五金貿易的生意，到了機場突然因爲腎臟不舒服，就留在臺南看醫生。醫生叫他要休息不要再奔波，但是他個性很急，覺得沒有辦法跟那些生意夥伴一起經營很可惜，所以急著要開刀，希望開刀後能夠早點康復再去做生意。結果開刀、電療後，病情就急轉直下，差不多半年後就往生了；那時爸爸五十五歲，我才國小三年級，大概十歲左右。

他生前捐獻很多給學校，所以出殯時，校長、學生都來送行，那是我的人生中第一次接觸到生離死別，小小年紀就受到很大的打擊。除了難過，我最擔心的一件事，就是我沒辦法繼續讀書；我是很愛讀書的人，都讀第一名的那一種。那時候覺得這條人生的路該怎麼走，才能夠有辦法生存下來。因爲媽媽也老了，她四十四歲才生我，所以初中我選擇去念臺南商業職業學校，高中讀臺南高工，一個商、一個工，希望能夠工商雙頭並進，準備出社會能夠賺大錢。

我家兄弟姊妹共有十一個，我是最小的，當時家裡的經濟來源就是這些兄長，註冊的時候他們都會幫助我、支援我。我家是一個木造的房屋，空間很大，我們就隔了幾間房間，便宜地租給出外人，類似現在的民宿，這樣勉強可以生活，可以供我讀書。就讀臺南高工，我成績表現很好，高二時，王南山老師就叫我到他的事務所「南山建築師事務所」當繪圖員，學畫建築設計圖。王南山老師一直栽培我到畢業，十九歲高工一畢業，我就開始在他那裡工作。

因爲哥哥、姊姊漸漸地都有了各自的家庭，我二十歲時，家裡剩下我跟媽媽相依爲命，那時媽媽身體一直不好，常常生病。那一年當兵召集令到了，我擔心要離開媽媽，心一直放不下。新兵訓練是在雲林，訓練了三、四個月之後，到岡山的電子通訊學校，再經過四個月的專業受訓；結業之後，分配到部隊前的程序是「抽籤」，決定你要被分派到哪個地方服役，結果我一抽，便抽到花蓮；大家給我鼓掌拍手，他們不是爲我高興，而是相反的意思，是說你很慘、很慘啦！

以前常會聽到鄰居的一些阿嬤或者媽媽，教訓自已的女兒，時常說如果不乖，就要把妳嫁到臺東、花蓮港（花蓮舊稱）。臺東、花蓮港我們沒去過，但是聽人家這樣講那種恐嚇的話，在我心中就產生一些恐懼感。而且，因爲當時臺灣的經濟狀況、習俗、文化方面，花蓮是最偏僻的「後山」，一般都是票據犯，還有通緝犯、貪汙瀆職的這些公務人員都往那邊移；甚至還有人嚇我，說那邊有很多原住民身上都帶著番刀，要我在街上走路小心，害我擔心到三天三夜睡不著覺。

抽到花蓮的籤心情不是很好，路途那麼遠，調去那兒就沒辦法常回來看媽媽，如果能在西部當兵，假日回家看媽媽就比較容易。到花蓮沒有直達車可搭，要從高雄坐公路局到臺東，然後再從臺東坐火車到花蓮。那個行程心情壞到極點，一路上僅看到一望無際的遠山，路邊都沒人，很荒涼，就覺得自己怎麼這麼不幸。

我被分派到花蓮美崙山當空軍，我一直希望有機會能調回到西部，所以我很用心，每一個工作都很專注負責任，但是經過長官的說明，當兵分配部隊如果要調動，像移防這類的情況，要等到有一個檔期。兩年多的時間，其實我有很多機會可以離開花蓮，但是指揮官都把我留下來，不放我走。而且指揮官輪調，就會把我「交」給新來的指揮官，例如預備軍士官有什麼問題，可以找我來協調、溝通，說我在人事方面、人情世故比較懂，是很柔和的一個輔導員。

吉他情牽　幸運他鄉遇知音

空軍雷達站屬於上班制，所以有休息時間，休息時間可以到花蓮街上去逛，晚上九點多一定要歸營，只要不違紀的話，生活可以自由自在，所以假期當中，我會去花蓮街上玩。

我還沒當兵之前，就很喜歡彈吉他，看到（花蓮）博愛街有一間吉他行「育樂社」，它是功學社代理商，我就進去挑選。老闆娘是慈濟委員編號六號的李時師姊[1]，她和我聊了幾句話之後，聽出我的臺南口音。俗話說「他鄉遇故知」、「金榜題名時」、「洞房花燭夜」，這些都是人生最快樂的事情，能在外地碰到鄉親是很難得，所以我都叫她おねえさん（姊姊）。她請我有空的時候，到她那邊走一走，我就把她當做在外地的親人一樣。

有一天，我去的時候她不在家，小孩也都帶出去。後來我問她假日都去哪裡郊遊？她說常常帶孩子去「農場」[2]玩。我以爲她開農場，她說是去一位師父的地方。那怎麼叫做農場？農場都是養豬、養雞、養鴨的，她說沒有，師父是種菜自力更生。

我常去師姊的店裡幫忙，賣吉他、鋼琴等一些樂器。她的兒子很聰明，說我很會彈吉他，他把麥克風擴音器擺在馬路上，然後我在店的前面彈吉他，吸引一些路人來聽。這麼做眞的效果很好，我每一次去就彈吉他，圍了一圈、兩圈、三圈，有的人蹲著、有的人站著，這樣聽我彈吉他，我都彈一些西班牙古典樂曲。

有一次我又到店門前彈吉他，遠遠地看到三個人往這邊走過來，（其中一位）是很年輕的出家人。他們從那一堆聽眾旁邊，進到店裡面，我才發覺到是來找師姊的。後來師姊說那位出家人是她的師父，另外兩位是（後來才出家的）德融師父[3]、德恩師父；這是我第一次見到上人。

我們臺南有一間竹溪寺，已經三、四百年歷史，竹溪寺在我就讀的南商附近，大概距離一公里左右，只要考試的時候我都會去那邊念書，比較安靜，所以大概了解出家人的生活。我告訴師姊，過去在竹溪寺念書，都看到老人家，沒有看過這麼年輕、這麼漂亮的出家人，我甚至還猜想他是不是被人家拋棄。師姊告訴我不能說漂亮要說莊嚴，而且師父是發願出家；她稍微講一些給我聽，在當時的社會背景，這是很另類的一種出家。

出於一分好奇心，我請李時師姊找一天帶我進去農場見見她的師父。每次師姊禮拜天從精舍回來，吃東西都是吃麵包配白開水而已，生意人那麼節省，她爲什麼都去農場師父那邊，回來後生活變這麼簡單、這麼節省？這應該値得我去探討、去了解的地方。

初進農場　見證克難修行

有一天我跟著李時師姊進去，進到農場看到（靜思）精舍[4]，就覺得與眾不同。一個偏僻的地方，從蘇花公路轉進花十鄉道，只看到一片空曠廣闊的土地，有一棟白色的平房建築物，屋瓦就像飛翔的大鳥俯臥在大地上，非常對稱、和諧。我一進去，覺得很優雅，讓人心曠神怡，心裡很舒暢、很沉靜，感覺有一股從來沒有的清靜，很微妙的親切感。

農場裡，一些在家老菩薩用小彎刀挑菜。我看留下的菜葉，有一些是把爛掉或被蟲咬過的部位切除，還有的是比較粗，這種菜葉通常會被丟掉，很多養豬、養雞的人會撿回去。我心中納悶著，這些老菩薩怎麼會要挑這些呢？

師姊告訴我，這些都沒有放農藥，師父們捨不得丟掉，這些菜能夠吃就挑起來吃；一些老菩薩就專門負責挑菜、整理，整理後讓師父們吃。在裡面大概三、四個出家人而已，克勤克儉生活像在修苦行，跟在都市裡的出家人完全不一樣，他們沒有去托缽，也沒有去做佛事，像往生時候的佛事，他們都沒有，純粹是在修行。

這跟社會環境完全接不上，怎麼有這種生活方式？而且那個時候才知道他們還有在做救濟，錢的來源在哪裡？他還要去救窮人，這裡經濟是那麼差了，到底是怎麼做？這種印象深深地刻在我的心坎裡，不能忘懷。我就跟李時師姊說，如果哪一天還要去，我跟妳去。所以在當兵這段時間，進去多少次我也不記得，只覺得我找到一個心裡面足以安慰、安定的地方；這是我退伍之前，在心裡面很寶貴的記憶。

返鄉成家　勇擔濟世志業

在花蓮期間，我認識了我家師姊（徐懿馨），她是軍中的護士，任職國軍花蓮總醫院附設民眾診療服務處，每一次我們感冒就去那邊打針，我們有一個阿兵哥在追求他們裡面的護士，要我去當電燈泡，我太太也陪著她的同事跟我同事會面，我們這樣才間接認識，當時就是朋友關係而已。

一九六九年底我退伍時，臺南的建築業務比較少，而高雄正在蓬勃發展，是一個開發中的都市，所以我就往高雄發展，到聯合建築師事務所上班。我到高雄沒有心思做慈濟，那時是會員，本會會寄些個案來給我協助調查，因為高雄還沒有慈濟人。那時候媽媽由兄弟輪流照顧，兄弟姊妹共十一個，男生八個，後來往生兩個，剩下五個哥哥，每個都要輪流照顧，輪來輪去，媽媽身體就越來越不好，所以我有一個念頭，要趕快賺錢照顧媽媽，沒有想要交女朋友。

有一次，徐懿馨特地從花蓮坐飛機到高雄岡山，軍中護士坐飛機不用錢，她請阿兵哥用吉普車載她來找我，我一看到她，很高興地招待她。我帶她回臺南看我媽媽，媽媽看她很乖、很歡喜，她就留在臺南陪媽媽幾天，跟媽媽相處得很好，我也藉這個機會送她回花蓮。

我們偶爾會有書信連絡，她認為我忠厚老實，我也覺得媽媽需要有人照顧。心

高雄第一顆慈濟種子，涂茂興師兄（思毅）及其同修徐懿馨師姊（靜恂），分享早期做慈濟的都沒有訓練，卻都是「真心」在做。（圖片／涂茂興提供）

想應該要結婚了，於是跑了一趟花蓮，跟師姊的爸媽講。她爸爸看我那時候還沒有賺錢，擔心女兒嫁那麼遠之後，生活過不好；我說我會賺很多錢，要他不用擔心！我是要趕快成家，有人幫忙照顧媽媽。

在一九七一年我們結婚了，結婚時聘金一萬二，我是用標會的方式。哥哥陪伴我去訂親，我怕錢被小偷偷走，就裝在袋子裡又縫在西裝裡面。結婚後，歸寧回來花蓮，我就去李時師姊那邊，那時候都沒有想到師父，只是普通會員而已，雖然會出去訪視，但我認爲這些都是很平常的事；而師姊說要跟師父報告說結婚了，這是好的消息，讓師父祝福一下。

李時師姊帶我們覲見師父，我已經結婚，有家庭、有事業，收入也穩定了，西部沒有人負責，上人問我可以負責嗎？那時我起了一個念頭、下定決心，我跟太太講，受人之託，忠人之事，成人之美，我們一定要做好！結果不進去則已，一進去就是持續到後半生的決定。

訪查個案　竭力助脫貧困

以前，有善心人士聽到誰很貧苦，知道花蓮那邊有在救濟，就提報過去；花蓮師父那邊沒有辦法調查，臺中宏師父[5]那邊也沒有辦法跑來南部這邊，所以是看信下去評估要不要救濟，如果評估要救濟。花蓮師父就直接寄錢過去，郵寄不一定會收到，因爲有的不認識字會遺失。所以在我出現之後，本會就寄現金袋來我這邊，然後由我去現場發，順便了解狀況寫報告回去。

一九七一年我答應上人承擔西部會務，幾年後宏師父知道了，他就找我談，他因爲是出家人，出去都要搭別人的車很不方便，他可以跑到彰化，嘉義以南給我負責。當時臺南也沒人負責，屏東雖然有見慧師父，但是番仔寮[6]到屏東，比高雄去到屏東還遠，我高雄去到屏東不用半個小時，他們從番仔寮騎摩托車過來，都超過半個小時，所以屏東的個案我也有在看。

我們的善款是點點滴滴來之不易，要把善款用到非常適當的用途，一定要親自到個案的家裡，詳細做一番的調查。針對他的需要，例如需要身體醫療，或者是經濟上的補助，還是小孩子的註冊費用……這些種種的需求在哪裡，我們就針對他眞正的需求，做到滴水不漏，眞正能解決他們的困難。

接到提報個案，我馬上會按地址親自訪查，沒地址就到公所問，以前不認識字的人多，有時地址都會寫錯。我那時候負責的範圍從嘉義以南到屏東鵝鑾鼻，地區廣每一次出去一定都是一整天，調查之後把個案回報花蓮，經過上人親自評估之後才做出決定。

從一九七一到一九七七年，這六年之間，個案資料都是由本會師姊、德恩師父、德融師父他們在整理，然後直接把資料或是救濟金，寄到我這裡，我再去發放。看到比自己還苦的人，我會有很強烈的同情心，都想要怎麼樣去幫助，所以每一次出去看個案，心中就想著一定要救他，一定要讓他活下來。很多個案，雖然評估不符合我們的標準，但是我想這明明就很困苦，我要找出他的需求，不是普通人看到的需求；我們私底下會有直覺，去體會人家的辛苦，是不是可以改變人家的生活，包括他的精神關懷等等，這都是要用心去體會。

人是有尊嚴的，爲什麼要讓別人救濟？人家有需要才會來找我們，人家如果不是眞的有需要，不會來找我們。以前的人沒有像現在的人會欺騙，也沒有那個念頭，一定是很貧苦的人才會需要救濟。所以每出去看完一件個案，就想一定要幫助他，就算不會通過，也想盡辦法把那個苦找出來，找出他苦的病源在哪裡。

當時是積極到這種程度，等於是一種偏好，遇到個案絕對要幫助他，要改善他、救濟他。但也有人看到一堆慈濟人來，就拒絕接受幫忙；假若這次沒有辦法，因緣不夠，但是還不要撤案，第二次我們再來看一下，下次請別的組再去關懷一下，因爲我們的主觀不能決定別人的一生。

聞聲救苦　默念觀音來幫忙

記得有一個嘉義的個案，他的地址寫的很不明確，按地址去找找不到。我當下有一個想法，這個月沒有救濟到他，如果是生病等著送醫院，就要再拖一個月了，那就死定了。我心裡壓力很大，有那種責任感，所以當接到個案時，會很希望能夠趕快找到他，而且能夠幫助到他。

所以嘉義這一件個案，我從早上找到中午還找不到，整個嘉義都找遍了，還去公所問，都不知道。後來才知道，原來他是乞丐，居無定所；嘉義的範圍說大不大，但是很偏僻、很廣闊。

又有一次，也是找不到人，我都會想說請菩薩來幫助，我們出去找不到個案，一定要念「觀世音菩薩」。結果眞的在鐵路邊看到一間小房子，用模板蓋著，矮矮的像帳篷那麼大，看起來黑黑髒髒的，又有樹葉覆蓋著，但是看起來人好像可以住進去。我就把車停下來，經過鐵軌去翻找，發現一個老人躺在那邊。我問他住在這邊多久了？他住很久了，不太會說話，身體很不好。就是這一件個案，找了大概五、六個鐘頭；我們是帶小孩出去，泡奶粉的熱水泡完了，就跟路邊的人家借開水泡牛奶給小孩喝。

因爲那時候都還沒有帶人出來，看個案就只有我和師姊（徐懿馨），都利用星期天休息的時間，不然就是有時候請假，做慈濟又不敢讓人家知道，怕人家問我怎麼在做這個，怕他們不相信。

訪查的時候，有一個規定要用大人、小孩人口數去評估，有一個基準，最主要是看他有沒有生病這一部分。而冬令救濟時就依人口數送米、沙拉油、麵粉等等，還有丈量衣服，這些都會從花蓮寄來。

我們去發放也都不敢讓鄰居知道，因爲我們環境不是說很好，怕人家說我很奇怪，一包一包是在做什麼。他們不了解，也不一定聽得懂解釋，所以，我們就默默做，做久了之後，人家才了解原來是在做救濟人的好事。

急難人少事多　幕後一起幫忙做

一九七七年賽洛瑪颱風，短短幾個小時的侵襲，造成臺灣南部數十年來最大的風災。我們跟臺北幾位師姊一起去屏東支援，在屏東開會，白天透過這些鄉鎮公所的資料去訪視，晚上睡覺之前，一定要把這些個案研討結束，然後才能進行隔天進程的決策。

在屏東就是每天訪視，在那邊住了十天，一直到發放結束之後，上人交代我，高雄的部分自己去訪視，準備一百萬去做這些補助。上人要我們開始自已來做，蒐集、整理完資料就回報到花蓮，花蓮來做最後的評估。

我就跑去高雄社會局要資料，承辦人員竟然跟我說不用，一百萬拿給他，他幫我們做就好了，他們的資料，不能隨便給別人；以前戒嚴時期，資料沒有辦法隨便給人。我跟承辦人員講，我們一定要針對災民的需求，譬如說房屋全倒的、半倒的，災民那個受傷的狀況，還有長期的救助都要考量在內，一定要親自送到他們手上，我們不能說把這筆錢就這樣給政府來做。

所以我們就挨家挨戶調查，我們聽說小港的大林蒲那邊最嚴重，看到報紙都有報導，就親自到現場了解，再把個案呈報花蓮本會。然後分兩個地方舉行發放，高雄區的在菩提禪寺，小港區在觀音寺，這兩間寺都有出家人，因緣很具足，他

一九七七年年賽洛瑪颱風過後，涂茂興查訪位於高雄市小港區的大林蒲災區，發現有多戶單親漁民家屬，丈夫皆因出海捕魚罹難或失蹤，遺留守寡妻子及子女（平均三至四人）借住親屬家中。（圖片／涂茂興提供）

一九八九年，涂茂興（前排右三）在菩提禪寺發放後，與住持會禪法師合影。（圖片／涂茂興提供）

們都馬上答應我們，讓我們來做發放場所。

我們發覺幾十戶個案，尤其小港的受災地區，因爲是海邊的漁村，遇颱風像賽洛瑪颱風那麼嚴重，房子幾乎都半倒、全倒。很多家庭都是守寡的婦人，養三、四個小孩，孩子都還沒上學讀書，有的一、二年級這麼小，先生因爲出海而遇到海難沒有回來，當時社會福利又少，所以生活困苦。經過這個颱風之後，她們生活過得更慘；我們挨家挨戶訪視才發覺到，哇！很多需要我們幫助

一九七七年至一九九四年間，高雄區發放作業於菩提禪寺進行，涂茂興（右著西裝）關懷發放情形。（圖片／涂茂興提供）

的個案。

一九七七年還沒有分組，都是我在整理，那個時候人很少，幾個委員而已，基本上是由我和幕後（委員）負責發放。像許淑禎師姊，先生就是在花蓮，因為做生意，搬來嘉義，嘉義再搬來高雄，高雄再搬到屏東，所以當她跟上人告別的時候，上人跟她說到高雄的時候，就跟涂居士聯絡，她來了才由她接手。

許淑禎師姊她生意有時候也是很忙，她家住在高雄，公司在屏東，她來回高雄、屏東，偶爾會出來幫忙一下。馬長成師兄只有收取功德費，他也沒有時間出來跟團隊互動。林金月師姊做裁縫的，本來是在臺北，回到高雄來，上人跟她說要跟涂居士接洽。就只有這三、四個，要應付那麼多，我就只有找幕後（委員）來做；他們都還不是正式的委員，有些人的文筆比較好，分配一下哪個照相、哪個寫平面，來整理卡片。

一心向師　八年皈依彌珍貴

雖然我在一九七一年就正式承擔會務，但是一九七二年我才加入全省聯誼會。

因爲我第一個女兒出生，慈濟聯誼會寄來了祝賀彌月的金飾品「卍」字，我以爲是上人送的，我說：「唉！出家人那麼辛苦，又送這麼貴重的東西！」師姊說不是，是我們全省聯誼會送的祝賀禮。我才知道有全省聯誼會，一九七三年正式出任委員。

那時，精舍每一個月都會有一次全省的委員大集合，只要有個案，大家共同切磋、共同研究，要怎麼樣去幫助這些照顧戶，用最適當的辦法輔導他，幫助他改善。他生病，能幫助他把病醫好，把這些錢用在刀口上，用得很適當，我們都透過全省聯誼會來共同商討。比如臺北、臺中、高雄等地區負責人，當場就有像花蓮阿卿（鄧淑卿）[7]，她本來也是護士，對醫療方面很清楚。

還有社會局方面的公務員，雖然人少，但是都有這些專業人來參與開會。每一個個案都是經過很審慎地討論，再決定個案的濟助方式，在當月馬上就進行，救人要及時。所以說當你要到花蓮之前，這些資料就要齊全，否則就會拖到下個月或下下個月，這樣救人就失去它的意義。

就這樣花蓮來來回回，每次去花蓮，我的資深師姊就說：「喂！涂仔，你要皈依[8]啦！」什麼是皈依，我不懂，她就說是把上人當作我的師父，我說我現在就把上人當做師父了；她說皈依會更親。既然這樣說，我就隨她去向上人求皈依。

連續大概有七年，都是過年的時候，我隨著我家師姊（徐懿馨）回到花蓮的岳父母家，我會到精舍去向上人拜年。因爲上人都沒有收紅包，那要供養上人的唯一方法就是推薦委員，我就把師姊的姊姊們都帶進來做慈濟，作爲供養上人的禮物，上人很高興。

每一次都透過資深師姊跟上人講，我也進去跟上人說，師姊說我皈依會跟師父比較親。上人說一心向師就好，那就是了，皈依不必形式，一心向師，就是我的師父了。他也不會很在意我皈依或不皈依，只是資深（委員）都在說，有時候宏師父他會幫我講，人家年輕人，給他皈依，給他鼓勵一下。

其實我對皈依沒什麼概念，雖然跟佛緣很深，但是慈濟就是慈濟，這種形式跟這個年代不一樣，不覺得很重要，我認爲有一個師父，他能作爲我們的榜樣，對人生有一種鼓勵。上人既然這麼說，我就不太在意皈依，但是旁邊這些師姊就很在意。有一年，宏師父跟上人說，我都推薦這麼多委員出來，對慈濟這麼認眞，

一九八九年五月十七日，高雄臺北委員聯誼，男眾（從右至左）涂茂興、陳文全、陳秋陽、林永祥、王榮輝、李義輝。（圖片／涂茂興提供）

每年都求皈依，上人都沒有應允。

第八年，一九七九年，上人要我去找我的三師兄，就是融師父；以前我們都稱師兄，沒有稱常住師父。上人叫我去向三師兄借海青[9]，然後到大殿等。融師父拿了兩件海青，我不會穿，穿很久；上人披了一件披衣，在那邊等很久。我們穿起海青像在做歌仔戲一樣，很好笑，上人請林碧玉[10]趕快去叫融師父來，趕快幫這兩個人穿一下，最後是融師父趕快來幫忙我們穿好。

我跟太太一起皈依，回想起來很珍惜，上人親自爲我們皈依，念皈依文；我們也不懂得跪，林碧玉在大殿旁，提醒我們長跪，我跪得腳很酸，皈依了，很感恩。

師徒互動　溫馨回憶趣事多

剛開始，師父複查個案，三個月會來高雄一次，都是住在我家，我帶他去複查。我們鄰居看到我在整理環境、擦窗戶、拖地板，就過來問也不是過年，是不是你師父又要來了？師父一來都差不多住三、四天。

師父吃的很簡單，都請左營的謝秀汝師姊來幫忙煮，我師姊煮到讓師父讚美，素食很會煮。煮的時候要注意很多小地方，切菜一定要長短一致，因爲師父吃飯，他不會讓你看到牙齒的，所以那個菜一定要夾起來送到嘴就一口進去，不能長短不一。師父不會要求很多，他飯都吃得很少；我父親以前做瓷器，家裡有一些日本碗，日本碗很深，師姊（徐懿馨）都裝滿滿的，師父說他沒有吃那麼多，

一九八九年六月六日，涂茂興於屏東番仔寮圓通寺，向上人報告會務。（圖片／涂茂興提供）

不要用這個碗，這麼深。

師父來高雄，也會開示一些做人的道理，如何做慈善，行善、行孝。我家小小的公寓，差不多容納五、六十個人左右，外面樓梯還有人站著聽。有一次他來剛好遇到颱風，坐下來叫我去買好幾份報紙，師父從報紙中了解災區狀況，然後接下來就每一個地方，宜蘭、臺北、臺中一一打電話問委員，問那個地方情形怎樣。

有一次打電話我剛好在旁邊，他打電話給臺中宏師父，師父聽一聽，電話放下在笑，我問師父笑什麼？他說：「宏師父跟我說他樓梯在滴水。」他們兩個像家人一樣說笑，他很關心臺灣的災情，無時無刻都是慈悲、大愛，離不開的，分秒都是在想救人。

師父來臺南、高雄、屏東個案複查，番仔寮圓通寺是他常常去住的地方，他如果來我這邊之後，他就會去住圓通寺，屏東也有一些會員，有時候就一起在那邊研習、討論個案。

我也常常跑臺南看個案，有人提報南鯤鯓代天府門口有五個乞丐，我們去看的時候，他們都喝外面水缸的水；人家收成之後，田裡剩餘的地瓜跟葉子，一起泡在水缸裡，他們撈起來就煮來吃，這個我們都有救濟。我如果載師父去臺南複查個案，接近中午都會帶他去臺南的沙卡里巴[11]，有一攤素食在賣粽子跟米粉羹。

後來師父很難得來南部，有時候是一年一次，有時候好幾年都沒來，因為身體狀況不好，每次到南部來身體就欠安。可能是因為南部天氣比較熱，到屏東都很

一九九一年四月十二日，屏東分會落成，高雄委員參加啟用典禮，大眾在大門口等待，迎接上人蒞臨。右一為涂茂興師兄。（圖片／涂茂興提供）

怕打雷，屏東下大雨，雨都很大滴，打雷閃電很大聲，師父都會嚇到。

我們是社會人，習氣都很重，做生意喝酒絕對是有的，做生意就是快、狠、準，講話也很粗魯，講話就是會講錯，師父有時候就是問這句是什麼意思，他們不好意思就會跟師父說，是「漏氣求進步」，若是有錯就請師父幫忙改正，這樣大家就有機會可以進步。

慈善啟善念　見苦知福堅道心

早期很多善心人士，看到報紙寫出來一些困苦人的事，就把錢寄出去，他們不曉得這筆錢寄出去，有沒有讓困苦的人得到一些改善，他們都沒有注意後續的實際狀況，報紙報出來他就寄過去；慈濟的做法是要經過調查，確保這些錢眞的有用到貧戶的身上，眞正可以改善他們的生活。

在這個社會上，自己一個人的力量單薄，一個家庭的不幸遭遇，不是一個人的力量可以承擔，你必須要有一個團體。所以我們就把周遭的親朋好友，都接引過

一九八五年三月四日訪視個案複查，涂茂興（左）仔細詢問案家生活狀況，用心發掘個案的苦在哪裡，想辦法救他。（圖片／涂茂興提供）

來，把心都連結在一起，讓他們多多了解慈濟。

我很勤勞，每一次去看個案，譬如說看甲個案，還沒有回報花蓮之前，我就順便繞到會員那邊，去跟他們說我今天看到什麼，是多麼的貧苦，他們也會問怎麼這麼貧苦？要怎麼處理？我就把這個個案調查情形，補助他們的情形，關懷他們的情形，讓會員都知道。甚至把會員帶出去看個案，讓他們了解慈濟是怎麼做慈善，他們交的錢是怎麼花。

我們做委員的人，要很精確地達到救濟窮苦人的需求，能夠達到一些改善。會員們都在看，每一個人參與過訪視之後，他們覺得很安慰，自己的生活應該是比個案還好，能夠讓自己走這一條路是正確的，付出最幸福，知道自己可以幫助人，覺得很滿足，很有成就感，自然而然就會一個傳一個，也會介紹親朋好友來參加慈濟，所以一定要帶去見苦知福。

後來我們訪視個案都有限制人數，有的都不能出去，這絕大的錯誤，我們以前爲什麼叫做慈善爲根，就是說讓會員都能夠有參與的機會，了解慈濟是怎麼做，怎麼起家。你沒有讓他了解，沒有讓他有這種經驗，他只是看我們光鮮亮麗的一面，其實他什麼都不懂，一碰到境界就完了。

回溯發展　不懼千山萬水隔

帶會員看個案之外，我還帶會員回去花蓮，看看精舍的環境，了解上人的生活、聽上人開示。早期回去花蓮，是自己開自用車回去。邀請我們的會員來我家參加茶會，講慈濟、談上人，大家聽了就覺得上人很偉大，對慈濟救濟苦難很感動。我就抓住機會問，有沒有想過要去花蓮看上人，去花蓮看一下精舍？他說要，我就說我等你，兩個小時後，我開車去花蓮；那時已經晚上十點多了，十點多要找他去花蓮，我就是在測驗他們的心。好朋友答應我了，我馬上請假開車載他回去。這樣子利用晚上開車，我跑好幾年。

臺東那一段路，沒有路，要等到火車過，你才能過。火車道上有鋪了木板，能夠讓汽車、小車子這樣經過橋梁，剛開始我不曾走過這樣的鐵路，很怕，因為橋很長，車子走在鐵道上，很令人擔心；雖然，鐵路局一定是有安排的，但是還是怕一不小心火車衝過來要怎麼辦？不過，那一段歲月，實在是很值得回憶，也是

一九八三年一月二十二日，屏東分會 上人授證高雄委員。高雄尚無會址前，每年均借屏東分會，由涂茂興（右一）一一介紹新發意菩薩，並由上人授證高雄委員。（圖片／涂茂興提供）

值得珍惜。

那幾年來來回回，從剛開始要花十個鐘頭車程，到最後需要用六個鐘頭，過程中我們產生了許多委員和會員。回去的時候，必需趕在天還沒亮之前就要到，如果天亮了，眼睛就很疲勞，開夜車你就知道，整晚都開車，太陽如果出來，眼睛就張不開，所以就要在天還沒亮之前到達精舍。

從一九七九年到一九八一年那段時間，林金貴、鄭武南、徐銀妹、邱鳳嬌、陳文全、陳明霞、邱國權、陳何鎭臺、施正茹、李耀德、許建華、陳秋陽、黃金蓮、周張桂嬌，我全部都把他們推薦出來做委員；那時候要皈依，高雄還沒有分會，都往屛東去。

皈依的力量眞是不可思議，讓我們發大心、立大願，跟上人的感覺拉得更近。我們覺得找到一盞明燈，依循他指引我們朝正確的方向，不斷在修正自已，改變長久以來的習氣。但是面對當時社會背景，難免跟社會產生一種衝突跟挑戰，因爲我們需要養家活口，社會又是一個大染缸。所以說一方面做，一方面要把大家的心連結起來，特別是如何去徹底改變自已，如何去以身作則。

家庭共修　法親情深如家人

我把大家聚在一起，輪流在委員家共修，以上人的法語，像是《三十七助道品》，或是上人講過的靜思語，不管他講的任何一部經，我們會分配每個師姊負責一段，講她看過的心得，大家來分享。

我們彼此關心，我是第一組，你是第二組，你只要增加一個新委員、新會員，我們都會去做個見證，都會去祝福、關心他們。甚至關心到他們的家人，老人家一有生病，我們電話聯絡一下，有空的就去；彼此家中連小孩我們都認識，都知道名字。長輩、子女輩我們都會去關心，因爲家裡面贊同的話，你做慈濟就很方便，一定得到一些支持，就算有困難也會得到家人的協助和諒解，這樣一路下來的話，就能夠啓動更多的家庭。

高雄委員越來越多，會務也越來越多，剛開始是兩組，編組之後變四組，再來就六組、七組、十組，這樣一直下去。九如分會成立時，一九九四年的時候好像是十組。就是因應我們的人越來越多，都會分組出去，譬如說某某人接引出來的委員，有能力當組長了，周遭朋友肯定，再由本會常住師父訪查資深委員，看適不適合？確定適合，上人也認可，就會有一張公文。這樣派出去，像嫁女兒一樣，出去又成立一組，培養了好幾年，要斷捨離雖然很不捨，去成就別人，新的一組就出來了。

募心募善　朝山淨心勤接引

那時候師父說要淨化人心、祥和社會，你一定要把這些人接引出來，我們要做慈濟，就要腳踏實地，讓社會的人能夠接受，能夠引進很多人來加入，「福田一方邀天下善士，心蓮萬蕊造慈濟世界」能夠改變一些人，這是最終的目標。

所以，我們想盡辦法，就是要邀約更多人來認識慈濟，有點半騙半催，邀親朋好友去花蓮玩一下，去花蓮看師父這樣。我們從高雄擴展到臺南，也幫助屏東番仔寮那邊的見慧師父，我們都匯集，不是單單一個委員，比如說你邀三個、他五個、他十來個，我們就集合起來，遊覽車都好幾部，五部、十部、二十部……幾乎每一個月都會回去，像慈濟列車[12]一樣，這樣在跑，一點也不嫌累。

再怎麼忙，一定要辦一些遊覽車活動，最主要是縮短這個地緣，因爲師父難得來高雄。把會員帶回花蓮，在遊覽車上就可以講很多故事，每一個人的人生故事，都來做見證。雖然有一些很不會講話的，我們也鼓勵他走出來，譬如說有憂鬱的人，去的時候一句話都不說，說他都不會說，他覺得人生又沒有什麼，他說：「是你帶我來，你騙我來，我就跟你們來了。」另外有要看師父的會說：

「我去花蓮玩一玩也好。」

帶遊覽車回花蓮，介紹要到精舍見師父，之前就要朝山，我們要去之前會把行程步驟先做一個報告說明，告訴大家，要進去精舍就要有恭敬心，心要虔誠，因爲我們是一個佛教的團體，精舍是一個清淨的佛教聖地，要朝山進去。朝山進去要很早，三、四點就要起床了。

所以爲什麼要朝山？朝山意義要跟他們講，第一就是要增強信心，能夠培養意志力；第二是要能夠折服「我慢心」，你很貢高我慢，沒有人可以贏你，你沒有錢你也是很驕傲，你感覺到不可一世。你有沒有跪過，有沒有拜過？朝山五體投地的時候，就能降伏了自己，降伏了貢高我慢的心，調伏自己，而且在這個時候可以消業障，三步一拜當中，你會很多懺悔心出來，懺悔我過去怎麼做的，爲什麼父母那麼不諒解我？爲什麼兄弟姊妹沒辦法和好？爲什麼小孩這麼不孝？是不是都是我們自己要去改變等等。

那時候臺九線到精舍那段路大概也要幾百公尺，配合年紀大的長輩，全程拜下來約花兩個小時以上。而且都是碎石路，拜到差不多三分之二的時候，全身都已經超越疼痛，這表示說有效。我們都預告他們，你如果不覺得痛的時候，就代表你有救了；你如果還覺得痛，痛到大殿時你還在痛，表示你沒救了，你這個人已經缺角了。用這樣的方式去激勵大家。

大家就很用心，一邊唸佛一邊流眼淚，拜到痛哭流涕，我們都不會禁止他，盡量讓他去發洩，拜下來勇氣有了，業障也消了，然後又降伏你的傲慢心、我慢心，培養具足的勇猛心，又再發願，發願進來，懺悔過去這樣。

早期涂茂興（中著西裝者）經常以數輛遊覽車載送委員和會員，前往花蓮精舍尋根之旅，並輪流在每部遊覽車上宣講慈濟故事。這是前往花蓮途中休息所攝。（圖片／涂茂興提供）

一趟朝山下來，大家都灰頭土臉，最感動就是說遠遠望去的時候，看見大殿的燈越來越清楚明亮，前面站著一位出家人，尤其十二月冷風這樣吹，師父的海青這樣飄逸，好像一尊佛、一尊菩薩在那邊等，一到師父面前，大家都感動到哭。在那一股氣氛當中，師父很慈悲地跟我們開示，雖然一段小小的開示，卻讓我們好像回到心靈故鄉，找到自已。

那時大殿不大，大家都能縮小自己，所以不覺得那個地方很小，真不可思議，好像再多的人都能進得去。氣氛很和諧，大家如沐春風。原本有的人覺得是被騙來，覺得人生又沒什麼，但是一看到師父，一看到精舍，回程在車上就滔滔不絕了，他發覺到他的人生應該是相當快樂，他覺得他應該是找回自己人生該怎麼走的方向，或者他應該找到什麼樂趣，在那個地方開始就發心，有的當場在遊覽車上就把自己捐獻出來，當場發願說他要找人來做，找他親戚、找他爸爸、媽媽、找他兄弟姊妹來，他覺得這條路很好，他覺得他的痛苦、生活，不會比上人還要苦，人家都在修行、救濟了。

讓他們感同身受，有一種感化作用，而且能夠教化他們，改變他們自己的思想，讓他種一個善根，播送善的種子，所以這條路絕對要走；之後就會產生很多會員，所以我們一個月都請好幾次遊覽車回去花蓮精舍朝山。

社區茶會　延續感動而行動

每次一回到花蓮，經過上人的開示、鼓勵之後，回來我們都把握那個禮拜，還要大家集會一下，就是我們說的茶會，讓他們來分享。

茶會通常就辦在組長的家裡，但是如果你有會員，你家可以當會所，什麼人發心我們就去。所以早期我們每一個人的家都要輪流去，第一是尊重，譬如說，我帶你出來，你還沒有當委員，我們就開始去你家，另一方面我們做一個見證，這麼多人都做慈濟，我推薦你出來做慈濟好不好？

會員感受到確實慈濟就是這樣，朝山、跟著去看個案，大家身體力行腳踏實地在做，他絕對加入發心作委員。作委員都要上人親自授證，感念到非常的尊貴。朝山之後，如果他還沒有經過這個經驗的，我們一定要邀集他們來，分享這一次回去覺得印象怎麼樣？見到上人感受到什麼？對慈濟印象怎麼樣？對師兄師姊的印象怎麼樣？

大家都說到哭，就像是覺得從來沒有人對我這麼關照，竟然有人願意這樣花時間來我家邀請我。那種很溫暖的回味，這樣當然力量就得到了，一針見血，就是能夠讓他眞正的發心立願。

西部醫界轟動　重大手術成功

早期花東地區偏遠，生病了，有錢人可以搭飛機或坐車到西部、到臺北治療，沒錢的人就放著等死，醫療設備水準相當的低。

黃桂子是慈濟慈善跟醫療結合的一個個案，她臉上長了一顆腫瘤，先生需要工作，沒有辦法時刻照顧家庭，家裡面小孩又多，從一九七五年我們就已在救濟她，本來是要幫她送醫治療，因爲醫療水準不夠，先生也反對。

後來（一九八〇年）知道高雄海軍總醫院（現爲國軍高雄總醫院左營分院）有一種高壓氧，可以治療黃桂子的腫瘤，於是由王校長（王添丁）[13]，和同樣也在關懷她的臺東佛教蓮社的師姊（羅太太）帶過來，讓我接手。一月（七日）帶來見面的時候，她已經流血水了，所以隨時手中都拿一坨棉花，棉花上都有血水，是不是有味道我不敢聞，但是看起來就是很恐怖，那麼大一個瘤在她的臉上，不成人形。

主治大夫（陳登郎）[14]會診之後評估，恐怕要花到幾十萬，而且開刀成功機率一半一半，所以院方對這個療程也是沒有把握。雖然如此，他們覺得開刀還是比沒有開刀有希望。只是他們也會擔心醫療費用沒得拿，這是他們不了解證嚴法師，不了解慈濟功德會。

我跟上人報告，黃桂子醫到好要花幾十萬，我會怕；上人還是告訴我，刀要開。花這麼大一筆醫藥費，又不一定成功，背著這個責任，我的壓力很大，非要把她救起來不可，我去拜託主治大夫，告訴醫生，我是把她當作親人來看；那個時候，我差一點跟他下跪，都快哭了，他就用雙手把我扶著。

還未開刀前，院長請我不要開記者會，因爲他不知道會不會成功，他認爲一般的團體都會宣揚自己的功勞，所以他要求說要開刀之前，絕對不要去開記者會。我回應他慈濟本來都是默默行善的，腳踏實地在做，完全不宣傳，媒體的報導我們不會去做。

開完刀之後，好像五、六個醫師，包括臺北來的一個教授，每一個人開刀費要五萬塊，他們全部不拿，那幾個會診的麻醉師、外科、內科、美容科這些醫師，他們都沒有拿手術費。

說來海軍總醫院也是很幫忙，那個時候，關定遠院長知道慈濟是救人、救命，把黃桂子當成親人般，他很感動，結果醫生不收手術費，醫療手術費減免，醫療費又打折，最後大概也花了近一半費用而已[15]。

黃桂子手術成功後，一樣在病房的那些人，大家都很高興，說她是撿回一條命。海軍總醫院成功治療黃桂子，造成醫療界很大的回應，因爲那個手術的成功率應該是很小！慈濟讓黃桂子絕處逢生，把一個家庭救起來，造成西部地區很大的反應，這已經成爲慈濟的經典。這事件一公開，讓大眾知道慈濟在做什麼，覺得自己也可以親手來做這些救濟的工作，因此會員也逐漸增加。

術後對病人的照顧，我們也是很用心。黃桂子開刀出來，等到醫生說可以吃東西了，我就問她說你要吃什麼？她說要喝魚丸湯，我心裡想說我們吃素，魚丸湯是葷的，後來想說不管了，不要跟師父說就好了。魚丸湯買來，她剛開完刀，沒有辦法咀嚼，她拿人家準備的一雙炸油條的長筷子，她夾起來就這樣吞下去，湯就慢慢喝。

謝秀汝師姊一輩子都吃素，我就跟她商量說黃桂子開完刀要補，可不可以幫她煮豬肝湯？秀汝說沒有辦法也是要煮，不然不要加蔥好了，這都不要讓師父知道，偷偷煮去幫她補；黃桂子知道後很高興，看到慈濟人眼淚都掉下來。

開刀之後，我們都是早上去一次，下午去一次，中午就是由秀汝去看她，秀汝住左營，輪三班兩個人在做（送餐、照顧）。臺東很有趣的一個好人好事代表——李高美牙醫師，她是醫療團隊的一員，也有參加慈善團體。除夕夜（二月十五日）我剛從醫院回來，我們在圍爐，馬上就接到醫師的電話，她說她人在海總，怎麼都沒有看到慈濟人？我說我才剛離開而已，她說我們這樣不對，沒有人在醫院照顧黃桂子。我告訴她，我把黃桂子的先生找回來照顧了，也有交代過隔壁床的病患幫忙注意一下，只是先生可能去買東西。除夕夜來責備我，責備沒有用心在照顧，把病人丟在醫院……其實我也是剛剛回到家而已。

一九七七年十二月十八日，證嚴上人前往臺東探視黃桂子。（圖片／慈濟基金會提供）

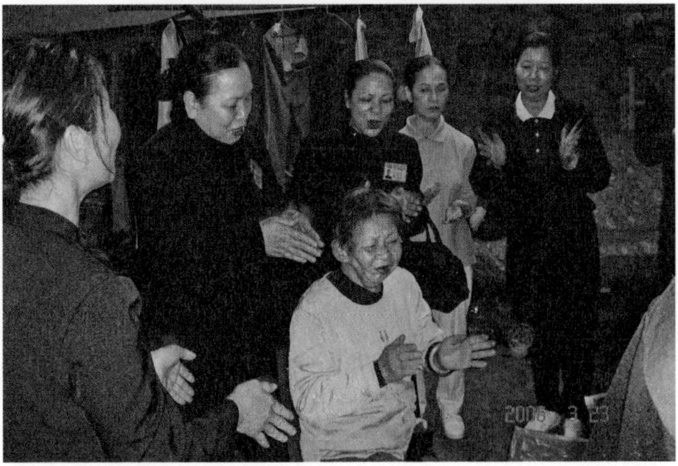

黃桂子後來遷居臺中豐原，高雄志工在慈濟四十周年之際，前往探訪，關心她的近況。（攝影／李麗香）

籌建醫院　全臺動起來

因爲許多醫療個案沒有辦法在花蓮得到治療，上人就提出籌建慈濟醫院[16]，他覺得在花蓮、臺東地方醫療水準太低了，若生了大病，不是送到臺北，就是送到高雄來，所以應該在花蓮籌建一個綜合醫院，提高花蓮地區的醫療水準，這樣可以救很多人。

上人開始在聯誼會宣布，說他要籌建醫院，就全省這樣跑，每到一個地方，他就呼籲要籌建醫院。當時上人發這個願，我們委員開始要籌募建院基金；另一方面，上人開始找土地。有幾個建築師發心，把慈濟醫院建築圖畫出來，上人就帶著這個圖樣，去找了很多地方，但不是限建，就是國防基地。上人原本身體就不好，那時候爲了土地受到很大的折磨。

省主席林洋港先生他聽到了，也報告當時的總統蔣經國先生。知道上人的宏願，要在花蓮這個地方建醫院，而且全臺志工心連心、手牽手，要把這個完成，這股毅力，讓政府單位、政府首長都感動。蔣經國先生特別交待（吳水雲縣長），說要幫助證嚴法師，把土地儘快找出來。

所以當土地找到之後，我們就開始整地。（第一次）動土那時候，（省主席）李登輝先生來參加，問上人一句話說：「你已經募了多少錢？」上人說不足三千萬，李登輝先生聽了嚇了一跳，上人眼淚快掉下來，這個任務實在太艱鉅了，覺得好不容易要動土。李登輝先生於心不忍，鼓勵上人，萬里長城它也是一塊磚一塊瓦砌起來的。大家聽了都很感動。

當時上人他很擔心工錢沒著落，本來預估八千萬，後來變成八億，後來又增加很多，上人就說，如果有一百個委員，每一個人（募）三十萬，他就有三千萬工程款可以發。我就想辦法拿房子去貸款，在上人行腳到臺中時，跪著拿給上人，上人接了後說還要繼續。爲了這件事，生活的開銷每樣都要節省，這些是自己要做的就要自己去做，那時候有一個認同，我跟師姊講，我把慈濟擺第一，志業最重要，其他都是次要的，我們一定要把慈濟做起來，這才對。

其他就是醫院的硬體、軟體的部份，一間病房三十萬，一個病床一萬五千；十五萬、五萬，這樣大家分擔去勸募。最主要是要讓大家了解，救人在花蓮是有必要性的。在這過程，我也覺得非把醫院蓋起來，所以上人每一個動作、每一句話、每一個心念，我都銘記在心，知道他爲眾生辛苦，我們都絲毫不敢鬆懈，每一天都把這件事情放在自已心上。

各地慈濟人心都環扣在一起，花蓮進行找土地，花蓮在呼籲，全臺都帶動起來，而且委員與委員之間，臺北、臺中、高雄、屏東大家心連結一起，不斷辦聯誼會，互相切磋，如何讓大家來參與這個神聖的工作。那時候大家是滿辛苦的，都想盡辦法籌錢，只要一有時間，就到處去拜訪，所以我們家庭聚會都不間斷，無時無刻都想著廣邀善心人士來完成這些事情。我們就找臺北的師姊，她們有認識熟悉的去邀約，聯合一些企業家、實業家，有心人來座談、做勸募等，希望把全省帶動起來。

岡山水災　現場坐鎮指揮

因爲賽洛瑪颱風因緣，就有了成立高雄分會的需求，我們自己沒有地方，借人家的地方總是不方便，於是一九九四年有人發心捐款，成就了九如路上的會所（一九九四年十月三十一日啓用），之後我們就開始在九如路會所來發放。

一九九四年八月四日，岡山地區大淹水，六個里積水盈尺，水面家具、垃圾、動物屍體四處漂流，涂茂興（左二）與志工乘橡皮艇協助救災中心，將災民安頓在嘉興國小活動中心。（圖片／涂茂興提供）

一九九四年八月岡山大水災，高雄慈濟人成立賑災指揮中心，涂茂興(站立者)時任總指揮，於苓雅區住家，召集高雄區幹部災區勘察評估災害會議。（圖片／涂茂興提供）

同一年發生了岡山水災（八一二水災）[17]，有幾個颱風連續而來，岡山災情嚴重，那個時候我是做總召集，邀請海軍的蛙兵來幫忙發送，因爲災區很廣闊，像阿公店、岡山嘉興里、月世界等地方都淹水，水淹了差不多一個多月，都用竹筏送便當。

淹水地區一片汪洋，都看不到路，只看到紅綠燈的柱子，眼前不知道是水溝還是路，慈濟人全動員，我們一直送便當，送個不停。後來阿公店改善水庫的淤積，這地區就沒有再淹水了，不然以前每年都淹水。

我指揮都不是坐在辦公室，要到現場指揮，我常叫他們不要在這邊看電視，在那邊坐鎮指揮中心，等你看電視後才去處理已經太慢了，你一定要移到現場指揮所這樣才對。

全心投入　師姊無悔來護持

要孝順上人，就是找人出來，才是慈濟人，所以茶會的活動很多，整天都很忙。我都沒有想賺錢，只有一直做慈濟，那時候的經濟來源，就是在建築師那邊，還有我家師姊（徐懿馨）去賣衣服，她去酒店這種的娛樂場所賣旗袍，我也有幫忙她，因爲我會裁衣服，身材比較差的，就用我畫建築製圖那一種觀念，裁出那個樣版，腰把它圓滑下來就很美了。

有一次上人來，同行的融師父問：「你這麼愛做慈濟，做慈濟這麼投入，你師姊有沒有同意你做？有沒有歡喜你做？」我說沒有問題，他很擔心我師姊會反對，因爲我都沒有賺錢，都一直做慈濟。

後來孩子大一點，我也把我師姊推出來做，我看到人就講慈濟，一直講不停，講到如果對方要捐錢，馬上要拿出來，我就說等一下，我叫我師姊來跟你收，製造這個緣給師姊。我有一個目的，就是說妳也要參與，所以她認識的會員比我多。去收善款的時候，那個會員就說妳師兄很會說，你們師父很偉大；他講給我師姊聽，我師姊就又補充一些給他，讓他們有互動。

我們忙到有時候她去做生意，我去做慈濟，或者是說我們兩個人一起出動，要去參加活動，小孩都放在家裡。大女兒現在五十出頭了，有一年聽到我大女兒說，她都去跟巷子裡開雜貨店的老榮民伯伯賒泡麵回家泡，說：「我爸爸、媽媽還沒有回來，等一下他們會來付錢，我們肚子餓了，你先給我們拿泡麵回去吃。」孩子這樣跟我說，我聽到很不捨。她說事情過去很久了，都不想告訴我，她們以前小時候的事情，我們都忙到忘了家。

我感受到當有人需要你的時候，你會忘記你自己的親人，把別人當作自己的親人看待。但是有些人會把慈濟人醜化，說慈濟人都關心別人不關心自己，這是要澄清的。

進修圓夢　完成學位續講古

爸爸往生後，我沒有錢可以讀大學，但是不管年紀多大，把書讀起來一直是我的夢想。一九九七年是落實社區[18]開始，早一年，在一九九六年我就跟上人辭職，把會務交給羅素敏師姊，做傳承然後回歸到當區。

一九九八年到二〇〇八年這段時間我去進修，先在高雄空大進修文化藝術，二〇〇二年得到高雄市立空大文化藝術系大學文憑，二〇〇四年於中山大學念藝術管理碩士學分班修得學分，二〇〇八年取得南華大學美學與藝術管理研究所碩

高雄分會十週年涂茂興（左一）一一介紹早期資深委員上臺，並致感恩詞。（圖片／涂茂興提供）

高雄分會十週年，邀請新會所土地捐贈者杜俊元（中間右側）與會。離場時由高雄第一顆種子涂茂興（中間左側）陪伴。（圖片／涂茂興提供）

士，那年我已經六十二歲，終於把碩士念起來，圓了我的夢。

碩士畢業論文是寫有關臺灣NGO組織文化的研究，學校裡還有一個非政府組織的博士班，叫我去考，我正在考慮，結果上人來高雄知道了，上人期待我再承擔一些工作。

我跟上人報告，我要成立資深團隊。資深團隊的宗旨，第一把愛找回來。一些資深的慈濟人，因為落實社區後都分散到各區，有的人如如不動，有的人往生了；有的人說自己現在能力不夠，讓年輕的人來，比較沒有辦法凝聚。所以我要把他們找回來，每一個禮拜，有幾個鐘頭的講古活動，在靜思堂的二樓資深館，把過去的原汁原味、當時帶遊覽車的互動、回味早期做慈濟、聚會的情境，都把它找回來，就像慈師父[19]講古那樣。

第二職志合心同耕福田。二〇〇六年上人講過，職工、志工大家能夠合心，同耕這個福田，大家互相配合，職工跟志工學習，志工能把職工當做一家人。所以我們在「講古」這個階段，每一個月都有聘請一到兩位職工師兄、師姊，例如大愛新聞的師姊，總務的師兄，分享他們的工作項目，給我們志工做一個了解，讓大家知道可以怎麼樣去配合。

第三個目標是社會關懷、機構關懷。本來社區化的活動，就是要社區組隊去承擔，但是社區人力不足，工作比較多，只要辦一個活動都要人力、財力、物力，資深團隊可以邀請榮董共同來參與，可以跨區邀請，包括講師都可以跨區。

上人知道了很歡喜，指示我要做好關懷，做整個高雄區的關懷。這一點我要懺悔，我到現在爲止還覺得不足，因爲我不敢，現在的人都很強勢，我不敢去關懷。我心裡面有一點不好意思，上人叫我去關懷，如果對方不接受我，就反效果了！所以，我轉爲社會關懷這一部分。

重新再出發　關懷社會暗角

社會關懷、機構關懷包括國軍的醫院關懷、男子監獄跟女子監獄、明陽中學[20]中輟生、楠梓學校[21]中輟生，還有老人關懷，像現在長照的老人關懷，養老院、安養院都有去關懷過，一共有六組人。

一般受刑人服刑期滿，出獄了就是更生人，更生人回到社會，若遇到社會拒絕他；回到家庭，又被家庭排擠，沒有地方讓他們發展，沒有地方讓他們有一些歸宿，結果又回去吸毒，回到黑社會繼續作惡，繼續被關，所以監獄裡有很多人來來去去，有三次的、四次的、五次都有。所以對更生人，要給他一些法治的教育，因爲我有唸過法律，我懂得一點法律，我會勸他們，你以爲說你是英雄，其實不是眞正的英雄。更生人就是走在邊緣地區，會變壞很快，會再回去關變成受刑人，受刑人出來又沒人接受，一樣在那裡不斷地輪迴。

這個一定要去關懷，社會這些邊緣人，等於是不定時炸彈。高雄地方法院商借了鳳山市公所作爲一個關懷據點，邀請慈濟資深團隊，去幫助他們的更生人做生活輔導，期待他們有機會回歸社會時，能眞正的重新做人。

現在的小朋友，國軍服役四個月而已，他們受不了就想逃兵、酗酒，也有吸毒的人；酗酒就會車禍肇事，吸毒就是嚴重危害身體，就是等於不孝的行爲，身體髮膚受之父母，殘害自己是不是不孝的行爲呢？你要去關心他。這些阿兵哥他們受不了軍訓的教育，長官很頭痛，我們做到連他們政戰主任、將軍指揮官等長官

一九九五年十月十四日，高雄看守所與慈濟人共同合作，決定每星期六上午，在戒毒班開闢「慈濟時間」，左為涂茂興師兄。（圖片／涂茂興提供）

都覺得奇怪，爲什麼他們講話阿兵哥都不聽，慈濟人來幾次阿兵哥就聽了。阿兵哥會自動服務、去勞動服務，不然以前都在那裡偷雞摸狗。

做關懷我有一個原則，就是我不做個人關懷，我做團體關懷，因爲個人關懷你要一對一，一對一我們一定要有專業。有一次有人跟上人報告說，這個吸毒的一定要有專業關懷，所以我們慈濟資深團隊不做個別關懷，因爲這一部分要給他們機構，本身他們就有一些矯正師，監獄裡面也有戒護師、戒護科科長，這些都受過專業訓練，這部分留給他們自己做。我們只是做善的種子，改過向上的能力，給他們向善、向上，啓發他們的良知、良能；缺少愛，缺少關懷，我們就送愛、送關懷、散播善的種子，引導他們。

我們邀請一些師兄、師姊去現身說法，以他親身體會去分享，他過去如何改變？如何去面對這個困境的挑戰？或者是他從哪一個困境，怎麼樣去跳脫，去把自已又找回來了？告訴他們從行善行孝開始。人心本善，關懷過程中，有的人會當場痛哭，懺悔對父母親很不孝；有的人就會慷慨捐款。過去的回籠率，大約是百分之五十到三十，經過我們的關懷，第三年，回籠率就降到零。

帶動資深　談人生啟發良能

曾經有幾個我們關懷過的孩子，來資深館遇到我，就主動跟我打招呼，介紹他是在哪個地方遇過我。我說恭喜你，你有沒有去我們的環保站？我都引進他們到我們的環保站，先從環保開始，做環保護持大愛臺，可以愛地球，簡單讓他們去了解，慢慢走進來；他們知道我們是正派的，不會來干擾、不用怕。

資深館也有啓發很多榮董出來，上人對榮董是有期待的，希望他們也是能夠用三不求的心，邀約更多年輕的菩薩。我們鼓勵他們來分享他的成就，或他對慈濟的嚮往，這樣還不夠，還要鼓勵他在社區裡多多了解，參與訪視、一些活動，還要培養他們當講師，不光是叫他們做一些捐獻，教他們怎麼樣去講慈濟、做慈濟。

慈濟內在有很多豐富的資源，能夠讓參與的人長養豐富的人生，只要多去參與、多去付出，這樣能夠讓生活更幸福。所以要鼓勵榮董，人生最成功的祕訣，不是賺很多錢，最成功就是布施了多少，奉獻社會、奉獻人群多少，才是成功的人，你要鼓勵他們繼續做他們應該做的。

榮董有年輕也有比較老的，有些年輕的榮董是爸爸、媽媽幫他做，讓他有機會接觸慈濟，還有讓他們發露懺悔的機會，他們都會痛哭流涕，很多我都放在臉書，我都自己照相。現在資深館跟以前辦茶會都一樣，一樣都是爲了要啓發人性，很簡單的是人性的光輝，每一個人都有，好人、壞人都有，只要對他有一種尊重、一種期待，都可以啓發他的良能出來。

行善行孝 恆持一念繼續做

媽媽是我一生最大的牽掛，往生前她住臺南老家，由兄弟輪流照顧，我結婚之後把她接到高雄照顧，直到她往生，只奉養八年。往生前三天，上人跟融師父他們到了臺南，特地過去幫媽媽皈依，法號靜足，還幫媽媽念佛，念佛後三天，媽媽就走了。這是我做慈濟的一種助力，上人對我媽媽的恩德，我一定要回報，這是我最感動的。

那時我三十三歲（一九七九年），媽媽七十幾歲，所以我勸人家孩子不要生太多，她四十四歲生我，等我有能力奉養她的時候，她已經老了，只侍候她八年時間。

上人說我很孝順，但是其他的事情還沒做到。孝順是眞的，其他都沒做到，常常被上人提醒。其實我在做慈濟，也用這個爲基準，只要我去他家關懷，他對父母親孝順，這個一定要把他拉出來，這個做慈濟絕對很會做，本身孝順，我們上人常說行善、行孝，這個孝就是一種順，在團隊裡才會服從，有向心力，能夠遵守倫理道德觀念。

有一次上人問我做慈濟幾年了？我說如果從結婚那時候，上人叫我承擔，就是一九七一年開始。他跟我說當兵那時候都要算在內，在花蓮那一段都要算在內。如果再算當兵，花蓮兩年多，那就五十二年了。

二〇一九年，有一次隨師去到屏東，我跟上人說，要取消我的留校查看。呂秀英在旁邊講，那是上人在開玩笑，你還記得。上人一言千鼎，從以前上人說什麼，我們都要乖乖聽，所以他輕輕的一句話，很幽默地講，我還是銘記在心，趕快來做，直到他說留校查看取消。

我曾經看過一份佛教的資料，它是有一個典故，就是不入涅槃[22]，表示精神永在，我是期待比較超越，一位偉大的人物，是不入涅槃，他的精神是永久存在。所以我現在準備，上人在不在，我都是一個恆心，我都是做，簡單說，上人不在我們還是要做慈濟。

1 李時，在慈濟草創時期，李時跟隨著證嚴上人前往各地濟貧扶弱，雖然只是一位平凡婦女，但走過竹筒歲月的最初始，實踐入世利他的精神，接引許多人間菩薩，播下一顆顆善的種子，創造了不平凡的人生，在慈善志業的發展史中，更留下永恆歷史價值。資料來源：法譬如水網站https://reurl.cc/35g479（二〇二一年十二月六日檢索）。

2 康樂村舊稱。康樂村是臺灣戰後才從北埔村分立出來，在日治時期屬北埔村的北半段，因鹽水港製糖株式會社曾在此設「北埔農場」，因而又被稱為「農場」。資料來源：李宜憲等撰述，〈第五章　新城鄉〉，《臺灣地名辭書 卷二 花蓮縣》（南投市：臺灣文獻館，二〇〇五年），頁一四八、一四九。

3 德慈、德昭、德融、德恩師父是靜思精舍開山第一代，生活十分清苦。上人告誡四弟子：要徹底犧牲、要有種樹人的精神、要忍人所不能忍的苦，日後遇事方能有所突破。慈善工作結合信眾力量逐步開始。精舍常住眾漸多，德慈、德昭兩位師父負責當家主內；德融、德恩師父成為上人侍者。資料來源：慈濟數位典藏資源網https://reurl.cc/WrqVGD（二〇二二年五月十日檢索）。

4 靜思精舍，一九六六年，佛教克難慈濟功德會成立，一九六八年，佛教克難慈濟功德會邁入第三年，證嚴法師養母王沈月桂女士，購置了一甲半的土地，捐贈給常住師父耕種維生。有了屬於自己的地，證嚴上人於是向銀行貸款，開始建道場。一九六九年，靜思精舍落成使用。精舍啟用的那年夏天，大殿屋頂就被強風吹毀了，因此證嚴上人決定用水泥砌屋瓦，並親自與工人一同施工，調整屋脊的斜度。資料來源：大愛行https://reurl.cc/0x356o（二〇二一年十二月六日檢索）。

5 上達下宏法師是很多資深委員口中的「宏師父」、「臺中師父」，因為認同證嚴法師慈悲濟世的理念，在慈濟草創初期，即以同道情誼開始幫忙慈濟，從勸募、慈善訪貧開始，帶動了一批精進的委員。中區很多資深的慈濟委員，都是由宏師父親自調教出來的，對宏師父的嚴格與關愛，有很深的體會。資料來源：慈濟全球社區網https://reurl.cc/k1ZA49（二〇二二年四月二十八日檢索）。

6 此處的番仔寮，意指圓通寺。圓通寺位於屏東縣長治鄉繁昌村，繁昌村的舊名為番仔寮。

7 一九六一年於省立花蓮醫院從事護理工作，而受同事林怡君（靜懿，慈濟委員五十號）邀請當會員，每個月捐錢救人。

一九七二年接受林怡君邀請，與院內護理長林碧芑到靜思精舍拜會證嚴上人，兩人當日皈依上人，法號分別是靜善、靜良，意思是用「善良」的心來照顧病人。資料來源：慈濟人物多寶塔網站https://reurl.cc/Xjkn3e（二〇二二年四月二十四日）。

8 「皈」字意謂反黑歸白，「依」就是依靠。「是」就是善、就是「白」；「非」就是惡、錯誤與黑暗。要提升智慧，過濾錯誤，讓心念歸「反」正確、亮麗、清白。用智慧明辨是與非，以佛陀教導的道理為依歸，就是「皈依」。資料來源：慈濟全球資訊網https://reurl.cc/2Z0OVr（二〇二二年四月二十日）。

9 海青，海青是佛教徒的正式禮服，在參加法會、念佛共修、助念，或其他佛教活動時穿著。資料來源：法鼓文化https://reurl.cc/M0vmZv（二〇二二年四月二十日檢索）。

10 林碧玉是花蓮一位女會計師，看到街上許多遠渡而來的傳教士，正忙著發放麵粉及奶粉，當年還年輕的她心裡也響起一個聲音要走入社會、接觸人群。在一次偶然的機會，初次見到證嚴上人時，上人邀請她來協助看帳，她就將一星期打高爾夫球的時間，挪出一天來幫助慈濟看帳目，就這樣，從此和慈濟結下深緣，並以此生依止上人為師。資料來源：慈濟精進資源網https://reurl.cc/n10KQD（二〇二二年四月二十四日檢索）。

11 「沙卡里巴」現在的位置座落在友愛街、中正路、海安路之間的場域，濫觴於日治時期的「サカリバ」，其日文發音即為「sakariba」，寫為「盛り場」，其意義為「人潮聚集的地方」或「熱鬧的地方」，取其發音翻譯成中文為「沙卡里巴」。資料來源：臺南研究資料庫https://reurl.cc/Kbkjkj（二〇二二年四月二十日）。

12 慈濟列車產生的緣由，得追溯到一九八九年，慈濟護專創校開學典禮暨慈院三周年慶。為了紓解超過兩萬的觀禮人潮，負責的委員於事前向鐵路局提出專案申請，在鐵路局正常的發車時刻外，額外加開列車載送慈濟人前往觀禮。當時因為車上所搭載的全是前來觀禮的慈濟人，因此稱為「慈濟列車」。資料來源：慈濟語彙https://reurl.cc/Rr1M5n（二〇二二年四月二十四日檢索）。

13 王添丁一九二三年出生，法號思安，是在一九七一年八月任豐田國小校長時成為慈濟委員的。接下臺東區負責人的重任後，王添丁卯足了勁，以三、四十年的校長行政經驗，將委員分工為文宣組、文康組、會務推展組、義診組、考核評量組、總務組、會計組、公共關係組、交通組和念佛學習會。相信這是慈濟地方會務組織化的先驅。資料來源：《慈濟》月刊四三六期https://reurl.cc/XjkzqR（二〇二二年四月二十四日檢索）。

14 陳登郎，是黃桂子的主治醫師，他回憶：「當時她因為長期無法進食而營養不良、嚴重貧血，加上腫瘤嚴重潰爛感染，器官瀕臨衰竭，不開刀一定死亡，開了還有存活的機會。」然而，當時臺灣對於這樣大型顏面腫瘤手術的臨床經驗不足，如果手術失敗、或術後因感染死亡，家屬提告，醫師勢必要面對官司，甚至賠償。另外，手術前、手術中必須大量輸血、注射抗生素，在在都是難題……陳醫師坦言，那時醫療環境不如現今進步，實在沒有把握。「我記得涂師兄一見到我，緊握著我的手，要我們全力搶救黃桂子。」陳登郎說，慈濟人無怨無悔地照顧陌生人，這分對生命的尊重，讓他十分感動；而母親的訓示：「有一分希望，也要努力以赴來救護。」在耳邊響起，於是他決定向臺大醫學院耳鼻喉科教授徐茂銘報告，「沒想到老師義不容辭，一大早由臺北專程來高雄坐鎮指揮。」院方特別成立專案醫療小組，包括整形外科、一般外科、牙科、麻醉科、護理部，舉行過數次的術前整合會議。十多名各科醫師與護理人員參與手術，近五個小時後完成，順利取出六、七公斤的腫瘤。資料來源：《慈濟》月刊四七四期https://reurl.cc/d25YO2（二〇二二年四月二十四日檢索）。

15 元月七日中午一時本會臺東委員王校長率同羅太太和患者黃桂子乘公路局中興號抵達高雄，與我會同驅車前往左營海軍總醫院，擬辦開刀手術前的住院手續。據內人了解國軍醫院對貧困的民眾可給予減免醫療費用，這機會實在難得，當場書寫乙份陳情書將黃桂子遭遇據實以報呈請特別優惠，並以本會名義會同王校長等人拜會海軍總醫院關定遠少將院長，陳情黃桂子手術醫療費用各項免費事由。關院長看到黃桂子本人情況以及本會同仁旨在慈悲救難真誠之心，非常感動。馬上傳命主治醫師陳登郎至院長室詳詢黃桂子病情，隨即答應以最大力量完成我們心願。並且簽署同意：（一）無成本部分可免費。（二）功德會請提供需付費部分之財務保證書。黃桂子手術割除腫瘤非常順利，陳大夫表示手術過程非常滿意，並由院方聘請臺大醫學院耳鼻喉科教授徐茂銘助陣，動員海軍醫院耳鼻喉科、牙科、外科、整形外科、麻醉科主任及護理人員十多人，於元月二十五日上午十時開始，下午二時三十時分結束，馬上送入將官加護病房由特別護士專門看護。二月二十二日主治醫師陳登郎，來電通知辦理出院手續，我同內人攜帶關院長簽准的減免書到達民眾服務處。經過出納小姐統計後，會同晉見該處主任俞畢勝，對於黃桂子個案醫療費用給予最高的優惠。俞主任逐條審核，終於獲得減免技術費一萬七千五百五十元正。俞主任並表示，遵照院長的指示將手術和麻醉費免費估計五萬元左右，共計對黃桂子個案的醫療費用減免了六萬七千餘元。黃桂子住院醫療費用計八萬八千七百二十五元正。本會負擔五萬元，臺東佛教蓮社方面負擔三萬八千餘元。資料來源：涂茂興，〈黃桂子住院瑣記〉，《慈濟》月刊一六一期（一九八〇年三月），頁一〇。

16 一九七九年上人的身體狀況壞到極點，心絞痛一日發作數次，夜裡就寢，也不知明日能否再醒來？上人想到五千多位長期接受本會救濟的阿公阿婆，甚感淒然；為了讓十三年來辛苦建立起來的慈濟工作不致中斷，決心建立一個能自己運轉不息的濟助機構——佛教慈濟綜合醫院。當上人於同年五月份的全省委員聯誼會上提出建院的構想與計畫時，委員們基於愛護上人法體的心，皆表反對；直到印順長老東來渡夏，上人稟報此事得到印老的贊同，當即就一、公開徵圖及建築師；二、洽尋土地；三、募款三方面，積極展開建院籌備工作。資料來源：一九六六年～一九九二年《慈濟年鑑》慈濟數位典藏資源網https://reurl.cc/2Zoo1E（二〇二二年四月二十九日檢索）。

17 一九九四年八月十二日，「凱特琳」和「道格」颱風，以及西南氣流帶來的豪雨，造成中南部地區在兩週之內，降下了將近兩千公厘的雨量，「八一二」水災中，受害最嚴重的地區，是南部的高雄縣市，高雄縣二十七個鄉鎮中，有十七個鄉鎮淹水，其中岡山的五甲尾社區淹水深度達三公尺，附近一萬五千戶居民變成「水上人家」，高雄市的左營、小港、柴山以及沿海地區，也在颱風豪雨中，造成積水或坍方，災情慘重，資料來源：華視新聞報導https://reurl.cc/1ZQqx8（二〇二二年三月二十九日檢索）。

18 一九九六年七月三十一日，賀伯颱風從宜蘭登陸，造成全臺三十年來最大的水患。慈濟人在災後半個月共動員上萬人次投入救災。上人除呼籲「救山救海」外，並推動「社區志工」理念，將慈濟人依居住地重新編組，以落實「敦親睦鄰，守望相助」的目標。資料來源：證嚴法師法音集https://reurl.cc/k10RdL（二〇二二年四月二十四日檢索）。

19 即是德慈法師。生於一九三四年，臺灣花蓮縣新城鄉人，一九六四年依止證嚴上人，法名悟雲，字德慈，號紹惟。二〇二一年五月二十六日圓寂，世壽八十七，僧臘五十七載，戒臘五十五載。身為靜思大弟子，以身作則領眾勤耕勞作，維持僧眾的修行與生活，上人肯定他「守護家風，樹立典範」。而其一輩子修行功夫，完全用在「扶疏增長」上人創建慈濟大乘志業。

20 前身為臺灣高雄少年輔育院，於一九九九年七月一日正式改制為明陽中學，收容臺灣新竹少年監獄來自全國之少年受刑人。資料來源：明陽中學網站https://reurl.cc/Rr157n（二〇二二年四月二十四日檢索）。

21 高雄市立楠梓特殊學校，於一九九八年二月十三日核准正式成立，為全臺第一所綜合性特殊學校，正式招收十二年國教身障特殊需求之各類學生。又獲教育部補助附設中途學校，兼收因故失學學生，予以教育、輔導。資料來源：高雄市楠梓區楠梓特殊學校網站https://reurl.cc/j1lg6q（二〇二二年四月二十四日檢索）。

22 指滅一切貪、瞋、痴的境界。因為所有的煩惱都已滅絕，所以永不再輪迴生死。

真心做 認真顧這個家

涂徐懿馨（六十四號）訪談紀錄

訪談／林淑娥、林道鳴

記錄／廖耀鈴

時間／二〇二二年二月二十二日

地點／高雄靜思堂

【經典語錄】

只要我還能走，哪怕是到一百歲，只要人在茶軒，就要親切招呼人家，給每個人「家」的感覺。

【簡歷】

涂徐懿馨從小住在花蓮吉安鄉下，其後進入軍中醫院擔任護士，認識當兵的涂茂興，姻緣天成結爲夫妻，居住在高雄。小時生活苦，婚後聽聞證嚴上人小錢能行大善助人，於是夫唱婦隨除了照顧家庭外，爲支持先生投入慈濟，利用晚上時間賣衣服，也隨著先生投入志工行列。孩子長大後更以慈濟志工爲要，哪怕是因車禍行動不便，也要到慈濟靜思堂顧家，招呼來眾、師兄、師姊，讓大家感受來慈濟有「家」的感覺。

二〇〇六年十月二十四日，涂徐懿馨（左）和張桂嬌，參訪慈濟三義茶園。（圖片／涂徐懿馨提供）

我今年七十二歲（一九五〇年，民國三十九年生），小時候住在花蓮吉安鄉下，父母生九個小孩，家裡很窮，所以我書讀到初中而已。

護士打針　因緣從此牽

我十七、八歲時，軍中招考住醫護士，我去花蓮八〇五（現爲國軍花蓮總醫院）訓練半年；早期是在美崙山下，現在在（花蓮）飛機場前面。在軍中認識我家師兄，我師兄涂茂興在服兵役，他去打針我們才會認識。他說他都會去李時[1]那裡彈吉他，我就去看他，我們認識好幾年，差不多二十二歲跟他結婚。

早期結婚很簡單，聘金送一送，我們家沒有辦桌，到他們臺南祖厝才請客，我也沒有叫我父母來，我就很簡單。結婚後他在高雄工作，他是讀建築的，那時候都叫做畫圖。

真心助人　小錢可救人

婚後師兄就跟我說，我們來去「農場師父」那邊，我想那裡怎麼會有農場？他告訴我，他彈吉的地方，老闆娘李時是麻豆人，跟農場的師父在做慈善，我就跟她繳功德款，所以就這樣慢慢認識。

過一段時間，我們生第一個孩子，孩子還很小的時候，我們就帶去農場。以前我們小時候很窮，師父說要救窮人，我們就感覺很好，可以幫助人，不然我們這一點錢，可以幫助誰呢？就是這樣的因緣。早期你要做慈濟，就簿子（勸募本）先給你。我們那時候很熱情，見到人就說慈濟，所以我帶出了很多小雞（新進志工）[2]。

過六、七年後[3]，我和師兄要皈依師父，師父說拿一件海青讓我們穿，我們就跪下皈依了。早期都沒有訓練，像現在有見習、培訓，早期都沒有，但我們都是「眞心」，眞心在做。

師父的法，剛開始是講《地藏經》，我們高雄大家請（購）回家聽。記得最清楚是地藏菩薩發一個願「地獄不空，誓不成佛」，所以我們要學習他的精神。

加入慈濟跟眾生有小小的付出和結緣，涂徐懿馨和先生涂茂興的心裡都感覺很高興。（圖片／涂徐懿馨提供）

訪視個案　看見生命脆弱

早期，臺中有一位達宏法師[4]，說嘉義南邊的個案就給我們看，所以範圍很廣，我們曾經看到屏東、臺南都有！

我家在中正一路，司法新村旁邊，師父（指證嚴上人）複查個案會來高雄，就住我們家。到後來靜傑[5]他們做木材搬來高雄，才去靜傑那邊。師父早期，一年都會差不多有兩、三次來；有一次去六龜那邊，看一個手受傷沒有抹藥，結果手上生蟲的人，我看到師父很慈悲，這樣把他的手牽起來看。

早期看個案都是孤老無依為主，因為很多寺廟都會發米，所以看到很多孤老無依的個案，家裡的米都放到發霉；我說這要特別註明，才不會給了重複的物資。剛開始看個案時，我師兄買一臺達可達機車，騎著看個案，但是太遠的個案沒汽車很麻煩，後來又買一輛二手車。出去看個案需要一整天，我就奶粉泡一泡，帶著孩子跟他們一起出去看個案。慢慢地就有陳文全、林金貴、鄭武南，他們這些小雞陸續出來，都會看個案。

有次去屏東市立醫院、基督教醫院，人家來報個案我們過去，遇到人剛往生，

涂徐懿馨（中）與會眾分享，慈濟早期在臺東訪視並轉介到高雄，進行醫療補助的個案黃桂子。（圖片／涂徐懿馨提供）

我就說人的命怎麼這麼脆弱，那麼多無常。我們去看，剛往生若有家屬來，家屬說要自己處理，我們就回來。人是這樣，活著的比較難處理，什麼都要錢；假如到往生，就棺材什麼的，湊湊就有了。

我們時時有幫助人的心，心情就很歡喜，看個案時，個案跟我們說等孩子大一些，就不用我們幫忙，所以大部分對一個家庭是很有幫助的。我記得到六龜，一位開車受傷癱瘓，需要人家幫助，一個家庭，一個有生產能力的人，如果倒了，那些孩子就是沒依靠了，我就會勸人家說開車要小心。以前車子不多，現在滿街都是車子。

酒店賣衣貼家用　助夫做慈濟

孩子漸漸長大後，我就跟師兄（涂茂興）說，你要認眞做慈濟，這些新加入的志工比較不懂。我大伯、大嫂是做成衣的，我來賣衣服（貼補家用），我都是做娛樂場所，都是晚上跑酒店、剃頭店；以前酒店很多，冰果室也很多，都做旗袍。晚上要賣衣服，我就穿著長褲，打扮地很男性；若是（客人）要讓妳收錢，就會說等晚一點，十一、二點再來收，我十一點就去那裡等，客人喝得醉茫茫，都瘋瘋顛顛，這樣我做很多年。

我們帶會員回花蓮，有時候我師兄帶，有時候我帶。我帶都坐金馬號[6]，是坐十一點、十二點的車班，坐到花蓮我們就下車，我姊姊就在吉安做生意賣菜，我就跟姊姊說，我們這幾位師兄、師姊要去妳家，身體洗一洗再進去（靜思）精舍[7]，一路走過來都是這樣。

涂徐懿馨（中）帶會員坐金馬號回花蓮靜思精舍尋根。（圖片／涂徐懿馨提供）

高雄靜思堂的展場裡，涂徐懿馨指著早期她帶會員坐金馬號回花蓮靜思精舍尋根朝山，由大馬路三步一拜到精舍。（圖片／涂徐懿馨提供）

邱鳳嬌是我二姊，小時候沒錢，分送給人領養。我三姊也有做慈濟，到最後她先生生意失敗跑到臺北才沒做；我勸她要再進來，她就是說不要。我帶我的弟媳婦，結果她幾節沒上到課，就不能給她受證；那時候是因為她母親生病，哥哥也飛機失事往生，她就要回去顧媽媽。所以，弟弟娶太太，對我來說好像是「假的弟弟」，就去親家母家住了。後來弟弟也是很有成就，讀中興大學，現在花蓮醫院做主秘；我弟媳婦就在花農教書，這幾年去信一貫道。我覺得這樣也好，她吃素，去佛堂，只要善的就好，因緣！

人帶人　先食輪再轉法輪

我最記得林金貴，她的師兄是跑計程車，為了要度她師兄，以前我們就雇他的車；我們女眾如果去看個案，我們就說今天沒車，今天坐你的車。看完個案他載我們回來，離他家較近時，就去他家吃飯；如果離我家較近，就到我家吃飯。我要出門時，會把飯煮一煮、菜煮一煮，回家就有飯可以吃。以前也有遇過一位師姊，先生不給她受證的，結果她的慈濟制服都帶去我家換。

陳素娥也是我接引出來的小雞，她就是去花蓮（靜思精舍）見過師父，回高雄後就帶七個人來我們家。我師兄黑板拿起來，就開始介紹慈濟；我就去準備餐點，煮給他們吃，師父也曾經稱讚過我的煮食。記得第一次看到師父，哎喲！這位師父這麼瘦，還要做這麼多事，心裡就很不捨。我就一直想，師父坎坎坷坷，做這麼多事情，吃飯時就想說為他多盛一些，讓他吃胖一點。

陳文全他家師姊（陳李金連）會煮，陳文全《地藏經》聽一聽

涂徐懿馨於靜思精舍佛堂留影。（圖片／涂徐懿馨提供）

再講，一堆人去他家聽經，很擠，大家都會帶新的人去聽。他講一講後，又會說什麼時候要回花蓮，就是這樣的因緣，才招遊覽車一群一群。

靜思精舍不能住很多人，以前要去花蓮的路，都走在海邊（臺十一線），途中有間和南寺，我就帶他們去精舍那邊看看、走走，接著再回來和南寺借宿，添個油香，第二天再帶回來精舍。早期聽到有人要做慈濟，想到花蓮認識慈濟，我們就很歡喜，即使只有三五個人，我們也帶。

急難救助　高雄屏東一起做

賽洛瑪颱風[8]時（一九七七年），我婆婆那時候住我們家，我們剛買車，房子是跟人家租的，不能停車，車要停在巷子；我師兄就說去看車子怎麼樣，回來一看新聞，說賽洛瑪（颱風）很大，我印象很深刻，眞的很大，牆都倒了。

那年都在屏東圓通寺，早期師父來都去那裡。那裡有見慧法師、見靜法師，大家去圓通寺集合。那時候婆婆剛好輪到我（照顧），我沒去，都是我師兄去。師父到屏東，師兄就一直報告災情，那時候直接跟師父報告。屏東結束後，高雄部

早期證嚴上人到高雄複查個案，就暫住涂徐懿馨家，一年約有兩、三次。圖為一九八七年三月七日留影。（圖片／涂徐懿馨提供）

一九八五年八月十八日，慈濟臺南、高雄、屏東等三縣市委員聯誼會合影。（圖片／涂徐懿馨提供）

分，師父讓我師兄去做訪視[9]。

我們剛開始去看，發現小港大林蒲有很多孤苦無依的寡婦，她們的先生大多是漁民，出海遇上船難就沒回來了；訪視個案完在普提禪寺和大林蒲的鳳林觀音寺發放救災物資，發放一些米。早期我們也會將衣櫥整理整理，看幾歲能穿；冬天時（花蓮本會）會寄過來，一包一包所有要發放的東西，很多項。

師父一句話　大家拚命做

過了好幾年（一九七九年），師父說要蓋醫院[10]，那時候我騎著車子或開車時就想，現在要怎麼募款？那時候要人沒人、要錢沒錢。後來我將以前的舊房子拿去貸款三十萬來捐，不知道還（貸款）多久，那時候年輕，有賺就有去還。

我們的醫院有動土兩次，一次土地在「佳山計畫」範圍內，那時候我們去砍樹，砍到都差不多用好了，結果一封公文來說，「佳山計畫」軍方要使用。師父說如果蓋不成，募到的錢就要還人家。後來，找花蓮農業學校（現爲花蓮高級農

一九八六年八月十七日，佛教慈濟綜合醫院啟業，涂徐懿馨（中）到花蓮參與典禮。（圖片／涂徐懿馨提供）

業職業學校）的旁邊，那裡有水窪，也全都是樹木，水窪可以填土，填一部分，我們慢慢修、慢慢鋪，土地我看是好幾甲。

以前的人忠厚、老實，師父一句話，大家就拚了，真的大家都很勤勞在做。我接引他，他會再接引親友，所以要常帶人回去花蓮看，這就是我們的慈濟醫院。現在我們慈濟小學、中學、大學、碩士、博士都有，是全人的教育。

華東水災[11]，有人有去大

陸，我沒去，我有參加募款活動，有些拒絕的人會說臺灣救不完，還要救那裡。我們就跟人家說這個是我們要幫受災者，不論海內外，都是一分愛心。是要募你的心，多少都沒關係。我們在體育館義賣，我們那一組，我都在顧攤位，我顧攤讓他們去看、去做別的需要幫忙的事。

我們有勸募愛心箱，那時候捧愛心箱要出去，都在我家吃午餐。兩間家樂福，還有路邊、黃昏市場，我們都去那裡募，都要等、等。黃昏市場很多人，收很多

一九九一年華東水災，涂徐懿馨（左）和志工在高雄家樂福、黃昏市場附近，捧著愛心箱募款，說：「要救災難的，不論海內外，都是一分愛心。是要募你的心，多少都沒關係。」（圖片／涂徐懿馨提供）

錢。早期人很老實，我每次出去都募很多錢很開心；有次我沒煮飯，我說：「今天我要捧箱子。」結果請別人煮，煮出不同味道，我們客家人較重口味，別人煮的口味比較不重，用餐的人連這樣也吃得出來。

我來顧「家」　招呼大家來吃茶

我師兄做組長，再找一、二個副的，有時候在他家開會，有時候在我家。開始到後來，陳利雄他家比較寬，就去那裡開會（一九八八年）。我師兄都會先帶念經，念十五分鐘後再開會，大家心裡比較靜。到開會完，陳利雄他們很發心，都會蒸包子或是麵包。

後來（一九九一年）才換施清秀他們樓上，我們都說那裡電梯要錢，點心也要錢，我們就要拿錢給他，他都不拿。師父一直在找地方，看看是不是可以蓋分會，去到很遠的地方找，慢慢（一九九四年）有九如路高雄分會[12]，杜榮董[13]就出來了，我知道顏子傑、蔡榮東等等都是出錢又出力，有九如分會後，我們開始就有輪班、打掃。

那年蓋高雄靜思堂[14]，就是說要有一位工地頭頭，工地人文一些事情要安排。大家後來選一選，是覺得林雪娥和林榮宗夫妻[15]比較合適，就選他們做。

靜思堂蓋好幾年，雪娥要做一個茶軒，一開始就叫我來顧，當時我車禍受傷還拿兩支枴杖，我也是出來。我在那裡（工地茶軒）又接引好幾個委員。洪祥富是檢驗師，他們住里港，他的媽媽以前有一間房子在這裡，五樓。我跟她說，師姊來喝茶啦！這裡眞正缺人、也缺錢。後來，她就搬去里港，我常去，她家很多寶，冰箱有夠大，我去跟她募榮董[16]，結果要募一個，後來變三個；到後來洪祥富、他媽媽、媳婦都進來做志工。

所以茶軒也接引很多人，不論是榮董、委員還是見習[17]。早期臺北就是有三十三天首善女[18]。就是說，我們三十三個，這個月你，下個月換我，我覺得這樣不好，那麼久，到後來有人退道心了。我就和楊明欽、羅秀純，我們每天這樣跑，哪裡都去，結果募到非常多人哦！

這裡的茶軒，我們師兄、師姊若來，可以有個地方可以讓他們坐，讓他們喝些茶，吃些小點心。就如我們做女兒的人若嫁出去，回娘家時，弟弟、還是弟媳問說：「阿姊，妳吃飯了嗎？」我說：「還沒！」他們就會準備餐點出來；假如說「吃飽」，茶水就準備出來。這就是有「家」的感覺。

我常跟他們說，只要我還能走，哪怕是到一百歲，只要人在茶軒，就要親切招呼人家，給每個人「家」的感覺。在我們靜思堂，師兄、師姊若是回來繳功德會款，或是回來走走，或是會眾，早期要是很多人吃飯，我們就要報，若是人數少，我就直接帶他們進去餐廳用餐。

茶軒搬了十五個位置，一開始在高雄靜思堂的和敬廳，我茶都泡好了，大家在那裡服務，都是很用心在付出。早期會有會眾來參訪，皮包都放我們那邊，比較寬。人很多坐得滿滿的，杯子來不及洗，不過我們做得很高興。一路走來，有時也會很心酸，因為人的關係……我師兄常跟我說，如果做得不歡喜，妳不如就回去煮飯。

我們是師父走在前面，做給我們看，所以我都默默地做。現在有時沒人來，反而在那邊坐著，都會想，為什麼不趕快有人來讓我們服務。我們出來就是要發揮功能、良能，因緣就是這樣，不過總算我們靜思堂安定了。

二〇〇二年高雄靜思堂動工後，設立茶軒，由涂徐懿馨負責，一直到現在，也接引很多人，不論是榮董、委員還是見習志工。（圖片／涂徐懿馨提供）

涂徐懿馨（左）要求志工只要到茶軒，就要好禮跟人家招呼。讓師兄、師姊可以有個地方坐、喝些茶、吃些小點心，就好像回「家」一樣。（圖片／涂徐懿馨提供）

現在疫情的關係，平常如果回來這裡，我們起碼要給人家喝茶，吃一些小點心，就是溫馨啦！有家的感覺啦！我來看這些師兄、師姊，圍在一起說話，如果人來沒有去招呼，我就會提醒他們，去問人家要喝茶嗎？當然，現在疫情，就比較沒辦法吃東西。

車禍拄枴杖 講古傳經驗

靜思堂在蓋的時候，我出車禍，那天我是用摩托車載人去坐車，他要去臺中。結果被一輛洗衣店的車撞倒在地上，就昏迷了。我腳斷掉被送到高醫（高雄醫學大學附設中和紀念醫院），因爲找不到我的身分證，好像無名氏，就把我放在另一個車禍患者旁邊。

我們那一組，剛好去醫院探視個案，他們看到我：「這不是涂師姊嗎？怎麼會在這裡？」趕緊找我的家人，但是找不到，就到我家對面照相館，才跟我們管理員說。我師兄是去做什麼我不知道，後來他才趕到（醫院）。馬上打電話給林榮宗、湯吉美，他們都有來，他們就趕快籌錢，怕我們臨時沒有錢。

二〇〇七年，涂徐懿馨和同修涂茂興師兄，每個禮拜來高雄靜思堂「講古」，和大眾分享早期慈濟是怎麼走過來。（圖片／涂徐懿馨提供）

林榮宗要我轉去長庚，長庚有我們人醫會的醫生，一開始去是看一看，結果送進加護病房。不知道是第三天還是第幾天，我娘家的人都來、孫子也來，但大家不敢讓我媽媽知道。媽媽一個人在家裡只是覺得奇怪，今天這個也不在，那個也不在，人都不在家，到底是怎麼了。

醫生說我要不失智，要不就是半身不遂。我清醒後，看到我的家人，怎麼都來了？我的小雞來看我，我跟他說：「你都沒有來看我。」一直無理取鬧。小雞回我，昨天、前天才來過啊！所以那時候有請人顧，請人回去我家照顧我。

我自己很用心運動，出門一定拿著兩支枴杖。那時候工地茶軒會有人泡茶，也有放書讓人取閱，但工地路不平，我去的話會怕。雪娥要羅秀純載我到工地茶軒坐，我也在那裡接引很多人，要回家的話，就是搭別人的便車。

大約在十五年前（二〇〇七年）慧芝[19]要我家師兄出來做什麼、做什麼，師兄認爲已經有人在做，就跟師父說要設「資深館」。師父說好！我們就計畫每個禮拜來高雄靜思堂「講古」，說早期怎麼做慈濟的故事。慢慢地連軍方單位也來邀請，鳳山的戰車營等單位，都曾邀請我們去愛灑[20]。

因爲在軍裡不能談太多宗教，都說行善、行孝，人與人之間，都差不多是這樣。那時候講師、主持人、工作人員都很充足。現在就是要給社區去做，人這麼多了。我說事先要落實社區，我們去鳳山那裡，每次去我都會邀請當地的師兄、師姊，來啦！一起來！但是有的人去，有的人就不喜歡。

無常病來磨　不忘顧家是己任

五年前（二〇一七年）我在聖功醫院檢查，叫我要切片，我就不要。我改去榮總，榮總幫我檢查，沒有狀況。第二年我再檢查，就說有原位癌。結果開刀下去，將近第一期，二十天再開第一次。乳癌影響我很多，我就變得很自卑、很內向。爲什麼自卑？治療後頭髮不會長，這第一個；第二個，因爲電療三十三次，傷到聲帶。我也有去跟醫生說，他跟我說，妳不知道，有電療死的。

電療後晚上睡不著覺，我就去朋友那裡，她就要我吃什麼，說是可以鎮定心神；結果我吃下去兩個鐘頭，就一直跑廁所。後來有人要我去看身心科，我又沒有瘋，我要看什麼身心科。但就是睡不著啊！晚上起來哭，怎麼不要讓我睡覺啊！說念佛，怎麼念得下去，念個幾句而已，就開始一直胡思亂想。

後來，幫我開刀的醫師，也要我去看身心科，我就去聖功醫院看身心科、吃藥。雖然化療，我也每天到茶軒，這就是我的「家」。我們要做一個頭，以前是整天，現在我都到中午就回去。一個是沒人，一個是體力比較沒辦法。以前我都和蔡秋風在茶軒，顧整天，下午就來喝咖啡，咖啡是鄭楊慶提供的，大家都會來喝咖啡。

我是希望師父常住世間，讓我們可以依靠。我們是很不捨，有一次很冷，師父年紀八十幾歲了，他也來爲新委員授證，眞的是很不捨，眞的很感動，他所做的一切都是爲了眾生，我們跟在後面，能做多少就做多少，這樣就對了。

我嫁給我師兄，還好他有帶我入慈濟，讓我跟眾生有小小的付出，和眾生有小小的結到緣，心裡感覺很高興。我生三個，二個兒子一個女兒。我大兒子有受證，在花蓮；第二個跟我住，沒有結婚，做工程師；女兒嫁了。因緣啦！怎麼樣就是怎麼樣，我們不要比較。但是在接引新人做慈濟這方面，我會很認眞，我要繼續慢慢招人。

涂徐懿馨（右）陪同見習志工，參與活動。（圖片／涂徐懿馨提供）

涂徐懿馨（第三排左一）與高雄資深團隊回花蓮靜思精舍尋根。（圖片／涂徐懿馨提供）

1 李時，在慈濟草創時期，李時跟隨著證嚴上人前往各地濟貧扶弱，雖然只是一位平凡婦女，但走過竹筒歲月的最初始，實踐入世利他的精神，接引許多人間菩薩，播下一顆顆善的種子，創造了不平凡的人生，在慈善志業的發展史中，更留下永恆歷史價值。資料來源：法譬如水網站https://reurl.cc/35g479（二〇二一年十二月六日檢索）。

2 慈濟志工常說的「資深」、「資淺」，是從「母親帶小雞」的意旨演變而來，其深層意涵就是「人帶人」的藝術。因此常稱銜引進慈濟的資深委員為母雞，被接引的則稱為小雞。資料來源：《慈濟》月刊四七四期https://reurl.cc/k7G9lG（二〇二二年四月十二日檢索）。

3 涂茂興口述訪談中提及一九七九年（民國六十八年）。

4 達宏法師出生於一九三七年，因為嚮往佛法，十九歲時（一九五四年）出家。在慈濟創辦之初，一九六九年達宏法師偕達彥法師以同道情誼開始幫慈濟勸募，從慈善訪貧起步，慢慢帶動一批精進的慈濟委員。一手創立慈濟臺中分會，也是中區慈濟人暱稱的「臺中師父」（上人為「花蓮師父」），早年慈濟志業得以順利推展，如良田耕夫的達宏法師居功厥偉。資料來源：慈濟全球資訊網https://reurl.cc/Q6vmR5（二〇二一年十二月六日檢索）。

5 許淑禎，委員號一〇七號，法號靜傑，一九七四年授證。許淑禎和先生，年輕時在花蓮經營林務事業，早期證嚴上人在花蓮創立慈濟功德會時，她就投入志工行列，適後她隨著家業回到高雄，許淑禎在高雄落地生根、開枝散葉。早期上人行腳高雄，許淑禎都親自烹調清淡蔬食。資料來源：慈濟全球社區網https://reurl.cc/kLR0o9（二〇二一年十二月十四日檢索）。

6 在南迴鐵路通車前，尤其是民國七十年代（一九八〇年）以前，家用車不普及的年代，聯結東西部往來主要藉由南迴公路，一九五九年（民國四十八年），臺灣省公路局推出「金馬號」，車身左側綴有秋海棠鑴以金色馬匹浮雕一隻，為當時最舒適的客運車款。一九八〇年（民國六十九年），是金馬號營運的鼎盛時期，車輛總數曾高達四百五十八輛。資料來源：文化部國家文化記憶庫https://reurl.cc/2D5Rda（二〇二二年四月十二日檢索）。

7 靜思精舍位於新城鄉康樂村，是佛教慈濟功德會所在地，一九六六年（民國五十五年），釋證嚴法師帶領出家與俗家的弟子立下宏願，以慈悲、醫療、教育、人文為四大志業；經過多年的努力，善用各方募集的善款，創建慈濟醫院、慈濟醫學院、慈濟護專…等，並幫助無數貧病無依的大眾，援手甚至旁及大陸和世界各地，是臺灣經驗中最令人動容的一頁。資料來源：交通部觀光局https://reurl.cc/qO3OOp（二0二二年二月二十八日檢索）。

8 一九七七年七月賽洛瑪颱風形成後向西北西進行，抵巴士海峽時轉向北至北北東進行，於二十五日九時十分自高雄附近登陸，而於臺中港附近出海（暴風圈掠過全臺），由平潭附近登陸大陸。造成數十年來南部地區最重大災害，有人員傷亡、失蹤。資料來源：全球災害事件簿https://reurl.cc/XldWya（二〇二一年十二月十四日檢索）。

9 屏東發放結束之後，上人交代高雄的部分自己去訪視，準備一百萬去做補助。高雄開始自己來做，做好之後，整理完就回報，寄到、帶到花蓮，花蓮來做最後的評估。資料來源：涂茂興口述歷史。

10 一九七九年證嚴上人發起籌建慈濟醫院，歷經七年的籌建，一九八六年八月十七日，佛教慈濟綜合醫院啟業了。資料來源：證嚴法師法音集https://reurl.cc/M0AXam（二〇二二年月二十七日檢索）。

11 華東水災是一九九一年發生於中國華東地區的嚴重自然災害，也是中華人民共和國歷史上第一次大規模、直接呼籲國際社會援助的自然災害。一九九一年五、六月間，中國共有十八個省、自治區、直轄市發生水災。災害最重、損失最大的是遭到洪水侵襲的安徽省和江蘇省。據當時初步統計，兩地受災人口逾九千萬人，各項直接經濟損失金額約人民幣一百六十億元。資料來源：華東水災（二〇二二年五月一日）。載於維基百科。https://zh.wikipedia.org/zh-tw/1991年華東水災。

12 高雄慈濟的發展歷史，從早期來看，當時沒有任何的會所，都在組長的家聚會，你家我家都是慈濟人的家，在一九八七年之前，有四個組，集中在火車站的前站，也就是高雄市最早開發的地區，南高雄，一九八八年第一個共修場地，在鼎山街陳利雄師兄的家，一九九一年第二個聚會點，靠近愛河，在施清秀師兄的家，一九九四年高雄分會成立，在九如二路，一九九八年灣興街的新會所啟用，而到了二〇〇六年原址建立，成為慈濟的志業園區。資料來源：〈回眸來時路〉第七十八集https://reurl.cc/b2X90X（二〇二二年四月二十六日檢索）。

13 杜俊元，高雄慈濟志工，三九〇一號。也是矽統科技與華泰電子科技董事長，是事業有成的企業家。一九八八年太太楊美瑳因為了解慈濟的理念與志業，加入慈濟志工行列。兩年後，在太太耐心引導下，杜俊元也隨之走入慈濟。資料來源：慈濟數位典藏資源網，二〇一五年永續報告書https://reurl.cc/n1orvv（二〇二二年四月二十六日檢索）。

14 二〇〇二年（民國九十一年）底，高雄靜思堂工地動工，二〇〇六年啟用。於二〇二〇年一月三日揭牌，成為第一個獲得政府「環境教育設施場所」認證的慈濟志業場域。資料來源：慈濟數位典藏資源網《慈濟》月刊四六七期https://reurl.cc/41Qj8V。

15 出身宜蘭頭城農家的高雄慈濟志工林榮宗，苦讀考上台大醫學院，篤行力學成為高雄知名的醫生，他和妻子許雪娥都是慈濟委員。父親往生時，林榮宗力排眾議，將父親大體捐給慈濟醫院做研究；妻子許雪娥診斷出罹患膽管癌，仍舊把握時間勤做慈濟，二〇〇九年往生後捐出大體。資料來源：慈濟全球資訊網https://reurl.cc/d2GL6q（二〇二二年四月二十六日檢索）。

16 慈濟榮譽董事簡稱「榮董」。榮譽董事的產生，緣起於一九八六年八月十六日，慈濟醫院開幕前一天，證嚴上人為感恩捐款滿百萬元臺幣贊助建院的大德們出錢成就慈濟志業，特地頒發慈濟榮譽董事聘書。報真導正 有禮有理網https://reurl.cc/XjLjRD（二〇二二年五月十一日檢索）。

17 接受慈濟委員培訓之前，需先經過見習委員之課程，了解慈濟後才能參加培訓委員。

18 建設初期有委員發起「三十三天」的構想——即每個人以三十三個月圓滿一百萬元為目標，參與志業建設。資料來源：慈濟數位典藏資源網https://reurl.cc/558Yxz（二〇二二年五月十日檢索）。

19 王慧芝就讀臺灣大學人類學系四年級（一九九七年）時，接任「慈青全國總幹事」，二〇〇一年離開臺北的工作，投入慈濟任職。資料來源：慈濟數位典藏資源網https://reurl.cc/XjLmL7（二〇二二年五月十一日檢索）。

20 愛灑，美國九一一事件之後，十月十三日，臺灣慈濟發起一〇一三，一人一善遠離災難，愛灑人間運動，安撫人心。全球慈濟人藉由社區的茶會、祈禱，開始了按門鈴愛灑、好話一條街、好話滿街跑等活動，把愛灑在人與人之間，灑在天蓋之下，地載之上。證嚴法師 法音集https://reurl.cc/6ZNQr5（二〇二二年五月十一日檢索）。

力行菩薩道　愛灑南臺灣

陳榮慶（六十七號）訪談紀錄

訪談／賴睿伶、曹慧如

記錄／曹慧如、林如萍

時間／二〇一六年三月六日、二〇二一年一月十一日、四月九日、六月十八日

地點／屏東靜思堂（前三次）、電話訪問

【經典語錄】

做善事要有佛法，要有因果觀念，真正的慈悲要以智導悲，不能以悲導智，要悲智雙運。

【簡歷】

陳榮慶，一九四三年出生，居住於屏東長治鄉繁華村，家人對於佛法相當親近，種下他對佛經有興趣的種子，未來對佛法的知與行有自己的見解。一九七〇年他經由惟勵法師認識證嚴上人，一九七二年加入慈濟，一九七六年成爲屏東第一位慈濟委員。一九七七年賽洛瑪颱風侵襲臺灣，南部受創嚴重，他蒐集災民資料，與上人、慈濟委員一起勘災，舉辦發放；屏東鄉親看到慈濟發放井然有序，先後加入會員，同年慈濟於圓通寺成立屏東分會。之後他曾擔任分會活動組、精進組、榮譽董事副召等。二〇二〇年被診斷癌症第四期，配合醫師治療，癌症指數在四個月之內，恢復正常；在此期間面對生死，泰然處之，是他一生學佛行善最好的果實。

二〇一二年陳榮慶參與在屏東九如鄉的慈誠隊聯誼活動。（攝影／林美瑜）

我從小到大都住在屏東縣長治鄉繁華村，家裡是種田的，家境小康，有土地種、有房子住、有衣服穿，家裡有七位兄弟姐妹，我排行第五，一九四三年出生。以前政府沒有規定一定要入學，哥哥、姊姊們沒有讀書，父母親也不識字，家裡只有我和兩位妹妹有讀書，我雖然有讀書，但晚兩年入學。

佛性本具　一劇啟蒙道心

那時候屏東有很多甘蔗田，臺糖的火車會到村裡載甘蔗到屏東糖廠，放學後我去村莊裡載運甘蔗停放火車的車場玩耍，臺糖的火車開得比較慢，鐵軌旁邊也沒有圍籬；當時的小學生沒有用書包，都用布包著兩三本課本，纏在腰部；有一次我把課本掛在火車上，開始玩遊戲，等到發現的時候，火車已經開走，書也不見了；爸爸就叫我回家放牛，過了兩年才讓我再去繁華國校（今屏東縣長治鄉繁華國民小學）。

國小四年級時，學校辦活動表演《孟母三遷》，我飾演孟子。劇情有一段是孟子搬家到墓地旁邊，常常看到出殯的行列，他竟模仿喪事。應演出劇情需要，要演誦經、敲木魚。爲了演出，我向學過法器、課誦的二哥請教，接觸到繁華村裡的佈教所[1]和出家人，看到大眾對出家人的問訊、跪拜等禮儀，覺得出家人受到很多人的尊重，從此之後見到出家人就很羨慕。

演孟子後，我自發性地吃素，沒有人引導，這是宿世的緣，但爸爸認爲，小孩子正在發育，怎麼可以吃素。所以暗中在飯裡放肉，讓我再開葷，現在想起來，就是孩子的道心沒堅定、如露水。另外，我還記得一件事，小時候曾經用彈弓打鳥，打中後鳥掉下來，雖然小鳥沒有死，但突然心中很難過，往後一生就沒有直接殺生；其實人性是善良的，會很自然地起悲心，感到不忍。

之後，初中讀屏東工業學校（今國立屏東高級工業職業學校）土木科，畢業時十八歲，不久經由臺北表姊介紹，到北部製藥廠上班，一九六三年當兵。

家族佛緣深

我以前接觸過的出家人和道場，差不多都是傳統的佛教，拜拜、誦經、做法會等，我覺得這都不是自我修行；後來有大陸來的法師，才是爲出家而出家，也就是爲「了生死，脫輪迴」而出家，他們對佛法有造詣，才有解釋經文。

在我未當兵前幾年，高雄坔埔圓覺寺（今高雄圓照寺）的宏元法師來到屏東宣傳佛法，我媽媽和附近村莊的幾位老人家，在鄰村繁昌村幫他用竹編、茅草建設佛寺，名爲圓通寺。宏元法師是第一代住持，但才過一年左右就往生了，年長的信眾沒人帶也沒人教。

直到一九六五年初，我家附近的比丘尼介紹禪哲法師來擔任圓通寺第二代住持，他的師父是南投碧山巖的如學法師，禪哲法師曾經在高雄大社大覺寺安住過，在左營、右昌一帶有很多信徒。禪哲法師來到圓通寺之後，想建設佛寺，我媽媽和幾位老菩薩一起幫忙。

當時二哥開米店，我剛退伍、結婚，在家田裡工作，我的太太黃春蘭（靜耀）師姊跟圓通寺的法師們很好，尤其是禪哲法師的兩位弟子，叫做照聖與照賢，她們那時候還是學法女[2]，還沒有剃度。我們和圓通寺很熟悉，宿緣很深，太太臨時有事，女兒暫時請他們照顧也可以，而且禪哲法師出門常常要哥哥、我或太太陪伴。但是他來屏東後一年八個多月就往生了，那時還沒有救護車，是我和哥哥去醫院把他帶回圓通寺舉辦後事。

照聖、照賢將法師的骨灰送回碧山巖，被他們的師公如學法師留在碧山巖一年左右，但他們不適應碧山巖的生活，又回來圓通寺；之後他們想完成禪哲法師的遺願，繼續建設佛寺，就開始種花、賣花等工作。直到一九七〇年他們從佛經流通處林慶龍居士聽說，屏東東山寺東山佛學院教務主任惟勵法師[3]想在學期結束後，找一個地方真正閉關，等於學習修行。

照聖、照賢和林居士一起邀請惟勵法師，擔任圓通寺住持，我後來知道了也跟他們一起邀請，雖然當時法師沒有答應，但他從此與圓通寺結緣。幾年後惟勵法師幫照聖、照賢剃度，法號見慧、見靜，一九七五年圓通寺建設完成，一九七六年惟勵法師晉山住持。他眞正是一位行者風範，行如風，坐如鐘，立如松的行道者，深感佩服。

我其實比他們早認識惟勵法師，一九六八年我去高雄兵工廠工作，晚上到高雄佛教堂（佛教青年會）打佛七，有機緣聽到懺雲法師[4]講經，同時惟勵法師協助將國語翻譯成臺語，當時見到懺雲法師覺得很莊嚴，我兩年後皈依，法號淨牧。一九七〇年開米店的二哥身體不好，我回到屏東幫忙顧店，一天走在屏東中山路上認出惟勵法師，心想這位法師不是在高雄做翻譯，怎麼到這邊來？才知道他在東山佛學院當教務主任，之後就常常向法師請法。其實我與惟勵法師亦師亦友，我們都是皈依靈源老法師，只是我在家皈依，惟勵法師出家；亦師者，我跟法師學習放小蒙山及打地鐘，故稱師父。

另外，我們家與佛教的因緣很深，在我當兵的時候，兩個妹妹去東山寺準備出家，幾年後受比丘尼戒，法號天覺師、天若師；當時是東山寺住持爲了建塔，到家裡來勸募時的因緣。我結婚後不久，媽媽也去東山寺，幾年後剃度，法號圓

屏東縣長治鄉圓通寺，一九七七至一九九一年慈濟功德會借用此地作為屏東分會會所。（圖片／陳榮慶提供）

惟勵法師（左二）、陳榮慶（左一）、黃春蘭（右二）約於一九八〇年代，在高雄大社的寺廟留影。（圖片／陳榮慶提供）

哲。我很祝福他們！媽媽在娘家是最小的女兒，生活過得不好，所以想出家；而我大妹在畢業出社會工作後，見到家庭中的妯娌、夫妻、婆媳沒有人是快樂的，不知煩惱到幾時結束？覺得嫁人好辛苦，也想出家。其實家是煩惱的繫縛所，人皆爲情執所害，出家念佛輕安雜念少。

我也有（準備）出家過，在我大女兒出生不到一歲時，偷跑到靠近嘉義市的白雲禪師那裡，但禪師看我跟家人感情很好，就說不行，要我回去，歷時一天一夜。其實我自從小時候演《孟母三遷》後就一直想出家，可能我過去累世種到佛緣種子比較多，今世的社會沾染較少，喜歡靜靜地打佛七，思考有關生死的問題，就自然而然對佛法產生好感，對佛法很好樂、嚮往，覺得出家很殊勝。

佛法相契　受證同受戒

過去惟勵法師和上人在基隆八堵海會寺認識，一九六四年惟勵法師在那裡協助舉辦結夏安居[5]，上人剛出家，在海會寺結夏安居。所以惟勵法師講到上人就讚歎，一位比丘尼有悲心、專注、精進，少有！他談起上人成立克難慈濟功德會成立的因緣，很讚歎！

一九七二年我跟惟勵法師在圓通寺打佛七，順便結夏安居，這當中法師介紹上人比較詳細，我常常去圓通寺走動，所以越來越了解。同年上人來拜訪惟勵法師，我剛好在旁邊，這是第二次見到上人[6]，我覺得上人嚴肅端正，有無內涵講話就知道，望塵興嘆。

上人那時談濟貧，說屏東尚無委員，希望有人能協助照顧戶，隨師的師姊不忍上人勞苦，對上人說，不要，太遠了！做不完負擔艱鉅……我就隨興說：「人有分東西，佛性沒有分南北。」上人就聽中這句話，認為理念相近，就邀請我加入。我問，加入需要甚麼條件？當時上人說，來做慈濟是以「以佛心為己心，以師志為己志」，精神就是要幫助苦難人，真正的菩薩是一心為苦難眾生。那時候我就答應加入慈濟，領黃色勸募本，幾年後成為委員。[7]

一九七二年，我媽媽在東山寺受出家戒，兩位妹妹受比丘尼戒，我受在家菩薩戒。受戒是一般佛教徒講的受戒，接受佛教在家出家依循戒律；慈濟委員受證是上人開創的慈濟人間菩薩道[8]，兩者當然不一樣；不過以佛教內容來講，受菩薩戒就等於慈濟人行菩薩道，義理同，名詞有異。因爲上人是帶我們這些慈濟委員走入民間困苦的地方，幫助有困難的人，菩薩的定義就是願眾生得離苦；菩薩悲憫眾生苦難，看到眾生離苦就很歡喜，所以慈濟委員等於眞正行菩薩道，眞正去做布施，實行四無量心——慈、悲、喜、捨。

所以我非常感恩上人創立佛教克難慈濟功德會，才能實際行戒，對境練心。慈能予樂，悲能拔苦。喜眾生離苦得樂，捨一法不著，亦即付出無所求，還要感恩。滌除眾生俱生煩惱，萬緣情執能越來越淡，才是學習持戒主要目的。否則一般受戒後，大部分依形式，甚少實質。故云末法億億人修行，罕一得度矣。

證嚴上人（右）蒞臨圓德寺拜訪圓哲法師（左）。（圖片／陳榮慶提供）

勘災領悟濟助精神

我加入慈濟後，首先開始募款，先從親朋好友開始收款，我媽媽幫忙從東山寺信徒募款。這當中也和見慧師一起訪視，個案通常是村幹事提報，他們最清楚村民的情況，那時錢和物資是由花蓮的慈濟本會郵寄來，我騎摩托車帶見慧師或太太靜耀師姊一起送物資、收會費。那時候屏東委員只有我一個，會員也很少，直到賽洛瑪颱風[9]之後才增加。

一九七七年八月賽洛瑪颱風襲臺，當時附近村莊的屋頂，鐵皮的、石棉瓦的都被掀翻，樹被連根拔起，屏東女中（今國立屏東女子高級中學）的圍牆也倒塌。颱風來的時候上人在花蓮，惦記著這次颱風非常嚴重，他對這裡不熟，希望高雄涂茂興師兄和我，趕快彙整資料做勘災準備。那時災害很廣，但慈濟會員很少，為了調查謹慎，上人寫信特別提醒我，一塊錢、一毛錢都不能隨便用，救濟要拿捏得很謹慎，該幫就幫，不該幫就不幫。

我想屏東地那麼廣，又那麼嚴重，怎麼辦？我與見慧法師先去最嚴重的萬丹鄉，拜託鄉公所，說：「要救災，希望能幫忙，是否可以提供資料？」那時候講

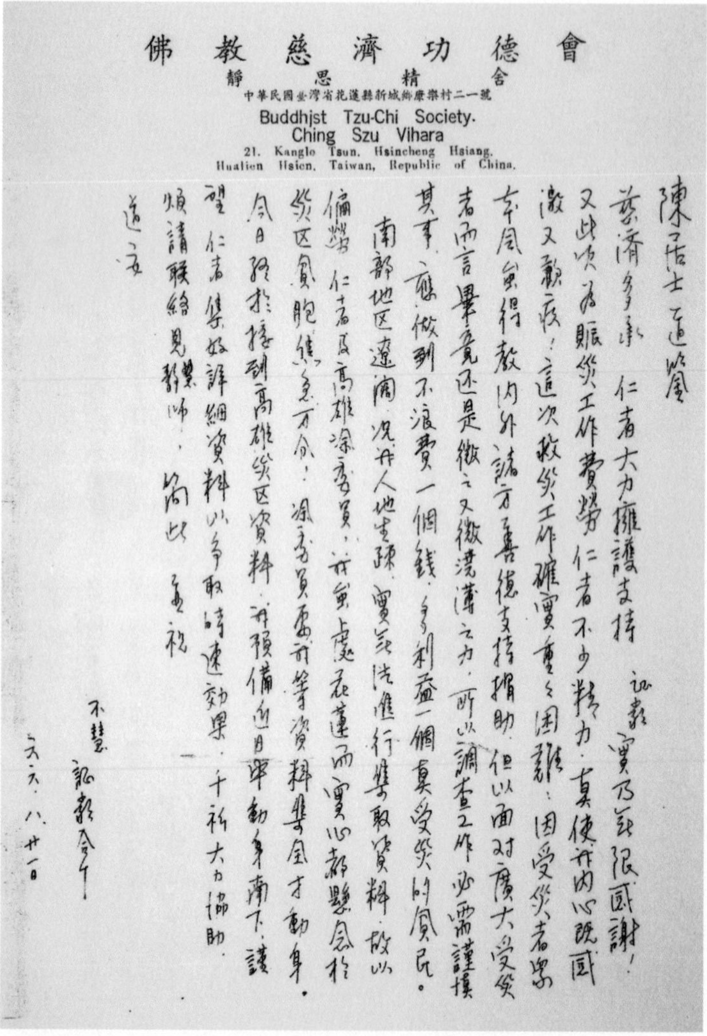

佛教慈濟功德會
靜思精舍
中華民國臺灣省花蓮縣新城鄉康樂村二一號
Buddhist Tzu-Chi Society.
Ching Szu Vihara
21. Kanglo Tsun, Hsincheng Hsiang.
Hualien Hsien, Taiwan, Republic of China.

陳居士道鑒
慈濟多承　仁者大力擁護支持　證嚴實乃無限感謝！
又此次為賑災工作費勞仁者不少精力，真使我內心既感
激又歉疚！這次救災工作確實重重困難；因受災者眾
本会只得教內外諸方善德支持捐助，但以面對廣大受災
者而言畢竟還是微之又微涓滴之力，所以調查工作必需謹慎
其事，應做到不浪費一個錢，多利益一個真受災的貧民。
南部地區遼濶，況我人地生疏，實無法進行集取資料，故以
偏勞　仁者及高雄涂委員，我雖處花蓮而實心都懸念於
災区貧胞焦急萬分！　涂委員處前寄資料集全才動身。
今日始於接到高雄災区資料，我預備近日舉動身南下，讓
望　仁者集好詳細資料以爭取時速效果，千祈大力協助。
煩請聯絡見靜師，　簡此　並祝
道安
不慧　證嚴合十
六六、八、廿一

一九七七年八月二十一日，證嚴上人寫信委託屏東委員陳榮慶，請他蒐集屏東地區的賽洛瑪颱風受災戶資料。全文詳見於左頁。（圖片／慈濟基金會提供）

證嚴上人指示調查賽洛瑪颱風屏東受災戶信函

陳居士道鑒：

慈濟多承　仁者大力擁護支持證嚴實乃無限感謝！又此項為賑災工作費勞　仁者不少精力，真使我內心既感激又歉疚！這次救災工作確實重重困難；因受災者眾，本會雖得教內外諸方善德支持捐助，但以面對廣大受災者而言畢竟還是微之又微澆薄之力，所以調查工作必須謹慎其事，應做到不浪費一個錢，多利益一個真受災的貧民。南部地區遼闊，況我人地生疏，實無法進行集取資料，故以偏勞　仁者及高雄涂委員，我雖處花蓮而實心都懸念於災區貧胞，焦急萬分！涂委員要我等資料集全才動身。

今日終於接到高雄災區資料，我預備近日中動身南下，謹望　仁者集好詳細資料以爭取時速效果，千祈大力協助。

煩請聯絡見慧、見靜師。簡此　安祝

道安

不慧　證嚴合十

六六、八、廿一日

慈濟沒有人知道，講得口乾舌燥人家也不知道，解釋很久。最後他們答應要提供資料，首先提供是「一級的貧戶」，第二房屋全倒，第三是人員有損失往生、重傷，或房子半倒，先從這三項下手；那時我先蒐集資料，還沒有去勘災。

這是我第一次勘災，對重災沒有經驗，上人親自來帶領，那時候兵分三路，請村、里幹事引路，因爲村裡面家庭的大大小小他們都知道，重災戶他們手中都有資料，包括萬丹、新園、屏東市、九如、長治及麟洛等地，當時上人擔心要十五個工作天才能勘災完，結果只用四天，我感覺到現在慈濟救災五個原則[10]的重點、效率、直接都有做到。

上人來勘災的時候，每天早上大約六點多就吃飽，尚未七點就出門，去到鄉公所大約七點多，我們尚未八點就在等村、里幹事上班，跟他們一起去勘災，中午就借萬丹鄉玉林禪寺用餐，住持天禪法師跟我妹妹是同門師兄弟，東山佛學院的高材生；下午繼續勘災到幹事五點下班，大約六點再回來圓通寺，晚上檢討那天看到的災情。那時候看屋損戶、受災戶，上人和我都是將他們的名字、受災情形記在腦子裡，回來再討論個案狀況，例如米送多少？有沒有需要長期照顧？然後做紀錄下來[11]。

記得有一件事，勘災第三天大家在長治鄉公所外，等待村里幹事上班，到八點了，我和別的委員心裡著急，就說，怎麼這樣？爲何到八點了，這些上班的人還沒來？上人輕輕地說，又沒有人要你來，是你自己要來的。[12]

聽到這句話我才想到，一般社會對待災難時的處理方式與我們不同，慈濟人就是爲苦難眾生而來，希望眾生趕快離苦，所以起心動念就跟人家不同。這讓我對上人更感佩，自己心態也調整，「菩薩是不請之友」自願的，沒有人請我們來。

發放帶動成立屏東分會

賽洛瑪颱風的受災戶萬丹鄉比較多，所以先在比較接近災區的東山寺發放，但長久的發放地點選擇那裡不適合，會影響佛寺裡的執事無法做事，而且離我家米店比較遠，我送白米去東山寺，如果沒領完的就沒地方放，那些米又要搬回來；有些人的時間不能配合，有時候隔天還要再搬米過去，比較不方便。十二月，上人叫我選擇地點做長期發放，我們得到惟勵法師同意後，開始借用圓通寺成立屏東分會，發放地點也改爲此地。[13]

每個月發放日的活動，由見慧師、見靜師和我敲鐘鼓，帶動感恩戶誦經念佛，偶爾是見慧師帶動，我會向他們講生活戒律，改掉不好的習氣，例如抽菸、賭博、喝酒等，一九八三年之後主要由見慧師的弟子法明師講，然後再一同用餐，按照名單發放；感恩戶領到發放後，就會來家裡米店量米。米店附近有屏東客運的站牌，感恩戶大多坐公車來，先到圓通寺領發放，然後走到米店量米，再坐公車回去。靜耀師姊早上在圓通寺準備好餐點，然後趕回家中米店，等待感恩戶來量米，有時候小女兒或兒子在家也會幫忙。那時感恩戶都是在圓通寺領發放單，在我家米店量米，冬令救濟發放時，米才送去那裡。

發放標準是以一戶人口與年齡合起來評估，米是一人一斗或五人三斗；慰問金每戶每個月最多三百元，那時候軍公教一級主管一個月才六、七百元，錢是足夠的；而且冬令救濟的發放，有全新的衣服、家庭用具等。雖然當時發放那麼多錢，上人從沒有講過經濟有困難，以前沒有人知道慈濟，我們的勸募有限，所以調查要很慎重，一元要當很多元用。

屏東分會早期每月發放日，陳榮慶於圓通寺發放救濟金給照顧戶。（圖片／慈濟基金會提供）

一九八三年屏東分會發放日，證嚴上人（站立者左）蒞臨圓通寺，陳榮慶（站立者右）正拿著麥克風主持。（圖片／陳榮慶提供）

另外在圓通寺發放，也是三寶俱足，有出家師父講佛法，有佛像可以讓師父帶領感恩戶到裡面禮佛。有一句話，「念佛一聲，福增無量；禮佛一拜，罪滅河沙」，最主要的是，他們現在貧窮，身體不好，需要人幫助，但他們不會永遠貧窮，未來能夠有改善的一天，所以我們要教育。《無量義經》有云：「苦既拔已，復為說法。」讓他們得到佛法與知識，如：抽菸、喝酒、賭博等三樣就是貧窮的大因。所以很多感恩戶從我們每個月發放，得到很多做人做事的道理，改變不好的習氣，這是慈濟做慈善很重視的地方。

曾煥英師姊（靜嫻，現在是元慧法師）是我的幕後，她的先生是邱維生醫師，她提到邱醫師好像對義診方面有意願。我就去找他說，慈濟本會有借用花蓮仁愛街的房子，設義診所，屏東這邊不妨也來辦義診。他一口就答應了，所以從一九八五年五月開始，圓通寺發放日，下午有義診。邱醫師負擔義診相關的費用，約定一個月不超過兩萬，超過的時候再來向本會申請，結果他從沒申請。

現在屏東分會[14]這塊地是邱醫師於一九八八年捐贈，在剛開始規劃的時候，上人就指定蘇金柱（靜理師姊的先生）、王龍轉、陳也春、涂茂興和我等做籌建委

一九九一年證嚴上人（左三）、慧潤法師（左二）、依道法師（左一）和陳榮慶（左四）一同邀請屏東佛教會理事長本化法師（右一）、秘書長李居士（右二），蒞臨屏東靜思堂落成典禮。（圖片／陳榮慶提供）

員。由慈濟營建處提供藍圖，我們比較知道這個地方地性，建議地基要拉高，才不會灌水進來。經過一年八個月的建築，一九九一年很順利地如期完成。

另外，在建設屏東分會差不多同時間，我也幫那時候住在屏東市民學路的兩位師伯——慧潤法師、依道法師建立佛寺，就是現在的法雲精舍。一九八七年左右印順師公認爲他們已經學業有成，要他們另外找地方弘揚佛法，兩位師伯預計在屏東，上人知道這件事，建議他們來找我協助建設佛寺。那時候我陪師伯找地，找了快兩年，找到地之後，一九八九年動土；另外我請林純瑛師姊介紹建築方面的師傅協助，我也介紹人去親近師伯，其中有一些同時也是慈濟人。屏東靜思堂與法雲精舍正在建設的那幾年，我常常兩頭跑，在眾人的幫助下法雲精舍一九九一年落成。

慈悲濟貧也需要智慧

那時上人差不多半年來一次，賽洛瑪颱風的受災戶很多，要做長期的發放和幫助，首先我會規畫路線怎麼走，比較順利，也比較不浪費時間。出門都要帶師公飯，我太太會準備，有時候圓通寺的師父會準備，師公飯有一點鹹；那時候吃素食不容易，節省時間，因爲上人分秒必爭，才不會漏失。

上人親身帶領我們去探訪個案時，非常的平等，眞的慈愛眾生，不忍眾生苦，一路引導我們。有些個案案主會說謊，會製造很苦的事情，一起出去的師姊就去開冰箱、看米甕。回來後上人開示，我們要尊重，眾生皆是平等，不可以這樣行事，傷到人家的自尊，菩薩做事要很注意。

依佛教來講，慈悲平等觀，眾生皆平等。所以菩薩到的地方是讓眾生沒有恐怖、憂惱，可以得安樂，這才是菩薩道所要走的精神、理念和行儀。照顧戶家庭暫時受了因緣果報，目前比較窮，經過幫忙、教育，總有機會翻身。

有個個案家庭住在屏東高樹鄉，父親是肺病，以前肺炎很容易傳染，而且子女年紀都很小，衛生如果沒有注意到，未來也會被傳染。上人說，這個家庭要從孩子先做準備，先讓孩子與父親暫時分開生活，可以找親戚先投靠，然後案主我們來補助。

身爲委員可能不會想到如此周詳，我們可能直接給案主補助，就沒有後續。因爲我們都是初發心菩薩，忍辱未就，智慧沒開，都用感情來行事，爲了慈悲、愛心就直接投入，變成爛慈悲！

另一個個案是一九八七年，是一對母子與婆婆住在一起的單親家庭，我們幫忙她很多，但負責的委員每一次去訪視都見不到人。靜耀師姊覺得奇怪，問這位委員，聽說鄉公所沒有通過她的子女學雜費補助，爲什麼我們還要幫忙？委員說，媽媽可能出去工作，是不是因爲有工作，鄉公所不能幫她？所以就拜託鄉公所調

上人親自指導陳榮慶關懷的個案家庭，居住於屏東高樹鄉，因父親得肺病有傳染性，孩子們先寄住於親戚家，慈濟功德會再給予補助、關懷。（圖片／陳榮慶提供）

一九九三年七月二十四日，陳榮慶訪視居住於屏東仁愛之家的個案。（圖片／陳榮慶提供）

查，才知道補助不通過，是因爲她的銀行存款有二百多萬。

在尚未調查前，這位委員曾經說過，這一戶如果我們沒有去幫忙，她就不要做委員！因爲個案的婆婆是佛教徒，委員也是，她們在相同的寺院一起拜經。去調查後，委員雖然接受結果，但也啞口無言。所以委員需要教育，不能只用感情，做善事也要有佛法，要有因果觀念，慈悲眞正要以智導悲，不能以悲在前面。

佛法指引行善之道

眞正榮幸可以接觸當今的善知識[15]做我們導師，上人是我們的導師，我們初發心，就像孩子剛出生沒多久，一定不可以離開母親，走路還搖搖擺擺，走路還不穩，需要父母的扶持；就像鳥剛出生，翅膀還沒有硬，在樹枝上一枝一枝跳，等待翅膀硬，就可以自己發揮。初發心菩薩未能分辨是非，邪正都還不了解，所以必須要親近善知識，不能離開善知識。

記得曾經有一個個案，需開刀矯正脊椎，我們慈濟已告知要補助她，但她有驕慢的習性，對人的態度不好，接洽的委員心生煩惱，回報花蓮本會，想改爲不補助。因爲我沒有在場，上人寫信來要我去多了解一下，信裡上人引用《法華經・法師品》：「大慈悲爲室，柔和忍辱衣，諸法空爲座，處此爲說法。」指導我處理這件事的原則。

我們菩薩要怎樣入慈悲心？佛來人間就是來度無量眾，來幫忙眾生，這要修六度[16]，包括：布施、持戒、忍辱、精進、禪定、智慧。其中忍辱度最要緊，所以菩薩要成就一定要從忍辱先開始。古德云，忍辱第一道，先須除我人。

既然是慈善單位，就會遇到剛強的眾生，眾生剛強難調難伏[17]，我們要如何完成菩薩道？一定要入「無生法忍」，無生就是一切法本來就無生，應無所住而生其心。上人的那封信也提到說，我們是誠正信實，既然已經答應人家了，就是要做，不要只看

一九七六年十二月證嚴上人率領花蓮與臺北委員進行全臺貧戶大複查，陳榮慶引領證嚴上人訪視他提報的第一個個案——朱級阿嬤。（圖片／慈濟基金會提供）

個案的態度不好，講粗語是她的過錯。我們菩薩就是因爲遇到境界，才知道道心有沒有辦法繼續，所以忍辱道理要精進，忍辱非常重要。

這經文是整個菩薩道的中心，作爲菩薩是否能夠非常快樂地來到娑婆世界？遇到挫折是否能夠參透？彌勒菩薩請問世尊，我們這些菩薩數百位，歷無數劫來行菩薩道，爲什麼到現在仍然不能成就不退轉而得解脫？

就是不見他人過，不要求人家的過錯！世間人和人（誰）無過錯？咱們要自己求，不要求人無過失，也不要舉人的罪，不要說人的罪，離粗語慳吝，是人當解脫；因爲大家都是凡夫，照顧戶、委員、會員都一樣，每一個人的觀念思想不同，理念比較相同，正向的就學習，理念偏差的就要警惕。

比如說我有一位會員，他報個案來，說這案主欠他錢，要我們趕快補助個案，他就可以拿回借款。但我調查後，知道個案不符合條件；他就說，慈濟若不補助，他就不交功德會會費了。之後他眞的就不交了。但我不能因爲他交功德會費就通過（補助），這樣我就誠正不實，不可也。

還有一個個案是鄰居，我知道他的生活習性不好，有時喝酒、有時抽菸，村內大家都知道；我們一個月補助他的錢都花費在菸酒上。之後，我告訴他：「一定要改，如果不改，補助款都拿去抽菸喝酒，我就幫不上忙。」結果他還是不改，我就停止（補助）了。他很生氣，後來就不跟我打招呼，本來我們感情很好的。但我想：「這就是眾生嘛！」

「大慈悲爲室，柔和忍辱衣，諸法空爲座，處此爲說法。」這四句是學佛的精華，如果做到，就六度圓滿，就成佛了，慈濟的菩薩道就是這樣。法師是如來派來的使者，所以能夠依照《法華經》落實，是能入阿耨多羅三藐三菩提[18]，諸法實相。而法身大士[19]絕對不會遇到任何困境而退轉，所以學這四句才是眞正的善行、善道、善來菩薩道，這四句如果不落實，你就是不善行菩薩道。

智慧用善款不浪費

恆春原本就有一個慈善單位是住定法師的菩提救濟會[20]，類似於一般社會的慈善團體，政府那時獎勵宗教寺廟團體做慈善救濟。菩提救濟會成立一段時間後，幫助的家庭越來越多，資金不足，所以寫信去慈濟。上人都用匯款的，很信任，因爲都是出家人。剛開始由他們的信徒去發放，我們沒有直接去發，沒有辦法直接核實看到他們的個案。

經過幾年後，一九七六年恆春分會成立[20]，當時雖仍由救濟會發放，但我們慈濟有發放名單，慈濟會三個月複查一次。因爲救濟會沒有定期更新個案資料，因此記載跟我們看到的不太相同，所以刪掉很多；之後才由我們借他們的場地——恆春龍泉寺，直接發放。我們慈濟發放要誠正信實，需要去核對事實，落實救濟的意義。

有個個案，我們在幫忙的期間，是屏東菩提救濟會也去，基督教（組織）也去，甚麼宮廟也去。經過幾年後我們訪查，問他，你的身體好了，爲什麼不找工作做？那位年輕人不敢講，走進去門裡，他的媽媽走出來說，他還沒找到工作。我們是幫助一個人眞正困難的時候，如果稍微恢復了，就要找工作做，他卻在家不找工作了。我又問，到底有多少單位幫忙？她不敢講。後來我去打聽，原來這戶有七個慈善單位在救濟。

有七個慈善單位在幫這一戶，所以太多單位救濟，往往善事變惡事。爲善競爭卻帶來負面效果。慈濟有佛法、有因果觀的精神，在調查中就不會隨意。慈悲太多是禍害，因爲沒有智慧，所以我們跟著上人做，就有智慧，才做到這樣。

另外，屏東慈善單位多，還有家扶基金會，他們（扶助對象）都是單親，對個案很保密。有一天我找他們主任說，我們都是慈善心要幫助困難，但資訊不交流，若個案養成懶惰習慣也是我們慈善單位害的。我這樣講了之後，他很認同。所以我們通過補助後，（扶助對象）名單互相知會，才不會造成重複補助，浪費善心資源。

佛法廣傳遍高屏

一九七三年我拿到勸募本後就開始勸募，從親友團開始，在東山寺出家的母親也幫忙招募會員，那時候包括天覺法師、天若法師、見慧法師、禪哲法師的信徒等，都是我在收，第一個月大約六、七百元，每個月都要拿到郵局去劃撥。

一九七七年賽洛瑪颱風之後，開始每月發放，四周民眾看到我們發放用心，就越來越多人加入慈濟。丁玉柱師兄是東山寺的信徒，也有參加別的慈善團體，他看到慈濟有照顧戶，就親自去看看是眞的還是假的，因爲以前徵信資料有寫個案的姓名、住址。丁居士確定是眞的之後，找到屏東分會，慈悲一生不退轉。

我大約帶出三十七位委員，從高雄到恆春都有，幾乎是透過慈善認識慈濟，到現在都還有互動。剛開始委員增加得很少，一九七八年只有我一個委員，一九七九年在屏東市才三、四位要做善事，都是我媽媽從東山寺邀約進來成爲會員，後來陸續再當委員，有靜行（陳滿，慈濟委員號一百五十二號）、靜理（蘇黃招花，慈濟委員一百四十六號）、阿月姑、錦姑（二百多號）等，還有蕙芳也很早。

有一些住在屏東市的會員，會來我家來泡茶，聽我講佛法，像海豐里的胡進義夫婦、湯丁球師兄常來我家，還有公館里圓德寺的陳進興，都會來我家共同學法、聽佛法。住在比較遠的會員，我每個月去收功德款時，會傳上人的法或是傳達會務訊息，因爲以前交通不方便，也沒有大愛臺，很少有機會能聽到上人說法。

大約一九八〇年代左右，有一位屏東建築業的師兄，以前「五專」差不多都具足，而且有外遇，家裡相當破裂，他的師姊聽說有慈濟團體的某位師兄，佛法修行還不錯，要他來多親近。爲了那位我帶了很多年，帶他去南投蓮因寺打佛七，也帶來慈濟，最後我把他引介給法雲精舍的依道師伯、慧潤師伯，他最後皈依法雲精舍，他的師姊常講這個家庭是我拯救的。

我都是委員介紹會員，會員再介紹，這樣搭起來，像是車城國小許秀良校長帶出來他的太太許王松惠師姊；屏東市的鄭雅方師姊[21]，是丁玉柱師兄帶出來的；王龍轉師兄是跟我同村的水電師傅，他的客戶是鹽埔慈濟聯絡處負責人鄭美人師姊；另外劉麗珠師姊帶她的哥哥，高雄市大寮區劉芳榮[22]師兄。

東港鎮的洪郭桂美師姊，一九九〇年之後才受證，也非常精進。她以前對佛教有誤解，很排斥；她的姊姊住在臺中太平，小孩子生病，生活很辛苦，但卻拿錢（捐款）給華雨精舍，郭師姊聽到覺得很生氣。但是後來師姊打聽到，當時印順導師、慧潤師伯和依道師伯都在太平華雨精舍，有拿錢照顧姊姊女兒的醫藥費，並且如同家人般的關心她們，知道來龍去脈後，非常慚愧。

另外，增加會員的方法還有帶他們回花蓮，屏東第一次慈濟列車[23]是一九七八

一九八四年三月十八日，陳榮慶（左二）帶屏東當時的會員王龍轉（左一）拜訪靜思精舍，與證嚴上人（右一）座談。（圖片／陳榮慶提供）

一九八五年臺南、高雄、屏東委員聯誼會，眾人與證嚴上人合影（左到右）陳滿、曾煥英、邱淑慈（靜誌）、蔡兆蘭、楊瑞梅（後排左）、靜耀（後排右）、蘇黃昭花（靜理）、劉金菊、黃棲、蔡定月（靜珏）、張金英，除了邱淑慈之外，都是陳榮慶帶出的委員。（圖片／陳榮慶提供）

年，我有帶會員，讓他們在精舍打佛七，見上人。之後有靜慮（江玉珮，慈濟委員第七十號）師姊、靜誌（吳邱淑慈，慈濟委員第一百七十五號）師姊，她們也加入帶車行列。

家裡的人都說，我帶慈濟列車，出去有聲音，回來沒聲音，因為一路介紹，說話八個小時都沒停，那時候我常常喉嚨聲帶受損很多。後來屏東分會人比較多，就有分交通組等，各組分工帶動。

那時候我開九人座的車，偶爾快到出發前，臨時出現要去花蓮的人，讓整臺車座位坐得滿滿的，便當當然就不夠。以前要吃素食也不是很簡單，必定要分攤，我們委員三個人吃二個便當，七分飽也是足夠，不損其身。

打破貧病循環的醫院

一九七九年上人就有凝聚建花蓮慈濟醫院的構想，一般的家庭，大部分是因病而貧，一個家庭的支柱如果病倒下去，無法醫療，小病變大病，那就拖累全家，所以我們需要醫院。

上人的理念是正確的，不要說是眾生，就算是修行人，也會因病失去信心，退道心的很多；我們一些資深委員因爲病，覺得做善事沒有用處，而離開慈濟這個團體，這值得委員警惕反觀。

一九八〇年時，上人爲了籌備醫院，和我拜訪屏東好幾個道場，尋求諸山長老的支持，有幾位贊同但無付出行動，當時上人眞的很孤單。反過來我們慈濟委員覺得，這是可以救人的工作，都很想趕快幫上人完成，奮不顧身地趕快勸募。我和委員也常常跑會員家裡，介紹慈濟精神和上人理念給他們，常常爲了勸募，一個禮拜跑好幾天。一九八三年我帶四、五個連號的委員出來；也曾提供時鐘與電風扇，去參加臺北空軍官兵活動中心的義賣，還有醫院兩次動土，我都有去。因爲上人說，從現在開始要穿布鞋，要跑、要衝，要找資源。

花蓮慈濟醫院在一九八六年（八月十七日）正式啓業，但我們慈濟卻已經有心理準備——每年要虧損六千萬。因爲上人跟醫生說，我們是救人的醫院，不用思考成本，藥都是最好的，盡量縮短病人住院的時間；所以醫院必定會虧本，不比一般的醫院。

雖然醫院硬體建好了，還有軟體設備，爲了使未來正常營運需要，要勸募更多榮譽董事。最初說榮董是一年之內要勸募一百萬，這在二、三十年前不容易，所以預計若勸募一位榮董，就在醫院旁邊種一棵樹，雕刻捐榮董者的名字與事蹟，一同註記，這個計畫後來沒有實現。那時候我曾經向上人提議，有一位很發心的榮董，想布施檳榔苗，可以增加收入，又可以美觀。因爲當時種檳榔樹一分地可以栽培一位大學生，一顆檳榔漲價到二、

一九八〇年上人為籌備慈濟醫院，蒞臨屏東，陳榮慶載上人返花，路經臺東鹿野，上人重遊舊地感慨萬千。（圖片／陳榮慶提供）

三十元，一分地可以種二百棵，一年的收入不得了。而且醫院地這麼寬，人行道兩旁都種檳榔樹，開花的時候，好香，樹幹又很直，那時候檳榔苗很貴，要近百元，七十、八十元。但上人說，不要，出家人注重「四威儀」。從此種檳榔賺錢這件事情，我就沒有再提起。

實踐中增長智慧

一九九一年屏東的靜思堂成立後，我陸續承擔活動組、精進組、屏東榮董副召和組長等，那時候辦活動的時候，我常常講話，在精進組也是，那時候在精進組助念，不像現在念四小時，有時候要念到深夜，而且小琉球、恆春到處去，就像人家說的「扛棺材，兼卯哭」（臺語，除了扛棺材之外還包辦哭泣，比喻為身兼多職），助念、告別式、講話樣樣都要做。後來二〇〇一年「小組關懷，多組活動」之後，組長換人，我就換成協助的角色，沒有講話，封麥（克風）了。

之後臺灣賑災我也有參與，賀伯風災[24]的時候，屏東霧臺鄉好茶村土石流很嚴重，有幾位往生者，我第一時間帶著五、六位師兄姊去勘災和發放，但一路上非常危險。上人說，這是一個警惕，隨機教育。以後（土石流）第一線慈濟人不能去，我們不是救災人員，我們是第二線支援。這是個好機會，沒有得到這個經驗不知道，所以經一事、長一智，慈濟是這樣走過來的。

像九二一地震，我們屏東也有人去臺中，不過我在屏東協助調度屍袋，在臺中工作的女兒打回來說，到處都找不到，我從屏東莊勤英師姊的弟媳（住東港）那裡調。一個月之後，爲了希望工程籌款，陳鵬飛院長和我一起帶屏東榮董去參訪，到臺中跟師媽

一九九六年賀伯颱風來襲，屏東分會得知霧臺鄉好茶村發生土石流，陳榮慶即帶領志工前往關懷。（攝影／戴敦仁）

一九九九年十一月七日，陳榮慶（右五）為了籌募九二一希望工程款，帶領屏東榮董去臺中參訪；師媽（右四，證嚴上人俗家母親）在豐原接待眾人。（圖片／陳榮慶提供）

陳榮慶（右側執麥克風者）於屏東榮董聯誼會講話。（圖片／陳榮慶提供）

（證嚴上人的俗家母親）會合，一起募款。

納莉颱風[25]的時候大愛臺還在南港，淹水把（地下室片庫）錄影帶都弄壞了，（地下室淹水太深）他們的抽水機都沒辦法發揮。我們有榮董專門做深水馬達，我跟洪宏志師兄找方文哲榮董談救災之事，他捐八臺深水馬達，洪宏志師兄與其他師兄送去臺北，當時除了抽大愛臺的水之外，也解決附近學校的難題。

莫拉克風災[26]時，屏東這邊非常嚴重，我有帶臺北的一些幹部去東港、林邊勘災，那時候高樹鄉的大津、里港、高屏大橋封鎖，我、戴敦仁[27]老師有去現場，封鎖期間不是慈濟人不能去，慈濟人那時候有幾次經驗，比較注意要保護自己的安全，然後慈濟人分批到各醫院關懷。

調和身心　學習作菩薩

上人是一位自我要求很嚴格的人，一級堪忍！這世間「諸苦盡從貪欲起」。發放時候所煮的香積[28]，讓會眾和照顧戶先吃，然後剩菜、不好的都是裡面自己吃，這眞的找不到了。另外，一般出家人都是受供養，傳統佛教都是這樣，但上人就是這麼突出，繼承百丈禪師[29]「一日不做，一日不食」的精神，值得讚歎、學習。

上人的求學、求道心很強，眞正落實出家人的本分，是眞正爲佛法而出家，信、願、行三者具備。首先，理解並能講說《法華經》的人很少；眞正的菩薩是深信因果，發菩提心、讀誦大乘，爲人演說，這些上人都具備；第二，實行五戒[30]、十善[31]，例如孝養父母、奉事師長、慈心不殺、修十善業等。上人理解經典又能付諸實踐很罕見！解與行二者具備是國之寶也！

我曾受菩薩戒，那時候正在學過午不食，準備結夏安居，本會午齋時上人叫我去用餐，我原本不想吃，上人說，你來吃，有罪我來爲你擔！我覺得上人意思是，不要執著！菩薩主要治心，治起心動念；不要被困在威儀、戒條、身形等框架，要重在治心。慈濟委員受證如同名字菩薩[32]，如果不改習性，永遠落在名字菩薩。我向委員鼓勵共勉「名字委員」，曾經有委員問上人，我們念佛要求生西方，師父您往生要去哪裡？上人回答，去地獄，守在地獄。以我的解讀，我們「慈濟十戒」就是守在地獄門前，做委員、慈誠假如「慈濟十戒」沒有守，上人也沒辦法，自然有閻羅王在那邊等你。

我修行最主要的目標是心淨！希望能圓滿菩提，歸無所得；無上菩提，成佛！我可能不是出家的那塊料，因爲我的道心沒有辦法勝過習性，還會起心動念，要不斷調和自己的心。所以說，我們是在學習的菩薩，上人眞正是乘願再來的菩薩；我們還是凡夫，仍然站不穩，剛出世不久，要依賴母親，要修行一定要跟著上人。

舊法新知　傳承精神

爲什麼上人要大家舊法新知？老委員和年輕人之間有隔閡，彼此不了解，是因爲沒有對到「理」，沒有把亙古不變的東西抓出來！慈濟做的佛事要從頭來說怎麼做，然後經過時空背景演變，我們的理念精神絕對不能變，但方法要隨著時機、時間變化，不要執著。

我們早期的委員大多憑著一股熱血來做慈濟，都是上人親自培訓，貨眞價實最正確。而且都對上人敬佩得五體投地，師父講一下，我們就跟到底，那是眞正傳統、老實，非常相信師父，這個「信」很要緊。過去我們在圓通寺，每個月發放日就開會[33]，大家聯絡感情，分享大小事情，是那麼的樸實、溫馨；以前開會時，首先，學佛法和上人的慈濟理念，然後順便將個案問題拿出來討論，事和理都要說，有事才能實踐佛法。

我帶出來的三十多位委員，當中已走了（往生）一半以上，過去沒有文字、錄影，年輕人也不知道老一輩的人做了甚麼事，現在你們把一千號之內的委員經歷紀錄下來，把過去我們親近上人的精神傳給下一代，這就是舊法新知。

現在文明時代科技發達，社會上講佛法的人非常多，對同一部經的想法和看法都不同，像《法華經》有很多分析的版本，這些想法和看法都是對的，但都只有「理」。慈濟是同時講理和做事，慈濟四法八印[34]就是慈濟事，從慈濟事的當中去證實佛法的道理，也就是我們做事情去印證菩薩道。菩薩道是理，理是平等的，事可以隨著時代改變，比如說慈濟的浴佛和傳統的不同，慈濟的宇宙大覺者法像也是新版的佛像。菩薩的定義是「不變隨緣，隨緣不變」[35]，佛法不變，但隨著現代某種因緣、方式而改變，這樣才能夠跟隔閡一代接通，所以把慈濟精神

屏東分會每月發放結束後，見靜法師（左八）、見慧法師（右六）、法明法師（右五）、陳榮慶（左七）與委員聚集開會，進行聯誼、會務檢討。這是屏東委員聯誼會於圓通寺召開情況。（圖片／陳榮慶提供）

屏東分會於圓通寺的冬令發放，見慧法師（立於鳥籠右方）、陳榮慶（鳥籠前方男眾）帶領照顧戶、委員和會員，進行放生伯勞鳥活動。（圖片／陳榮慶提供）

用新的方式講給現代人，就是舊法新知。

現代的資訊很多，但無法分辨哪一些是正或是惡。世界會越來越亂是因爲欲望，全球氣候高峰會後，各國都先維護自己的利益；但是慈濟實行環保，減緩地球暖化，兩者的出發點不同。大乘[36]是以普天下來看，維護整個地球的利益，這是人心的問題，所以要聽法，才能明辨是非，思惟過失。

現代弘法與過去不同，過去佛陀用走的，走尼連禪河[37]，走恆河兩岸，能度的人有限；上人現在有電視、網路、手機等科技產品，可以度的人很多，要廣披寰宇很簡單。佛經歷久彌新，眞理也千古不變，重點是要對到「理」。

面對生死　真正的泰然

我身體攝護腺腫大的狀況，已經吃藥十八年了，最近這兩、三年狀況比較差，去年（二〇二〇）有一整個月尿出血，徹夜難眠。拖到七月中旬，狀況非常不好，就決定到花蓮慈濟醫院郭醫師治療，癌症指數正常值是小於五，那天看到報告寫癌症指數二四〇〇多。後來去見上人，上人說我太頑固，拖成這個樣子。我向上人懺悔！告訴他，我覺得這輩子可以了，才一直沒處理……

因爲開刀出院後，還要每週再回診，所以回去住靜思精舍三個禮拜。一開始也沒有辦法跟著上早課，不能蹲，不能拜，開完刀後第二週癌症指數從一七〇〇降到三〇〇多。醫生開玩笑地說：「三級跳，怎麼可能！是不是到精舍，師父加持，佛光照耀？如此多患者，不曾看到這樣。」第四週後降到剩八點多，第三個月剩六點四，第四個月回到正常值二點八。

所以說，信心。相信醫療，相信上人說：「跟著我，不會讓你後悔。」我們是爲了治病建醫院，不是爲營利蓋醫院，所以醫護人員都很優良；這就是有知名度名醫與良醫的天壤之別。

我的兒子、女兒聽到報告，是癌末第四期。都替我緊張，但是我歡天喜地的泰然，一點點的憂悲苦惱都沒有，女兒說，爸爸都不像病人，都看不出來。而且那時候回到精舍，一些志工、師父們完全看不出來我是病人，都問，回來做志工嗎？我都回，是！

聽到病沒有驚惶，沒有失色，眞正安然；我們學佛的，本來沒生沒死，捨身換一個身體而已。

心懷寬容　重報輕受

靜耀師姊跟著上人在屏東訪視的時候，上人說，她觀察敏銳，很好！比我還棒。我身體不舒服的時候，都是我家師姊去幫忙看個案，她看十多個個案都用頭腦記，不用筆記，回來一五一十報告，我就做整理，她的記憶超強。

師姊十七歲時就皈依道源老和尚的弟子，從小對財色名都不要，眞的很淡，從來沒有存款，有錢就會隨時布施，她很喜歡布施，看到很苦的人，也會幫忙。她到現在跟我一樣，都沒有存款，也沒有保險；而且很知足，錢是生活需要而已，生不帶來，死不帶去。

一九九〇年十二月靜耀師姊發生大車禍，大家都說她會往生。結果身體很快就好！這一段故事很有教育性。師姊騎摩托車到屏東市接兒子，別人開車從後面撞上去，她的腳開放性骨折，手斷成三節，縫了十多針，到現在手裡的鋼板都還沒拿出來，但她都不感覺痛。

派出所警員到醫院幫她做筆錄，問她想要求對方什麼賠償？她頭一句，不用賠，沒關係！反正大家平安就好。她就是這樣。對方內臟出血，三天後往生，幾天後對方太太來到醫院道歉，問我們如何賠償？靜耀師姊一口就回她「不用」，還要她好好照顧小孩，因爲都還在讀小學。這就是慈濟人的精神。

上人的弟弟在軍隊中受無妄之災被人家打死，上人也是跟師媽說，要替對方想。這種寬恕精神，師姊有學到，這是佛弟子，上人的弟子要學習的地方。那時

一九八五年陳榮慶與黃春蘭隨上人至屏東愛生醫院參訪，兩人合影於院長住宅涼臺。（圖片／陳榮慶提供）

上人聽到師姊車禍馬上跟我說，既然如此嚴重，就回來自己的醫院治療。我們回花蓮途中有連絡上人，到達花蓮慈院下車時，上人剛好從病房走到急診室，上人牽著她的手，說她福大命大，鐵包人的，已經走了，人包鐵的，還活著。這就是說，因爲有不求對方賠償的這念心，業都消了，重報輕受！[38]

在佛經這叫「重報輕受」！因爲我們學佛做慈濟，有發心要修行，有稍微學到佛法，有這個因緣派上用場，大難不死，必有後福。

家人同行　修習善業

以前還是佛教克難慈濟功德會的時候，有一天上人問我有幾個孩子？最大幾歲？我說，有三個孩子，大女兒今年要考大學。上人沒有看過孩子，說如果考到北部，到北部幫忙，如果考到中部，到中部幫忙。

大女兒麗淨很勤讀，考到逢甲大學夜間部，所以白天到早期日本宿舍[39]幫忙，晚上去上課。她是一九六六年生，我覺得她就是要進慈濟的孩子，因爲她誕生那一年，慈濟也誕生。

老三韻鈺是一九七一年生，高中念綜合科，打字打電腦，畢業了，我帶去慈濟，想說以後再來考（大學）。上人看了之後也是說，就來這裡幫忙。老三有學打字，計畫請老師教三個月，再到臺中幫忙姊姊；她打字很快，幾乎零缺點，結果不到一個月就讓她去臺中了。

她們兩位都是喜歡做事，不喜歡講話，老大畢業的時候，融師父告訴我，希望我的女兒可以繼續留在那裡做事，我就跟他說，我們很慶幸能夠加入慈濟菩薩團隊，我們是來做事的，不是來賺錢的。現在兩個女兒在基金會服務超過三十年了，她們眞正的很努力做事，兩個都這樣。

佛陀說，入我門不貧，出我門不富。我覺得很安慰，子女們對五欲六塵[40]、名利非常淡薄，全家都相同。現世的一粥一飯都是宿世得來的，宿世是因，現世是果，不需要向外追求；如果是餓著，也是自己的命，沒造福，沒行善。素富貴，行乎富貴，素貧賤，行乎貧賤；恬安淡泊，必定讓你心安。

所以我向孩子們說，下一世要保全人身，重要的地基是「孝養父母，奉侍師長，慈心不殺，修十善業」。這十六個字是下輩子能繼續行菩薩道，最主要的方針，慈濟人也一樣，不要說生生世世要跟著上人，如果這方面沒有做到，「慈濟十戒」沒有守，因沒有對到，大部分就是入三惡道[41]多。因爲五戒是後世人道之因，十善是天道之因，天人還要行慈悲喜捨，四無量心。

所以希望鼓勵全球慈濟家人，「孝養父母，奉侍師長」要做得到；「慈心不殺」戒殺護生，是一個健康、長壽的因，所以持齋守戒是無量福報；接著要「修十善業」眞正發菩提心，來利益眾生，眾生因此得離苦。人身難得，佛法難聞，明師難遇，既然進入慈濟這個法門，就要堅持自己的初發心，莫忘「佛心、師志」，珍惜此世難得的人身，把握當下每個付出的因緣，一心一志，深入法脈宗門。

最後，我們要讀誦大乘經典，學習《法華經》，要相信上人，依照著《法華經》一實相[42]的道理行菩薩道；這部經是難信法，難行又難信，若不是佛的境界，沒辦法說，唯佛與佛才能究竟諸法實相[43]。六度是因，圓滿是果，我們在六度當中，必定多生多劫，在「因」還沒圓滿前，不能離開善知識；還有《法華經》，是成佛的法門，依照經來行道，絕對不會錯。現在是末法[44]時代，非常惡濁，非常汙染，絕對不要離開善知識，離開經法。否則，一失人身，萬劫難復。

1 佈教所，也是說教所，是日本佛教各宗派來臺傳教時的宗教場所，有佈教使駐在其中，不但有說教、法務、講社、事務等功用，是對其地域居民舉行各種法會或說教等等的「教化活動」的地方。資料來源：松金公正，〈日據時期日本佛教之台灣佈教—以寺院數及信徒人數的演變為考察中心〉（一九九九年二月出版），《圓光佛學學報》第三期。

2 學法女，指還未受比丘尼戒之前的女眾出家人。臺灣女眾若要成為比丘尼，要先受沙彌尼戒，經過兩年的學法女身份後，才可以受比丘尼戒。資料來源：宗教知識家線上百科（二〇二一年六月五日檢索）。

3 惟勵法師，一九二一年出生於臺南縣麻豆鎮，早年求學時主修化工。一九六〇年於十方大覺寺剃度出家，而後師事懺雲法師、靈源老和尚、道源法師等善知識，於一九七一至一九八四年年間陸續至日本修行。一九八四年創建青龍山不動寺。資料來源：〈青龍山不動寺與上惟下勵法師簡介〉，法爾辭庫（二〇二一年一月二十九日檢索）。

4 懺雲法師（生卒：一九一五至二〇〇九），一九四四年於北平（今北京市）廣濟寺受具足戒，法名成空，之後入中國佛教學院，求學四年；一九四八年前往福州親近慈舟大師；一九四九年隨國民政府來臺灣，一九六三年與弟子性因法師於南投縣水里鄉創建蓮因寺。法師持戒嚴謹，宣揚淨土宗，編訂蒙山施食儀軌；一九六六年創辦齋戒學會，開啟中部大專學生親近佛法。資料來源：〈懺公上人簡傳〉，蓮因寺資訊網。（二〇二一年一月二十九日檢索）。

5 結夏安居，結夏是釋迦牟尼制定的僧團生活規律，在夏天三個月的時間內，僧團聚集四處遊行的僧眾於一處，共同研修戒律，交換修行經驗；臺灣佛教團體會利用這一段時間加強僧團教育、修行，召回派駐於各分會的出家人，共住共修凝聚道心；有些道場會舉辦暑假接引青年、弘法活動等，而結夏安居時間一般會與暑假有重疊，所以現代結夏的時間與外出規定會有一些調整。資料來源：李玉珍、郭捷立，〈結夏安居〉，宗教知識家線上百科（二〇二一年二月九日檢索）。

6 陳榮慶第一次見到上人的時間大約於一九七〇年前後。資料來源：根據王慧萍，〈〔慈濟榮譽董事傳記之三十〕陳榮慶居士 夙慧天成〉《慈濟道侶》第四十七期（一九八八年八月一日），第四版。

7 陳榮慶於一九七六年加入委員的行列。資料來源：〈陳榮慶捐款助貧〉，《慈濟》月刊第一百二十期（一九七六年十月出刊），頁一四。

8 證嚴上人期許慈濟志工，人間菩薩是能聽天下眾生聲，投入慈悲利他行，透過付出而福慧雙修。資料來源：證嚴上人主講、慈濟基金會編輯，〈明因知果 克盡良能〉，二〇二〇年十一月二十六日臺中慈濟人聯誼座談開示，慈濟全球資訊網（二〇二一年六月十六日檢索）。

9 一九七七年賽洛瑪襲擊臺灣，是一九七〇年代颱風災害最為嚴重的一年。賽洛瑪颱風於七月二十五日自高雄附近登陸，而於台中港附近出海，暴風圈掠過全省，南部地區受災嚴重，賽洛瑪登陸時，近中心最大風速每秒三十五公尺，高雄市的陣風強達十六級。賽洛瑪颱風侵襲，高雄、屏東地區電話受損情形嚴重。資料來源：黃素慧，〈颱風災後臺灣省政府的救濟措施〉（二〇〇九年十二月出刊），《臺灣文獻》第六十卷第四期，第三百一十四頁。https://reurl.cc/9r1bb8（二〇二一年六月十五日檢索）。

10 慈濟針對災區災民的援助，有五點原則：直接、重點、尊重、及時、務實。這五點是為了要讓賑災更有效率而訂定的。

11 本次勘災情形，《慈濟》月刊有報導，「實地（高雄、屏東）調查出發日期為國曆八月二十四日、三十日始返回本會。會長釋證嚴法師率釋悟見法師，及花蓮委員靜慈、台北委員靜銘、陳美珠、胡玉珠、靜暉、靜鈺、李樹薇、馬太太，陳美雪〈靜銘之女〉，臺東委員王添丁校長，陳老師、黃老師等，到了高屏後，會同屏東委員陳榮慶，高雄委員涂茂興、謝秀汝〈靜胤〉等，分為三組進行調查。在四天四夜裡，大家冒著烈日，冒著酷暑，於早晨八時出發，中午不休息，帶便當充饑，直到晚間八點回到借住的圓通寺〈屏東縣長治鄉〉，接著開會，由各組報告調查情形，然後加以討論，直到深夜十二時才就寢。每日都是這樣。參加人員不但出力，而且出錢，連交通費用都是各自負擔的。屏東委員陳榮慶在百忙中，放下事業不做，他還預先取到了受災貧民資料，對實地調查裨益至大。高雄市方面的受災貧民資料，仍由涂茂興委員詳細調查中，他將於近日將查資料寄來本會。」月刊內容中有「早晨八時出發」與本文中「尚未七點就出門」不同，筆者認為可能是《慈濟》月刊紀錄指得是八點從鄉公所出發，本文指得是尚未七點從圓通寺出發。資料來源：〈會長率委員往災區訪問調查〉，《慈濟》第一三一期（一九七七年九月出刊），頁一三。

12 證嚴上人與陳榮慶回憶這件事的經過不同，筆者考量兩者都是當事者，且沒有現場紀錄，因此於內文與註釋中，並列兩者的回憶，提供讀者參考。以下為一九八九年證嚴上人以〈降伏十魔軍——第九魔軍「利養」〉為題的開示：猶記前幾年「賽洛瑪」颱風來襲，屏東、高雄地區災情慘重，面對如許茫茫的眾生，簡直不知從何著手，才能將善款發放得恰到好處。幸而我們不怕辛苦，擬定辦法挨家挨戶的前往調查，然而這樁工作需借助鄉鎮公所民政科的資料，才能配合進行。當我們前往鎮公所請求支援時，時間尚早，承辦人還沒來上班，等他上班了，卻說資料還沒整理好，好不容易等到資料整理好時，他卻說要下班了……，有一回，一位台北的委員忍不住跟我說：「師父！我們為什麼要向人低頭，看人臉色？我們的目標是要救人，為什麼卻要在此受氣呢？」我說：「人家沒有叫我們來，是我們主動要來的，如今只有經由他們的協助，我們才能順利地推動救災的工作，他是站在被我們求的立場，難免仗勢凌人，我們是求人者，也只能低聲下氣。」……所以說，實在沒有人來求我們，而是我們心甘情願來為眾生服務；我們慈濟的工作者，一定要有這層的體認，才能解開世俗「利養」的纏縛。我們的利不是小我的私利，而是顧及大我的公利；我們之所以付出，絕非貪著物質的享受，而是以救度眾生離苦得樂為我們最高的享受。資料來源：證嚴上人開示，張念誠記錄，〈降伏十魔軍——第九魔軍「利養」〉《慈濟》月刊第二七〇期（一九八九年四月出刊），頁四。

13 一九七七年七月賽洛瑪颱風重創南臺灣，證嚴上人八月親自帶領委員到屏東重災區勘災，整理出受災戶名冊，並從中發掘出需要本會長期救助的照顧戶。九月二十五日，慈濟在屏東東山寺為貧困災民進行急難慰問發放；同時也為列入長期照顧戶的災民發放當月救濟金及物資。在東山寺持續發放三個月後，見慧師感覺諸多不便，徵得上人同意，遂將發放工作移至圓通寺舉行，同時成立「慈濟屏東分會」以資長久賑濟。資料來源：《慈濟》月刊一三二期，頁一三、二六；月刊三二一期，頁四三。

14 屏東分會，於一九八九年舉行動土典禮，一九九一年落成啟用。資料來源：〈恆長不息的步伐〉，《慈濟》月刊第三百二十一期（一九九三年八月三十一日），頁四五。

15 善知識，指正直而有德行，能教導正道之人。資料來源：佛光大辭典線上查詢系統（二〇二一年二月八日檢索）。

16 六度，全稱六波羅蜜多，譯作六度、六度無極、六到彼岸。波羅蜜譯為度，為到彼岸之意。即為達成理想、完成之意。乃大乘佛教中菩薩欲成佛道所實踐之六種德目。資料來源：佛光大辭典線上查詢系統（二〇二一年二月八日檢索）。

17 在本文中指，有部分的個案，在行為上、心念上很難改變的不好習慣。

18 阿耨多羅三藐三菩提，意譯無上正等正覺、無上正等覺、無上正真道、無上正遍知。乃佛陀所覺悟之智慧；含有平等、圓滿之意。資料來源：佛光大辭典線上查詢系統（二〇二一年二月二十日檢索）。

19 凡是契證了空性，證得如幻三昧，了解一切法如空，當體即空，證到這個境界就叫法身大士。資料來源：惟賢長老《實修問答集》——佛弟子文庫。https://reurl.cc/83qRAR（二〇二一年六月十七日檢索）。

20 慈濟恆春分會原是恆春菩提救濟會，救濟會於一九七六年農曆二月將捐款會員名單，以長期救濟戶，送交本會。每月農曆初一日，為恆春分會的發放救濟款米的日期，由龍泉寺性定法師代發。資料來源：《慈濟》月刊一一四期（一九七六年四月），頁一九；一一六期（一九七六年六月），頁一〇。

21 鄭雅方，是父親所經營的南北雜貨店店員，在送貨途中看到一本介紹證嚴上人的修行，及創建慈濟功德會的過程，覺得上人很不簡單，即開始劃撥捐款，加入慈濟會員，之後因從慈濟志工丁玉柱得到一卷《地藏經》錄音帶，聽完後得到啟發，因此加入志工行列。資料來源：鍾易叡，〈屏東雅方師姊孝親 勸素迴響大〉，慈濟全球資訊網（二〇二一年二月二日檢索）。

22 劉芳榮的妹妹是慈濟委員劉麗珠，一九八六年受到妹妹的邀約，至屏東圓通寺協助上人主持的發放，因此接觸慈濟；一九九〇年代高雄各區開始推行環保，但苦於無環保車載運，一九九二年芳榮師兄不但捐贈三臺中古貨車作環保車，並於星期日用自營工廠的貨車運送回收物；二〇〇〇年芳榮師兄工廠搬遷，將位於大寮區的空廠房裝潢為慈濟共修的道場，成為大寮聯區共修處十三年，培育五百多位慈誠、委員。資料來源：簡淑敏、謝吟淑，〈不畏取笑 堅守一念初心〉，慈濟全球社區網（二〇二一年二月二日檢索）。

23 慈濟列車一詞是因一九八九年九月十七日，慶祝慈濟護專開學典禮及慈院開業三週年，貴賓、委員、會員二萬餘人參加；為紓解人潮，慈濟特向臺灣鐵路局提出專案申請，加開火車班次，由於整列火車僅搭乘慈濟人，因此又被稱之「慈濟列車」。但早在一九七二年八月二十四日，臺北第一位委員靜銘師姊就招募了四十多位同道，搭乘遊覽車前往花蓮，參加靜思精舍每月一次的「救濟金發放」，了解慈濟如何照顧貧戶；撇除交通工具的差異，可算是由臺北發出的第一班慈濟列車。資料來源：慈濟年譜資料庫。

24 一九九六年賀伯颱風帶來強風豪雨，全國各地災情嚴重，航空、鐵路交通全面停飛、停駛，公路坍方，橋梁斷裂，嚴重受損。中、南部沿海地區海水倒灌，臺北縣市地區多處嚴重淹水。南投縣水里鄉、信義鄉、鹿谷鄉山洪暴發，多人慘遭活埋。全臺電力、電信受損嚴重。資料來源：全球災害事件簿網站https://reurl.cc/LbN709（二〇二一年六月二十一日檢索）。

25 納莉颱風，二〇〇一年颱風停留時間過久及其貫穿的特殊路徑所致，臺灣地區降下豐沛雨量，造成北臺灣嚴重水患，多處地方單日降雨量皆刷新歷史紀錄。臺北市捷運及臺鐵臺北車站淹水，部分山線、海線及花東線中斷；多處地區引發土石流災害；近一百六十五萬戶停電；逾一百七十五萬戶停水。共有九十四人死亡，十人失蹤。全臺有四〇八所學校遭到重創，損失近八億元；工商部分損失超過四十億元；農林漁牧損失約四十二億元。資料來源：全球災害事件簿網站https://reurl.cc/VE8zx6（二〇二一年六月十七日檢索）。

26 莫拉克颱風從二〇〇九年八月六日開始影響臺灣，各項氣象水文觀測資　皆打破過去最高紀錄，累積雨量甚至超過臺灣整年的平均降雨量二五〇〇公釐，如此巨大降雨量造成嚴重災情，幾乎涵蓋中南部及臺東地區。主要災害類別有水災、土石流、坡地崩塌、橋梁斷裂、河海堤損毀、交通中斷及農業災情等。依據莫拉克颱風災後重建推動委員會的統計，計六百七十七人死亡、大體身分未確認二十五件、失蹤二十二人、合計七百二十八人（件），重傷四人，農業產物損失及民間設施毀損共計一百九十四點一億元。資料來源：全球災害事件簿網站https://reurl.cc/j8ly7D（二〇二一年六月十七日檢索）。

27 戴敦仁，任教於屏東高中，一九九四年三月下旬從教師聯誼會進入慈濟，擔任照相的工作。隔年，一九九五年四月中旬就參加東埔寨賑災。東甫寨賑災行，心靈上的感觸就是「見苦應知福」。資料來源：慈濟全球資訊網（二〇二一年六月十七日檢索）。

28 香積，又作香飯。本文引申為餐點。資料來源：佛光大辭典線上查詢系統（二〇二一年二月二十二日檢索）。

29 百丈禪師（生卒年七二〇至八一四），唐代禪宗高僧，制定中國第一部禪門戒規《百丈清規》，倡導結合佛教戒律與日常勞作的農禪生活，改變出家人以乞食為生的傳統，也變更寺院經濟上依靠王公貴族封賜，或信徒捐贈布施的形式。尤其是「一日不做，一日不食」的工作倫理觀，與從住持到沙彌皆須過著「集體勞作」的僧團生活方式，發展中國佛教修行，除謹守戒律，也要在日常生活中觸類旁通，將修行生活化。資料來源：〈百丈懷海〉，宗教知識家線上百科（二〇二一年二月二十六日檢索）。

30 五戒，指五種制戒。為在家男女所受持之五種制戒。即：殺生、偷盜（不與取）、邪婬（非梵行）、妄語（虛誑語）、飲酒。資料來源：佛光大辭典線上查詢系統https://reurl.cc/pmMNve（二〇二一年二月二十日檢索）。

31 十善，指不殺生、不偷盜、不邪淫、不妄語、不兩舌、不惡口、不綺語、不貪欲、不瞋恚、不邪見。眾生念念生起欲勝人之心，輕他重己而外揚仁義，植阿修羅道之種，稱發下品十善心。參考資料：〈發下品十善心〉，佛光大辭典線上查詢系統（二〇二一年二月二十日檢索）。

32 名字菩薩，又稱假名菩薩、住前菩薩。即指菩薩五十二位中之十信位菩薩。此階位之菩薩，係初發心者，以其雖具菩薩之名，然尚須經過修行、證悟之功夫，才能達到菩薩之極果，故稱為名字菩薩。資料來源：佛光大辭典線上查詢系統（二〇二一年二月二十日檢索）。

33 上人於一九八二年指示屏東每個月的發放日流程與委員開會議題，可作為屏東分會早期於圓通寺運作狀況的參考。「屏東方面，決定每月二十八日，圓通寺舉辦「發放」時，聚集貧民來寺內領救濟品，飲用點心。再讓陳居士講佛法給他們聽，引導他們拜佛、念佛，使他們更加明瞭佛教的精神與教義。委員們要當天全部到達圓通寺，幫忙煮食與發救濟物。當發放結束後，聚集一堂，開檢討會把一月來貧戶該增該減，該如何改善他們的生活境況，討論一下。再用錄音機錄下來，寄到本會。」資料來源：證嚴上人講，叔方記，〈慈濟委員聯誼會中的講詞〉，《慈濟》月刊第一八二至一八三期（一九八二年一月二十日出刊），頁一一。

34 四法八印，四大志業是慈善、醫療、教育、人文，在加上國際賑災、骨髓捐贈、環保、社區志工等，就稱為八大法印。

35 不變隨緣，圓成真如有不變、隨緣二義。此乃法性宗之通說。真如為一切諸法之實體，超越時空，為不生不滅、無為常住之存在，稱為不變。真如全其不變之自性，而能隨染淨之緣，全體起動，顯現森羅萬象，稱為隨緣。資料來源：佛光大辭典線上查詢系統（二〇二一年五月二十五日檢索）。

36 大乘，認為涅槃有積極之意義，乃自利、利他，兩面兼顧之菩薩道。資料來源：佛光大辭典線上查詢系統（二〇二一年二月二十日檢索）。

37 尼連禪河，為恆河之支流，位於中印度摩揭陀國伽耶城之東方，由南向北流。據過去現在因果經卷三、卷四載，釋尊出家後，於尼連禪河畔靜坐思惟，修苦行六年。後捨苦行而入此河沐浴，淨身後接受牧牛女難陀波羅之乳糜供養，尋至此河對岸之畢波羅樹（即菩提樹）下發願而成道，故此河沿岸頗多釋尊成道之古蹟。資料來源：佛光大辭典線上查詢系統（二〇二一年六月二十三日檢索）。

38 證嚴上人開示：應該要相信「重業輕受」的觀念，面對同樣一件事情，的確會因當事者心態的不同而產生輕重不同的結果。例如：遇到交通事故，人平安，只是車子稍有損壞。有人會懊惱，一直怨嘆；但如果是善解的人就會說：「還好人平安，只是受點輕傷，這真是『重業輕受』。」因為比起更嚴重的狀況而言，自己真的是「好在」。資料來源：〈是否有「重業輕受」的觀念？〉，佛教慈濟基金會加東分會。https://reurl.cc/qNmnr3（二〇二一年五月二十六日檢索）。

39 本文指臺中分會的舊址，現今民權聯絡處，原建物是一棟舊式日本宿舍，設址於臺中市民權路三一四巷二號。資料來源：陳淑伶，〈溫馨大家庭——建築篇〉，《慈濟》月刊第三一二期（一九九二年十一月二十五日），頁六五。

40 六塵，指色塵、聲塵、香塵、味塵、觸塵、法塵等六境。又作外塵、六賊。眾生以六識緣六境而遍污六根，能昏昧真性，故稱為塵。此六塵在心之外，故稱外塵。此六塵猶如盜賊，能劫奪一切之善法，故稱六賊。資料來源：佛光大辭典線上查詢系統（二〇二一年五月二十六日檢索）。

41 三惡道，為「善道」之對稱。與「惡趣」同義。道，為通之義。即指生前造作惡業，而於死後趣往之苦惡處所。一般以地獄、餓鬼、畜生三者稱為三惡道。資料來源：佛光大辭典線上查詢系統（二〇二一年二月十八日檢索）。

42 一實相，謂真實之理，無二無別，離諸虛妄之相。資料來源：佛光大辭典線上查詢系統（二〇二一年二月十八日檢索）。

43 諸法實相，諸法，世間與出世間之一切萬法，乃差別之現象、隨緣之事；實相，其真實之體相，乃平等之實在、不變之理。資料來源：佛光大辭典線上查詢系統（二〇二一年二月十八日檢索）。

44 末法，正法絕滅之意。指佛法衰頹之時代。資料來源：佛光大辭典線上查詢系統（二〇二一年二月十八日檢索）。

照耀屏東的捨得菩薩

黃春蘭（六十七號）訪談紀錄

訪談／曹慧如

記錄／曹慧如

時間／二〇二三年二月二十五日、三月三日、三月十六日、三月十九日

地點／電話訪問（前三次）、黃春蘭自宅

【經典語錄】

我們調查個案，要公私分明、頭腦清晰，絕對不能用感情行事。

【主述者簡介】

黃春蘭，一九四二年出生於屏東市，家庭信奉佛教，十歲左右讀大同國校，常常考第一名，雖然因爲環境因素，四年級時停學，但她白天工作，晚上陸續去民眾補習班、漢文私塾學習，都取得優秀的成績；一九六二年她與陳榮慶師兄結婚，育有二女一男。一九七二年夫妻加入慈濟，他們總是相互配合，兼顧家庭、事業與慈濟工作；在屏東分會於圓通寺的草創時期，每月發放日，陳榮慶師兄主持活動，黃春蘭師姊承擔香積、發放物米糧；或是師兄帶領訪視時，她爲同行委員們準備餐點、茶水，是早期屏東分會與陳榮慶師兄最堅實的後盾。

靜耀於二〇一四年一月受證榮譽董事，受證典禮當日於自宅留影紀念。（圖片／黃春蘭提供）

【編者按】黃春蘭師姊因爲年事已高，許多早年的記憶需要他人提醒回憶。因此訪談的過程，由同修陳榮慶師兄與慈濟屏東分會同組的張美貞師姊、郭桂美師姊述說回憶，黃春蘭師姊指正錯誤、補充說明。

我一九四二年出生於屏東市，爸爸媽媽從事農耕，有兩位哥哥，七位姊姊，我是最小的。以前務農的人都很晚入學，十歲左右去大同國校（今屏東市大同國小）讀書常常考第一名，但是讀到四年級時就停學了。

家裡信奉佛教，記得佛陀聖誕日

時，屏東佛寺的法師會帶領信徒遊行市區，我會在遊行隊伍中幫忙提花籃。大約二十一、二十二歲左右，基隆八堵海會寺的住持道源老和尚在屏東東山佛學院講經，他的弟子仁光法師也隨同在屏東。當時姊夫介紹我去親近仁光法師，向他學習。不過我眞正深入佛教，是與陳榮慶師兄結婚後，親近圓通寺、慈濟與其他道場。

天資聰穎　勤奮好學

因爲家裡的耕田很多，小孩子都要幫忙，二哥負責種菜，六姊專門賣菜，我每天都要去菜園打點，放學後還沒走進家門，家人就叫我牽牛去吃草。

四年級下學期，我被選爲模範生，領到很多獎品，但在暑假時因爲幫忙家裡的農事，忙到假期過完了，作業還沒寫；想到自己是模範生卻沒有寫暑假作業，覺得很丟臉，就放棄讀書了。那時候，學校校長、老師都來家裡叫我回去讀書，說我成績好，不用寫作業，作業是鞭策那些成績比較不好的。媽媽也說，讀書很好啊！爲什麼不讀？大哥也叫我再繼續讀，但是阿公說，女生不用讀那麼高。

沒有念國校後，我晚上去民眾補習班[1]，這是讓沒有入學或是年紀大的學生讀書的地方，學校老師晚上來上課。斷斷續續讀了幾年後，我和六姊一起去晚上的私塾學漢文，讀《幼學瓊林》、四書，那裡也教作詩，我的成績在女生中算是最好的，因爲晚上都先看隔天的課程，老師上課一講就會了。

老師看我成績很好，找我去一間學習作詩的協會，我只去過一次就不去了，因爲那個地方比較暗，我才十八、九歲左右，老師雖然已經結婚，但我個性比較保守，覺得稍微避嫌比較好。

休學在家務農一段時間後，我去做成衣加工，跟老闆領裁好的布，我再用裁縫車縫好；二十歲（一九六二年）時，三姊介紹我去振源帆布行，做學校書包、窗簾等。二十三歲與陳榮慶結婚，二十四歲時生大女兒，之後沒有再到布行。

結婚隔年（一九六五年），南投碧山巖寺禪哲法師帶著兩位徒弟來到圓通寺，兩位徒弟就是後來慈濟屏東分會的見慧、見靜師父，他們從高雄大覺寺來。禪哲法師想建設佛寺，陳榮慶師兄是屏東工業學校（現爲屏東高級工業職業學校）土木科畢業，法師常常找師兄幫忙，而且圓通寺離我家走路十分鐘就到了，所以我常常到寺裡幫忙煮菜、撿柴，禪哲師如果要出門也會找我陪伴，我和師兄會載他們去高雄左營，去找信徒來參加法會。

大女兒出生直到上小學前，都是圓通寺師父們幫忙照顧，大家都很疼愛她，都爭著抱女兒；女兒很乖，有一次圓通寺辦法會，我去幫忙煮飯，女兒放在房間都沒有人知道，因爲肚子餓了也不會哭。

一九七五年左右陳榮慶與黃春蘭於自有的碾米廠前合照。（圖片／黃春蘭提供）

一九七八年證嚴上人（中）與陳榮慶（右）、黃春蘭（左）在圓通寺前合照。（圖片／黃春蘭提供）

黃春蘭（左）與陳榮慶（右）一九六四年結婚誌慶。（圖片／黃春蘭提供）

夫婦合心協力做慈濟

一九七〇年我和陳榮慶師兄接下他二哥的碾米廠，一九七二年加入慈濟，之後皈依上人，法號靜耀。開始做慈濟後，無論勸募或訪視，我與師兄（黃春蘭談到陳榮慶，常以「師兄」代稱，本文也以「師兄」稱呼陳榮慶）非常投入，每三個月複查訪視，委員們會一起出去，大部分是師兄開車，我做飯或點心帶出去，當作大家的午餐。

我們做慈濟眞的是一心一意，碾米廠就像是雨傘店（指不定時商店），反正賺的錢夠吃就好，師兄如果有新個案去初訪，或帶上人在屏東訪視，碾米廠的工作都是我來做，不用他擔心，當然我出去訪視時，就換師兄留守。

我通常早上四、五點就要起床工作，做完差不多晚上十點，除了碾米廠的事，還要種田，準備家人餐點，其實眞的很累；不過當時人還年輕，辛苦一點沒關係。

我對長輩很好，都會提早煮好飯，讓他們先吃，也會開玩笑讓長輩心情變好。公公住在我們家附近，有一次我叫兒子找公公來家裡吃飯，但他正在生氣，不想

一九八九年萬丹鄉訪視個案途中，於頭前國小休息，同行委員、會員享用靜耀（前排左二）準備的餐點。（圖片／黃春蘭提供）

來吃，我就過去找他說，爸爸來吃飯，吃飽了再生氣。公公聽到就笑出來，願意吃了，這件事我兒子很佩服我，一直記得到現在。

一九七七年底，我們慈濟借用圓通寺發放，當時照顧戶每月發放日會去圓通寺領補助金，物資中的米是來我家碾米廠領取；所以發放日我和師兄就會去圓通寺，師兄帶領照顧戶拜經、發放，我會在廚房煮飯，煮好了就回到碾米廠，等照顧戶來量米，有時候要幫照顧戶扛米到附近公車站，要背起整袋米。那時我兒子讀國中，也會幫忙量米，照顧戶很多，要量幾個鐘頭。

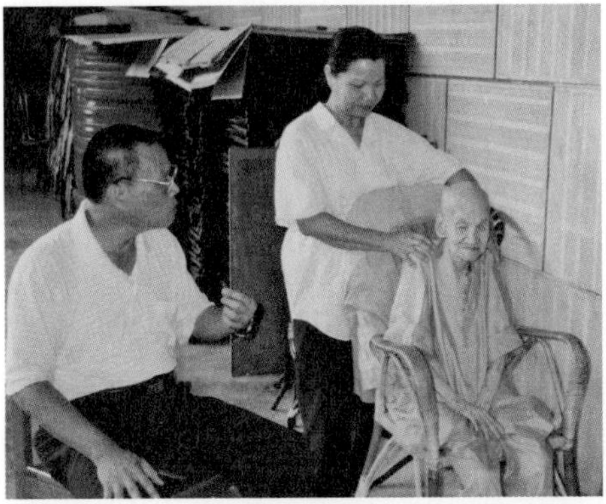

靜耀對長輩很孝順，在圓德寺為圓哲法師（靜耀的婆婆）按摩。（圖片／黃春蘭提供）

一九九二年一月二十九日是慈濟屏東分會舉行冬令發放的日子，陳榮慶（右二）主持活動並介紹善心大德（右一）；靜耀（前左二）與李同壽（思修）師兄（左一）擔任工作人員。（圖片／黃春蘭提供）

理性分析個案

剛開始做訪視的時候，個案的家很難找，常常個案的戶籍地址住著親戚、朋友，個案都住在荒郊野外，連地址都沒有，只能憑著大概的指引找路，而且因爲太偏僻了，很難記得路。

我很會認路，只要走過一次，第二次就有辦法繞到門口，同行的師兄姊都很驚訝。而且每三個月的個案複查，我會做師公飯[2]給大家，通常是飯糰、便當或粽子等，還有一杯清茶，訪視途中休息的時候，會借用學校教室、寺廟、樹下，大家一起吃。

大約從一九九一年之後的二、三十年，我常常和同組的張美貞師姊一起去訪視，她開車載我，我準備師公飯。我們是在屏東分會還借用圓通寺空間的時候就認識了，因爲她是上人、師媽[3]的親戚，上人來圓通寺的時候她會來探望；那時候她是屏東民防婦女慈善會會長，無法同時做慈濟，先當慈濟會員，一九九一年才受證成爲委員。

我們去過獅子鄉、琉球、滿州、恆春等，因爲那時候委員少，要跑的地方很多。調查個案結束後，美貞師姊會載我回家，然後她就會回家，因為她住在東港，比較遠，我會講個案情況給師兄聽，他負責寫案本，那時候我的記憶力很好，甚麼都記得。

我記得有一個個案，他出車禍不能走路，他告訴負責初訪的委員說，沒辦法工作，沒有收入。但我和美貞師姊、楊幸蘭師姊去複查時，從個案的嫂嫂得知，他有四分地的竹子，其實是有收入的，那時我們就找個案的嫂嫂與個案談，個案談完覺得很不好意思，就要我們停止補助，而且把之前的補助金拿到屏東分會退回。

原先初訪的委員看到個案來還錢，沒有去理解來龍去脈，就口氣不好地跟個案說，你們怎麼把錢拿來還？美貞師姊聽到很生氣，開車來家裡載我去分會。我到了分會，看到法明師[4]、初訪委員與其他人等都在那裡，我先問財務的師姊，剛剛案主退款說了甚麼？但財務不敢說，我又去找那位初訪委員說，師姊這個案是你調查不夠仔細，案主其實有經濟能力，我們應該更正，並且祝福對方。最後，法明師出面調解，事情才圓滿結束。

另一個個案是住在佳冬鄉的獨居老人，平常去訪視看到他家不怎麼整理，又從鄰居知道，他的幾位女兒都嫁出去了，有的住在隔壁村莊而已。有一次我和師兄出去複查，就去找他的女兒，我說，既然父親沒有兒子，將來他的土地應該會留給妳們，現在老人家已經這個年紀了，爲什麼不以孝心對待父親？爲什麼妳的父親要接受別人的幫忙？這樣妳們會沒有感恩、報答的機會。女兒聽到後，感覺很不好意思，不久後就主動提出不用繼續補助。

面對個案，我會清晰地觀察他們的生活狀況，用理性來勸說。如果調查到個案的經濟可以了，就要停止補助。以前收功德款很難，是一點一點慢慢累積起來，上人有說，調查工作必須謹慎，應做到不浪費一個錢，多利益一個有需要的人。我們要公私分明，頭腦清晰，絕對不能用感情行事。

一九九三年訪視個案途中，靜耀與陳榮慶為一同訪視的委員、會員們準備餐點。（圖片／黃春蘭提供）

一九九五年（從左至右）張美貞、靜耀、林純英、郭桂美於花蓮靜思堂旁的小木屋合影。（圖片／黃春蘭提供）

父母身教「捨」與「得」

一九八三年上人為了籌措建設慈濟醫院經費，在臺北空軍官兵活動中心舉辦義賣活動，我當時捐了項鍊[5]，這些都是嫁妝，是父母一點一點省下來，幫我辦的。我覺得上人要蓋醫院，是很好的事，就捨出去了，沒覺得捨不得。

能做到這樣，是因為小時候爸爸、媽媽對我們的教育。我們家在屏東市的大馬路旁，村莊有一些乞丐，都會到家裡讓爸爸請吃飯。偶爾爸爸招呼時，他們會客氣地婉拒，但爸爸都會盡量挽留，他們如果留下來，家人就會看看冰箱有什麼，就拿出來煮，讓他們吃飽。大部分的乞丐都會拿碗來，如果沒有，我們家也會準備。

家裡還會放茶水在門外給貧苦人喝，我小時候傻傻的，不知道事情好壞，會勸爸爸，這樣會花很多錢，浪費。但他都說，沒關係，人家是貧苦人，小孩子不懂；媽媽也告訴我們，有量就有福。

有時會有人來借錢，我會阻止爸爸，說這樣對方會習慣，要不然給一些就好了。爸爸都會要我拿錢借給他，讓他去買吃的。我只好跟借錢的人說，這些錢要省著用。其實我們不知道借錢的人住在哪邊，也不知道他吃什麼，如果他守信用有還錢，爸爸看到會很高興；沒有信用的，他也不會計較。

就連後來我去工作的振源帆布行，老闆娘也很慷慨，常常招呼很多人來家裡吃飯，就像我爸媽一樣，他們的大方性格有影響到我。大約一九八四年左右，我曾經跟大姑合開素食早餐店，賣稀飯、煎粿、炒米粉、小菜等，我炒的米粉很好吃。店面位於屏東中學（今臺灣省立屏東高級中學）附近，學生都要我盛給他們，因爲會比較大碗。

學生看到我盛這麼大碗會說，阿桑，這樣會賠錢。我都說，沒關係你吃飽會讀書就好了。我覺得，讓學生吃得飽，吃得開心，就會用功讀書，我們賠錢沒關係。其實，錢只要夠用就好，出門身上有得用，三餐有得吃就可以了，不要一直累積錢，那樣不好，我就是這樣想，所以才會常常請客，也常常捐款，還會邀請親友一起捐。

慈濟醫院建設期間，我和師兄常常一起出門募款，他會跟對方聊佛法，我會比較直接地請對方捐錢。員林第一顆種子洪謝雪師姊的母親想要捐病床的錢，當時一張病床是一萬五千元，她住在高雄的六龜，我們騎機車來回大約要花兩個多小時。回到家才發現店門沒有關，然後有客人送了一斗米的錢過來，因爲他來買米的時候，我們人不在，他就自己先拿了。其實，我們常常忘記關店門，但一直都沒事，從來沒有東西不見。

東港郭桂美師姊的兒子娶媳婦，要請我在婚禮當天作好命婆，幫忙牽新娘。我說，現在上人要蓋慈濟醫院，需要資金，如果你捐一百萬，我就出面當好命婆。桂美也很發心地捐款。

還有師兄的表姊夫賣地得到一筆錢，我們就一起去邀請表姊夫捐款，他捐了一百萬，並且隨我們回花蓮見上人。我對上人說，我很想捐款，但沒有那麼多錢。上人知道我們夫妻的心情，都是一心一志做慈濟，爲了慈濟奮不顧身，只是身邊沒有錢，所以跟我們說，我們兩人已經把自己都捐出來了，他怎麼還向我們說捐款呢？

靜耀（左）、簡雪玉（中）關懷個案。（圖片／黃春蘭提供）

靜耀（左四）訪視個案，一邊聽個案生活情況，一邊落淚。（圖片／黃春蘭提供）

靜耀於屏東靜思堂參與冬令發放。（圖片／黃春蘭提供）

寬恕對無常　感恩有慈濟

一九九〇年我發生一場車禍[6]，這件事讓我覺得，命運很難講，有這個緣才會碰到。撞到我的人已經往生了，他太太比較可憐，還有幾位孩子要養，她心裡很難過，覺得很對不起我。但我覺得，她不用對不起，好好生活下去就可以了。當時我答應她，只要她好好照顧小孩，我的身體馬上就會好起來。我想到上人的弟弟在軍隊裡被人打到往生，上人還勸師媽替對方著想，就覺得要原諒對方。

最後我把一些人家探望時帶來的奶粉都送她，給小孩喝，對方爲我向主耶穌祈求平安，我也爲她祈求佛菩薩保佑。

我原本是一位單純的家庭主婦，很感恩這一生遇到上人，加入慈濟；有機會做幫助他人的事情，讓平凡的生命更豐富。我永遠記得，上人給我個人的靜思語，「有做，不用說也是有做；沒做，說再多也是沒做」。所以，我在做慈濟事的時候，一直記得上人的教導，對的事，堅持，做就對了。我覺得，這一世有因緣做慈濟，非常有福報，這樣的人生不後悔，沒有遺憾。

1 失學民眾補習教育，政府於一九四九年至一九六八年止，在臺灣地區所實施的一種失學民眾的識字教育活動，由臺灣省教育廳擬定實施計畫，普遍開設失學民眾補習班，以十三歲至四十五歲的失學民眾為對象，教師由附近小學教師兼任，亦有社會人士擔任，通常在夜間實施。資料來源：教育雲教育百科。https://reurl.cc/k7za5q（二〇二二年三月二十七日檢索）。

2 師公飯，慈濟人將醬油炒飯稱為師公飯；上人行腳出外常以此炒飯作為便當。後來某慈濟委員小孩聽聞此事，便希望媽媽做醬油炒飯給他吃，這樣家裡能多節省金錢，捐給師公——證嚴上人，作為慈善用途，這位孩子稱這種醬油炒飯為「師公飯」。本文中「師公飯」指委員們出門訪視時，帶著簡單的午餐便當。

3 王沈月桂，是證嚴上人俗家母親，慈濟委員編號五十六號，慈濟人尊稱為「師媽」。資料來源：阮義忠、袁瑤瑤，〈澎湃的生命能量〉，《慈濟》月刊第四二九期（二〇〇二年八月二十五日出刊），頁二七。

4 慈濟屏東分會常住師父見慧法師的弟子。

5 屏東 靜耀居士 K金珊瑚項鍊乙條。資料來源：靜淇，〈特稿——義賣活動會場零傳〉，《慈濟》月刊（一九八三年十二月五日），頁二〇六。

6 陳榮慶師兄，補充黃春蘭師姊發生車禍始末：一九九〇年有一天兒子從屏東市打電話回家，說需要有人去載他。我在樓上禮佛，所以請靜耀師姊去載，她接到兒子，經過繁華國小前面，被一位開車的人從後面撞到，她的腳開放性骨折，手斷成三截。送到醫院，手被縫十多針，到現在手裡的白鐵仔（臺語，不鏽鋼。）都還沒拿出來。對方內臟出血，傷得太重，三天後往生。靜耀師姊受傷這麼嚴重，無論是警員或是對方的太太詢問她，需要甚麼賠償？她都說，不用，人平安就好！資料來源：二〇二一年一月十一日於屏東靜思堂訪問陳榮慶、黃春蘭。

行經薰法 解纏得自在

王郁清（七十三號）訪談紀錄

訪談／何日生、何麗華、張麗雲

記錄／何麗華、張麗雲、沈昱儀

時間／二〇二〇年；二〇二一年十二月十三日；二〇二二年七月一日

地點／慈濟臺中分會、王郁清家；王郁清家；慈濟心田聯絡處

【經典語錄】

上人講《法華經》，即使聽十遍、百遍才能懂，我都願意不斷地聽，將這條菩薩路鋪得更平坦，走得沒有罣礙。

【主述者簡介】

王郁清，一九五二年出生，九歲時與篤信佛教的媽媽，在臺東馬蘭糖廠與尚未現出家相的上人結緣，並發願在將來要拜上人爲師；一九七二年自臺中弘光護專（現爲弘光科技大學）畢業；一九七三年通信皈依上人。在一九八六年花蓮慈濟醫院啓業之前，她參與慈濟以募款爲主；慈院啓業時，因到花蓮支援義診一週，結識同樣來自中區的委員，而後開始參與中區訪視工作。一九九八年承擔大雅區組長，二〇〇二年承擔中區活動組，練就帶隊與策劃活動的能力；二〇一七年往返中國大陸四川，陪伴成都志工，帶領讀書會等。

二〇一一年六月十一日，王郁清參加中區經藏演繹彩排驗收時留影。（攝影／施龍文）

我一九五二年（民國四十一年）出生於臺南麻豆總爺糖廠（現爲總爺藝文中心），有三個哥哥。我和哥哥們的年紀相差很多，大哥長我十五歲，三哥長我五歲。爸爸是糖廠的總務課長，因工作需要常常調動，我大約五、六歲時，搬到臺東糖廠（現爲臺東糖廠文化創意產業園區），落腳在臺東。

對於當年的記憶已經模糊，大哥、二哥他們可能去讀大學或在服兵役。大哥高中畢業讀大學，然後去當兵，當兵回來後當老師，他那時候可能是在金門當兵。二哥當完兵才去讀大學，所以是在臺中當兵。我記得他偶爾回家來，就會跟我說，臺中遠東百貨公司的東西有多漂亮、多時髦，意思是說臺東太落伍了。

我是家裡唯一的女孩又是小妹妹，爸媽、哥哥們都很疼我，小時候同學打赤腳，我總有鞋子可以穿，衣服也都是媽媽向人訂做的；哥哥們若回家，也會買禮物送我。尤其二哥，他都用手來量我的腳丫子，然後買漂亮的新鞋子送我，有時候買筆、筆記本。他跟我比較親，反而我跟三哥會常常吵架。

很奇怪的是，我們住在臺東時，若被處罰或媽媽只是稍微大聲說話，我一受到驚嚇，隔天就會發燒。或者晚上天黑了，我拿板凳墊腳想打開電燈，爸爸媽媽走近要幫我，我看到有影子也會嚇到，隔天就發燒了。

搬到臺東時，三哥讀國小高年級，他若考得不好就被媽媽揍，我若考不好，一點打罵都沒有。所以三哥會跟媽媽計較，「爲什麼小妹都不會被打，妳就要打我？」媽媽說：「因爲小妹就讓人碰不得啊，每次對她怎樣，就會發燒生病！」可能因爲這樣，我想做的事，他們都依我，不過我也不會有太過份的要求。

後來，爸媽可能考慮在臺南受教育，師資比較好，就讓三哥去臺糖辦的新營南光中學（現爲臺南市南光高中）讀書，他就去住校，也離家了，家裡就只剩下我一個孩子，所以我總愛黏著媽媽，媽媽去哪兒也一定帶著我。

心目中的大姊姊

媽媽是一個非常傳統、柔和善順且重視孝道的賢妻良母。她和爸爸都是虔誠的佛教徒，每次搬到一個新地方，媽媽就會去尋找心靈的皈依處，找有正信的佛教道場拜佛。

於是爸媽常常到臺東佛教蓮社拜佛，至於他們跟蓮社的因緣，我當時年紀很小，並不清楚，只記得每當晚餐過後，他們都會帶我去蓮社拜佛，我就是在那裡認識廣化老和尚；還有一位明訓法師，他是印順師公的學生。

蓮社位於臺東鎮（現爲臺東市）上，臺東糖廠在馬蘭，比較鄉下。一九六〇年代的臺灣社會，交通不太方便，只有收音機，沒有什麼特別的娛樂。糖廠有提供員工宿舍和交通車的福利，因此大多數糖廠的員工，每天下班後都會搭交通車到臺東鎮逛街、購物，然後事先約好回程時間，再搭交通車回來。

我總是趕緊吃完晚餐，跟著媽媽去排隊搭車，再一起到佛教蓮社去。見到未出家前的上人是我在臺東的後半段了，那一回隨爸爸、媽媽到蓮社共修，上人跟修道法師正好來到蓮社掛單[1]，修道法師就在蓮社駐錫講經。當時，媽媽皈依修道法師，而我很幸運地見到還未出家的上人。

不過，那時候我才九歲左右，也不懂大人的事。小時候，我一天到晚在外面玩，爬樹、摘水果。糖廠主管的宿舍都很大，種植很多果樹，我常爬到芭樂樹上，看到芭樂就啃一下確定它是否熟了，常在樹上找芭樂吃，或去同學家玩扮家家酒。

同學家有很多姊妹，我都隻身一人，可能覺得自己很孤單。那次蓮社在辦法會，爸媽帶我去聆聽修道法師講經，上人在旁協助法師。未出家的上人，身穿白衣黑長裙、綁著兩條辮子，眼睛大大、烏溜溜的，斯文穩重。她告訴蓮友，這個該怎麼做，那個該怎麼處理，有條有理，讓法會進行得很順暢，讓我留下深刻的印象，「這位大姊姊好能幹喔！怎麼這麼棒？年紀輕輕就什麼都會」，我也在心裡把她當成是自己的大姊姊。

王郁清的爸爸王耀民（左三）、媽媽顏嘉亨（左五）與子孫合照。（圖片／王郁清提供）

從那時候開始，我就很崇拜這位大姊姊。當時我只是個小女孩，懵懵懂懂，只知道媽媽已經拜修道法師為師，我心裡就想，不能再拜媽媽的師父為師父，就跟媽媽說：「我要拜她為師父。」

媽媽是慧命守護者

住在臺東時，除了發願拜上人為師父外，對其他事情就沒有什麼特別印象。爸爸去上班，家裡就只剩下我跟媽媽，我總是黏著媽媽，無論做什麼事就是跟著媽媽，去道場聽法師講經說法，或參與放生活動，我都一路跟隨。

臺灣光復之前，爸爸曾到日本求學。有一段時間，媽媽也去日本跟爸爸一起生活，所以他們會說日語；尤其當他們要說一些不想給我知道的事情，就會用日語交談。我就會抗議說，他們又在講我的壞話了。

十歲左右，要升四年級時，爸爸又從臺東糖廠調到雲林縣的龍巖糖廠，我又跟著搬家了，然後去讀龍巖國民學校（現爲龍巖國小）。六年級畢業後，才搬到臺南新營修配廠，我就去讀臺南南新初中（現爲南新國中）。

搬到龍巖糖廠後，媽媽發現那一帶並沒有一個正信的佛教道場，就找爸爸商量，把糖廠空出來的宿舍，整理成小小的共修點。媽媽經常邀請各地的法師前來講經說法，修道法師還有臺中蓮社的師父們也曾經來過。

總之，小時候到國小階段，因著爸爸的職務調動而遷來遷去，學校也讀了好幾所。爸爸因爲工作關係時常調動，就沒買房子，直到他退休後，也許有落葉歸根的想法，才在臺南市買房子，定居下來。

不管搬到哪裡，媽媽總會經常提醒我：「要寫信給妳師父。」或告訴我，我的師父在做什麼、什麼……我正在讀初中，還是學生，並不知道媽媽跟上人的訊息是怎麼連接上的、她是從哪兒得知上人的狀況，只知道有一次看到她與四位師姊在小精舍（指大殿）前照相，我說：「奇怪，我怎麼都沒有跟到？」媽媽才說，她以自己和爸爸的名義捐花蓮慈濟醫院一間病房。

南新初中畢業後，爸爸媽媽就說：「女孩子去讀護理，不錯啦！」我好像就沒有去考高中，直接去考護專，一九六七年就讀私立弘光護專，是第一屆的學生。三哥也在讀私立大學，我們兩個每學期的學費不少。我媽媽很賢慧，很會理家，爸爸是公務人員，她讓我們四個孩子都受高等教育。每次要繳學費時，媽媽就先跟糖廠借資，再從爸爸每個月的薪水中扣，所以她還有辦法存三十萬捐病房，眞的很不簡單。

爸爸退休時，我大約十八、九歲左右，還在讀護專。媽媽一直在守護我的慧命，給我的影響很大。每次回到家，媽媽就會不斷地給我上人的相關消息，「聽說妳的師父出家了」，「聽說妳師父現在在花蓮」，聽說怎麼樣、怎麼樣……媽媽眞的很守護我的慧命，常常耳提面命：「妳拜人家做師父，師父要做什麼，妳做弟子的就要護持。」我才漸漸跟上人、跟慈濟開始有比較多的互動。結婚前，我就開始跟朋友勸募，不過都是想到才募，沒有像現在這麼固定。

收來的善款就交給媽媽，她也會跟親朋說花蓮有一個師父在做善事，整理之後一併寄回花蓮，然後就收到一本從花蓮寄來，上面寫著「七十三號」的勸募本。我沒有進一步詢問清楚那本子寫的「七十三」代表什麼，反正師父寄來應該不會有什麼問題，所以就這樣子

一九七二年，王郁清（後排左一）自臺中弘光護專畢業。畢業照前排中的老師為護理助產科主任張芙美，於一九九〇年受聘為慈濟護專第二任校長。（圖片／王郁清提供）

一直收（善款）。

如今常常思索此事，我跟上人的因應該很深，緣卻比較淺薄，所以在上人剛成立佛教克難慈濟功德會，很艱困的時候，我還只是個學生，沒有辦法出到什麼力，一點忙都沒幫上，只從媽媽那兒持續聽到上人的近況。

醫院體驗人生

跟上人有很密切的接觸，應該是在讀護專的時候。當時曾經寫信給上人，聊一些我的近況。實習的地方大都在軍方體系的醫院比較多，因爲當時私人醫院也不多。比如光田綜合醫院、八〇四、八〇三醫院和豐原衛生所。軍醫院的護理教官口氣好兇，每次實習時，我們這些實習生都要面對很多的教導和壓力。

弘光的創校校旨，以護理助產科爲主，所以讀護專必須考護士和助產士兩種執照，而且實習時數要夠才能畢業，畢業後再去考執照。在豐原衛生所實習時，衛生所的主要業務是公共衛生，包括老百姓的健康、預防注射、家庭計畫、產婦生產等等都會找衛生所，所以有婦人要生產，我就跟衛生所的助產士去她家裡接生。

在學的後兩年幾乎都在醫院實習，印象最深的有兩個，一個是在開刀房，一個是在產房。當年的國軍臺中八〇三醫院就是現在北屯路親親戲院的位子，護理教官都受過嚴格的軍事教育，開刀房的護理教官很嚴格，每天早上的meeting是針對當天要開刀的事項討論，所以前一天我們就要預先做準備。因爲開刀有很多種知識，比如隔天要開胃部的手術，可能醫師會考我們胃潰瘍的成因，以及相關知識。

有一回，沒有猜到教官要問的問題，他問病人開刀的十二個姿勢有哪些，中英文都要說，大家就很緊張，只會說出側臥、平躺，其餘的都不知道。我們那一梯的實習生有中國醫藥學院（現爲中國醫藥大學）、中山醫學院（現爲中山醫學大學），還有弘光護專和中臺醫專（現爲中臺科技大學），每個學校約兩、三個，沒有一個人能背出完整的十二個姿勢。教官就罰我們在下午上班前，抄寫十二個臥式的中、英文名稱，各一百遍。

我雖然家境不是很寬裕，但在家裡是受寵的孩子，家人都戲稱我作「女王」，當然家事、人際關係也不很懂。媽媽也常常叮嚀我說：「出去眼睛要放亮一點，不要笨笨的。」所以出門在外，沒有人疼了，凡事都要靠自己，哪個人願意做「不長眼」的人。所以，我眼睛都睜得好亮，乖乖地聽話。

中國醫藥學院的實習生就說：「不要寫了，寫也寫不完，看他要怎樣再說！」我們五專的實習生都很乖，不敢去用午餐，一直寫，才寫兩、三個臥式，時間已經到了。雖然寫不完，上班的時候還是乖乖地拿去交，跟教官說：「教官，我們寫不完……」

中國醫藥學院的實習生照常吃飯、睡午覺，結果好戲來了，有交的、有寫的，就不用再寫了。沒有交、沒有寫的，隔天早上meeting以前全都要寫好，這下換他們晚上不用睡覺了。教官交代做的事，我就乖乖地寫，過關後當然很高興，晚上就可以好好睡覺了。

還有，接生時也很恐怖，要接生二十個嬰兒才能畢業，所以學校都會去找生產率高的醫院給我們實習。我記得有一家婦產科的出生率很高，不知道他們是節儉還是怎樣，我們每天吃的都是隔餐剩的飯菜，早餐剩下的給我們中午吃，中午剩

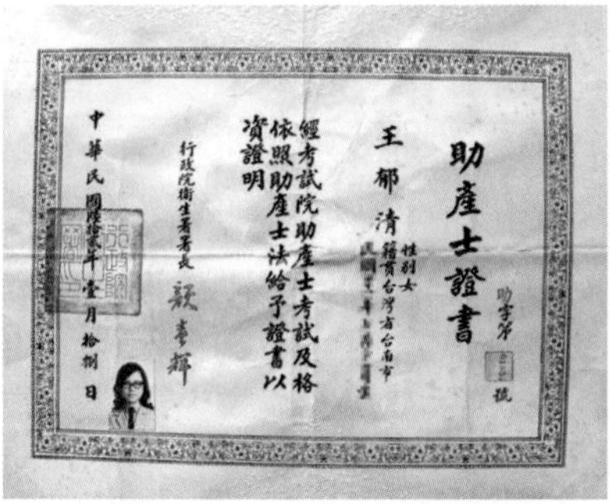

助產士證書

王郁清 性別女 籍貫台灣省台南市

經考試院助產士考試及格依照助產士法給予證書以資證明

行政院衛生署署長 顏春輝

中華民國陸拾貳年壹月拾捌日

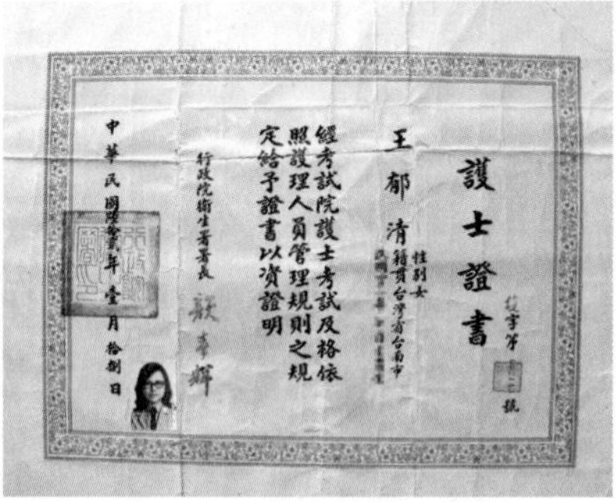

護士證書

王郁清 性別女 籍貫台灣省台南市

經考試院護士考試及格依照護理人員管理規則之規定給予證書以資證明

行政院衛生署署長 顏春輝

中華民國陸拾貳年壹月拾捌日

一九七三年，王郁清同時取得助產士與護士證書。（圖片／王郁清提供）

的當晚餐，我們幾乎都在吃冷的飯菜。

實習時比較恐怖的是要抱產婦。我記得有一位婦人，好像在一樓生產，實習生要將她抱回二樓病房，而且是自己一個人抱。我有一個同學，她讓產婦的雙手環繞著自己的脖子，準備從產檯抱去二樓，結果可能抱不動，就跌倒了。她好緊張，擔心產婦有沒有怎樣？那個產婦很窩心，反過來問她，「小姐，妳有沒有受傷？」

我們在一個地方實習都要值勤六個禮拜，壓力很大，曾有個同學連晚上睡覺時作夢都在接生，一直摸旁邊同學的肚子，說：「開四指了，趕快送產房。」可見大家的壓力有多大。不過，實習雖然很辛苦，受到委屈，回家也不會跟媽媽講。

斗膽通信請求皈依

跟上人有較多的互動，應該是在讀護專的時候。當時曾經寫信給上人，聊一些我的近況。跟上人通信，每次都很客套地問候和說我在醫院實習的狀況，沒有說委屈的事。

有一次在專四，我已經忘記是否有跟上人訴苦或抱怨什麼？上人特地抽空回信給我，還記得上人在信裡對我開示：「妳提早去體會人生的苦諦。」上人很早就跟我開示「四諦」——苦、集、滅、道，可惜當時我根基太淺，缺乏智慧，無法理解上人的苦心，並沒有做任何努力來改變現狀，還是隨順因緣，結婚生子。

小時候在一個很幸福的環境裡面成長，眞的不知道什麼叫做苦，雖然實習時受到那麼多的責難。讀書的時候，我最討厭解剖課要背很多的骨頭、肌肉等等專有名詞。每次要考解剖時，老師都會警告我們：「不背就給你們重修。」現在想一想，當年也只是不喜歡教官對我們那麼兇，我也不會覺得那個是苦。可能小時候沒有吃過苦，苦的種子沒有種在我的八識田裡，所以，遇到很多事情並不覺得苦。

一九七二年護專畢業後，媽媽就鄭重地提醒我：「妳以前都只是講講而已，長大了應該要眞正的皈依。」我不悅地回媽媽：「我現在剛剛畢業，才到醫院上班，我是剛進去的，叫做菜鳥，也不可以跟人家講說我要請假，我哪有時間啦！」再來因北迴、南迴鐵路尚未通車[2]，搭客運到花蓮不是從蘇花公路就是走中橫公路，車程非常遙遠。

隔年（一九七三年），媽媽建議我可以寫一封信向上人請求皈依。那時我不知哪來的膽量，就提筆寫道：「師父，您在花蓮，由於交通相當不方便，加上我又在上班，沒有時間，我是不是可以通訊皈依您？」我還請求上人的允准，讓媽媽做我的見證人，並附上五百元，寫明一百元買花果供佛，二百元供師，二百元救濟貧困。上人眞的很慈悲，回信告訴我「可以」，賜給我法號「靜弘」，而那些供佛、供師的錢要全數歸入救濟貧困的善款。

於是，在一九七三年農曆七月二十九日地藏菩薩聖誕日（西曆八月二十七日），當天清晨五點在家裡的佛堂，在媽媽的見證下，我依照佛教儀軌，虔誠跪拜三皈依，完成拜師儀式。

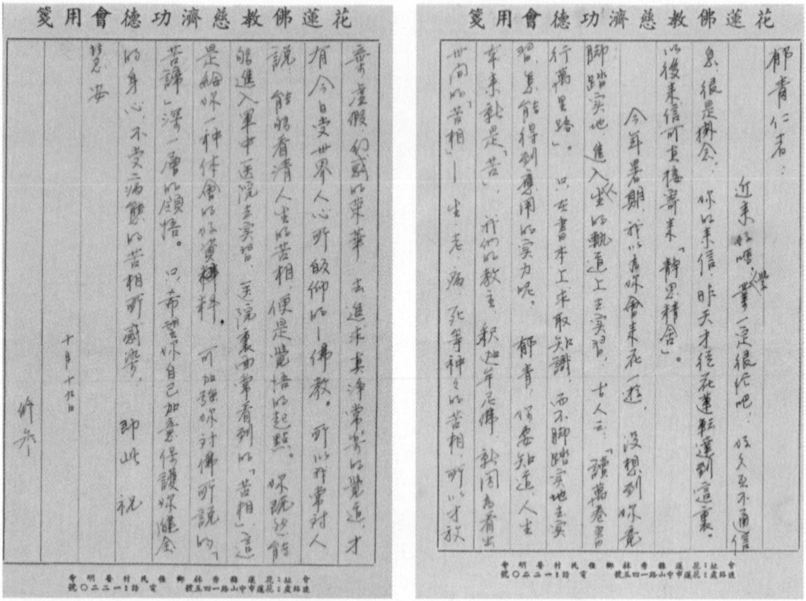

花蓮佛教慈濟功德會用箋

郁青仁者：
　近來好嗎？學業一定很忙吧！好久未通信息，很是掛念。你的來信，昨天才從花蓮轉達到這裏。以後來信可直接寄來「靜思精舍」。
　今年暑期，我以為你會來花一遊，沒想到你竟腳踏实地，進入人生的軌道上去實習。古人云：「讀萬卷書行萬里路」。只在書本上求取知識，而不腳踏实地去實習，怎能得到應用的实力呢？郁青，你要知道人生本來就是「苦」，我們的教主釋迦牟尼佛，就因為看出世間的「苦相」——生、老、病、死等種種的苦相，所以才放

花蓮佛教慈濟功德會用箋

棄虛假的感的榮華，去追求真淨常樂的覺道，才有今日受世界人心所皈仰的一佛教。所以我常對人說：能夠看清人生的苦相，便是覺悟的起點。你既然能夠進入軍中醫院去實習，醫院裏面常看到的「苦相」，這是給你一種体會的好資料。可加強你對佛所說的「苦諦」深一層的領悟。只希望你自己加意保護你健全的身心，不受病態的苦相所感染。　即此　祝
靜安
十月十九日
修參

王郁清在專四到醫院實習時，曾與上人通信。上人回信開示「苦諦」，期待她在醫院能體會生老病死種種苦相，不受環境所影響。「修參」為上人一九六二年私淑許聽敏老居士為師時的法名。（圖片／王郁清提供）

現在回想起來，我皈依的過程眞的好大膽，因爲小時候只是跟媽媽說「要拜上人做師父」，並沒有經過什麼正統莊嚴的拜師儀式。我能有因緣皈依上人，都要感恩媽媽，她眞的是我慧命的守護者。

很遺憾的是，因常常更動實習的地方，頻頻搬家，爲了減輕負擔，所有東西都盡量簡單化。除了書本外，其他的東西都很少保留。連上人允許我皈依的信件，也沒有留存下

來。

我記得信件和皈依證一起放在家裡的佛桌上，後來回去跟媽媽要的時候，媽媽竟然說都給我了。即使我反駁，媽媽還是堅持都已經通通交給我了，就這樣子不了了之，完全消失得無影無蹤。現在我手邊只剩下一封，這封很幸運地夾在書本裡，才得以保存至今。

媽媽雖然時時守護我的慧命，以傳統的觀點，父母還是認爲女大當婚，擁有個美滿的家庭就是女人一生的幸福。他們還曾經希望我嫁給醫師，我說：「嫁醫生不好啦！」可能當年在醫院看太多了，對於醫生的私生活沒什麼好感。有時候醫師還會追到家裡來，媽媽就說：「這個不錯啊！」我說：「不好呢！他是……」只有這一點，是我和他們觀念有差異的地方，但也不會有大衝突。總之，他們後來也順著我。

紅塵滾滾不自知

皈依隔年的十一月二十五日，我和黃明賢結婚，就這樣墜入紅塵滾滾裡。

結婚後，有很多生活上習慣的不一樣。我原生家庭的洗手間是用抽水馬桶，房間、廚房和洗手間都在一個空間裡。先生家是務農，他們用化糞池（傳統糞坑），房子是四合院，雖然有各自的房間，但是廚房在另外一個地方，化糞池在外面，生活上很不方便。

先生考入郵局後，住在沙鹿，我住在北屯老家，婆婆很傳統，比如孩子的奶嘴掉在地上、髒了，拿起來擦一擦就塞到孩子嘴裡，或婆婆認爲「未滿月的嬰兒沒有夏天」，會幫孩子穿好多衣服。諸如此類的觀念不一，我也不敢當面糾正婆婆，但婆媳間也不會有太大的衝突，公婆都很疼我。

媽媽常常說，我在家裡像霸王一樣，出門、結婚後不知道會不會也這樣？所以她曾嚴肅地告誡我，「不要讓你公婆在我面前嫌你一句不是，我就不敢去看妳了！」所以我面對公婆都說：「好。」但是一進到房間，就擺張臭臉，先生就慘了，他就會被我念。

不過先生從小就是在這樣的生活模式下成長，他覺得那沒什麼，所以，會有一點點覺得說，「怎麼會這樣子？跟我小時候的生活都不一樣。」有很多事情都不能順自己的意，常常要做兩面人，都沒有知音，不過現在想回來，眞的都是些小事。

有時候也覺得自己很不簡單，跟婆婆之間都沒有大衝突。可能是讀護理有學到心理防衛機轉，在面對逆境或與自己觀念、想法不一樣的時候，要把心情轉換成跟它一樣，才不會起衝突。先生無法改變公婆生活模式的事實，我也就妥協了，告訴自己：「就這樣了，要不然怎麼辦？」不過後來先生調到大雅郵局時，我生老二的時候，我們就在大雅買房子，與公婆住的時間並沒有很長。

其實，公婆、先生都對我很好，很疼我。記得有一次先生下班回來，第一句話就問我：「我對妳好嗎？」我說普通而已。他還說：「我一個同事說她的先生對她很好，她下輩子投胎還要再嫁給他。那妳呢？」我說我不要。

對於婚姻有時候會覺得很懊惱，不過也不敢說後悔，其實先生對我很好，任何事都順著我，孩子受教育、讀哪間幼稚園，他也不會說讀公立比較省，或是我想買什麼，他也不會反對，家裡大小事都是我說了算。只有一次，大雅的房子付清貸款後，我想再買一間公寓，他覺得付貸款太累了，我也就打消了念頭。

我的紅塵俗事好像比上人的善業更忙碌，結婚後雖然有持續募款，從未間斷過，不過都很忙，忙於工作，小孩子出生以後，還要忙著照顧孩子。臺中的師兄師姊，一個也不認識，所以我做慈濟都獨來獨往。我把朋友捐的善款整理好，委託媽媽以郵寄方式寄回花蓮入帳，到後來孩子大一點，才從媽媽手上接回來。

王郁清結婚時與親友合照。（圖片／王郁清提供）

王郁清訂婚時與父母合影。（圖片／王郁清提供）

與慈濟正式接上線

跟慈濟眞正很密切接觸，是在一九八六年。我們花蓮慈濟醫院蓋好後，要正式營運前有舉辦義診[3]，我是護理人員，心想義診應該可以出點力吧！打定主意後，把家裡安頓妥當，就拎著行李，自己搭火車回花蓮。我聯絡住在花蓮的同學，跟她說：「慈濟醫院開始門診前先辦義診，我要回去幫忙一個禮拜，妳家就借我住一個禮拜。」

同學到花蓮火車站接我，我跟她說：「妳在花蓮省立醫院上班，不可能每天帶我到慈濟醫院，所以妳要帶我走一趟，看要怎麼走路到慈濟。」因緣很不可思議，我們一進到醫院大廳，在佛陀問病圖前面，就看到上人正陪伴修道法師參觀醫院。因爲修道法師是媽媽的師父，我就跟修道法師說：「師公，阿彌陀佛！」又對著上人說：「師父，阿彌陀佛！」

修道法師見到我，訝異地說：「妳也來啊！」上人送修道法師上車離開後，就轉過頭問我：「妳是哪位?」上人已經認不出我是誰了，可能是我在上人的印象中，仍停留在一個小女孩的樣子。我說自己是臺東王課長的女兒，上人聽了以後，馬上叫出我的法號「靜弘」！

我在花蓮慈院幫忙了一個禮拜，有位臺中志工知道我從臺中來，就說：「我怎麼不認識妳？」我也說：「我也不認識妳。」就是經過這樣，我才初步認識臺中的委員們。回來臺中後，志工間有什麼活動，我就盡量積極參與，但是，還不知道自己應該屬於哪一組。

那時候我還住在北屯，孩子很小，也不會開車，就是騎著機車到現在的臺中民權路舊會所（慈濟民權聯絡處），以前還是日本宿舍的樣子。這一段路途有些遠，有點小小的危險性，先生就不太高興，所以我常常趁他上班的時候，偷偷騎機車過去，可是那時候眞的不太認識臺中的慈濟人。

當年，上人每個月初一都會來臺中分會宣講《四十二章經》，我就自己去，也是獨來獨往。有一回，應該是過年的時候，上人到剛剛整修好的日本宿舍，德宣師父打電話叫我過去，就是那時候，我總算跟慈濟團體眞正接上線。

德宣師父介紹兩位資深的師姊給我認識，我那時候還在上班，其中一個當著我的面說，她不要帶我，因爲我沒辦法當全職的志工，隨傳隨到。我就想說，不要

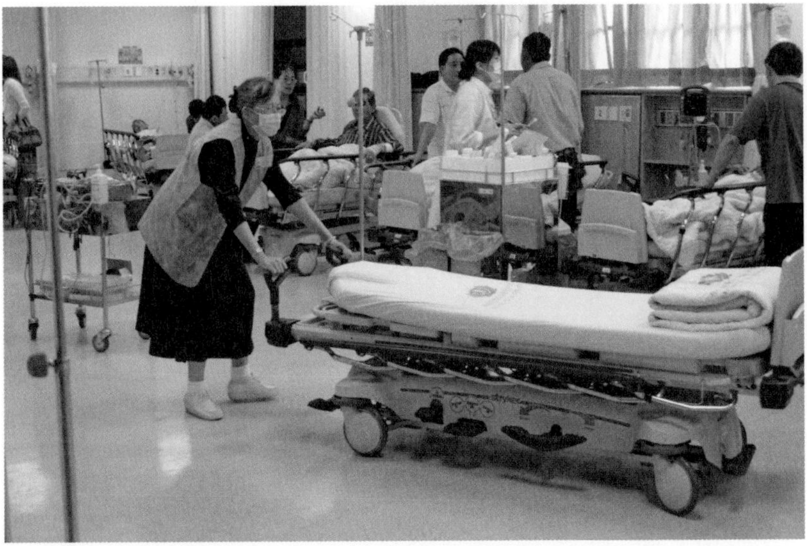

王郁清具有護理專業背景，在臺中慈濟醫院急診室當志工，熟練地推著病床。（圖片／王郁清提供）

我就算了，我就回家了。

後來，我有收到開會消息就會參加，聽其他志工分享會務。有一次，第二組的薛淑貞師姊問我：「妳是哪一組？」我說沒有組別，她就說：「那妳來我們這一組。」我就加入第二組，那是在落實社區[4]之前。

訪視體悟當惜福造福

成爲第二組組員後，我就利用假日的時間，開始參與個案訪視。那時我還沒有學會開車，都是坐別人的車前往個案家。中區訪視的範圍，幅員相當寬廣，從雲林到苗栗都有個案，能幫忙開車的人其實不多，所以我一直有個念頭，應該來學開車，才可以載比較多人做慈濟。

剛開始參加訪視時，雲林有兩個印象比較深刻的個案。一位應該是腦性麻痺者，不會說話、不會走路，生活也無法自理，整天蜷縮著身體趴在地上。他的父母都往生了，只有一個姊姊住在附近，平常他就孤孤單單一個人。姊姊中午會帶兩餐（午、晚飯）的飯菜來給他，隔天再收回去。

我們每個月去的時候，也會帶著逢甲大學的慈青們一起去跟他互動，再幫他把住家內外環境整理乾淨。所以他每次聽到我們在外面呼喊：「有人在嗎？」就會用蛇行的方式蠕動身軀，以最快速的方式移動到門口迎接我們。

另一位是下半身受傷的個案，他姊姊自己有家庭，他不想麻煩家人，獨自住在一輛放在斗六街邊的貨車裡，所有家當的都放在車上。後來，雲林的慈濟委員人數增加了，我們才將這個個案轉給當區志工持續關懷，不知道這個個案後來怎麼樣了。

相較於這些訪視個案，我從小生活在一個很幸福的家庭，備受寵愛，衣食無缺，無憂無慮，甚至媽媽常說我像女王，我說「一」，全家人只能附議說「好」。結婚後也很幸福，公公、婆婆對我很好，先生也很寵愛我。所以，即使我知道世界上一定有貧、病、苦的人，但是我眞的不知道，竟然還有人生活沒有辦法自理、什麼事都要依靠別人照顧的人。

參與訪視勤務後，讓我更深刻體會，並不是每一個人的生活都可以和我一樣好，我應該更惜福，要更用心去付出，如果還不珍惜現有福分的話，或許這個福就沒有了，所以我積極改變自己，慢慢的，才漸漸收斂起對家人、對先生、對孩子的那一分「我說了就算」的習氣。

我開始學會參酌他們的意見，有時候先生還會質疑：「眞的嗎？」不過經過時間考驗觀察後，他也覺得我有所改變了。所以，我若在慈濟付出比較多一點的時間，他反而會支持我：「好喔！妳去那邊有比較好。」

當然在慈濟裡面，我就盡量把握時間付出，可以承擔的勤務都樂於配合。可是參加營隊活動，天數比較多，先生難免會抱怨。有些變通的技巧，都是在慈濟裡跟師兄、師姊學的，例如事先將飯菜準備好，分裝成一餐、一餐，一天、一天，再全部放入冰箱冷凍，交代先生拿出來加熱即可食用。用了這個方法以後，我出門參加慈濟，就不會影響他的生活太大。

面對個案時，王郁清總是放低姿態、溫言暖語，來了解他們的需求。（攝影／陳麗雪）

一九九六年四月二十八日，王郁清等志工帶著逢甲大學慈青一起幫照顧戶打掃住家，引導他們為弱勢服務。（攝影／王郁清）

爸爸的藏書《法華經大講座》

爸爸是一位很傳統的嚴父，在家裡，我們兄妹比較少跟他講話互動，更不用說談心。爸爸很喜歡看書，家裡有很多藏書，有空閒都是待在家裡看書。我們回到家時，只要看到爸爸在看書，就不敢吵鬧，趕緊遠離。

慈濟歷史中提到上人出家前，一九六一年曾在臺東糖廠宿舍翻閱的《法華經大講座》，就是我爸爸從日本帶回來的藏書。不管我們搬幾次家，家裡一定設置一個佛堂，佛堂上除了供奉佛香之外，就擺放那一套經典。

當時我們住在臺東糖廠宿舍，因媽媽拜修道法師作師父，常邀請修道法師到家裡作客，上人也會一起來。但是我只記得上人很認眞地翻閱經書，之後說了些什麼，就沒印象了。因爲媽媽一向教我們孩子的觀念，如果有客人來訪，我們的任務是把茶奉上後，立即退到旁邊去做自己的事，不可以在大人身旁打轉、偷聽、插嘴。

一九九六年一月，上人行腳到臺中，在臺中分會（現爲慈濟民權聯絡處）六〇三室，對委員幹部們開示時，提起那套《法華經大講座》。我聽了後，就仔細思索：「這部經典，在慈濟裡應該有它的歷史性。」我趕緊告訴德宣師父：「上人所說的那部經典，還保存在我們家，是不是需要送回去？」宣師父聽到後，很高興地對我說：「好啊！妳就帶來。」

當時上人正要從臺中行腳到臺南，我的老家在臺南，我就回到家裡跟媽媽和爸爸說：「爸爸收藏的日文版《法華經大講座》，上人最近又提起了，我們是不是將經典送給上人拿回花蓮？不然，您以後的子孫們不見得會護持這套經典，若送給慈濟，人家一定會保存得十分完好。」他們聽完後都點頭說：「好啊！」

一九九六年一月二十五日，接近中午的時候，我和媽媽就把書送到臺南聯絡處（現為慈濟臺南分會），呈給上人。目前經書由花蓮靜思精舍妥

王郁清（右一）陪媽媽王顏嘉亨（右二）帶著日文版的《法華經大講座》至未完工的臺南聯絡處，親手交給上人。（圖片／王郁清提供）

善保管中。

積極推動關懷獨居老人

結婚以後，我們曾搬到臺北住了半年的時間，我不喜歡臺北的天氣，就回來臺中。剛從臺北回來是住在北屯，先生去考公職，分派到沙鹿的郵局上班，後來又調到大雅郵局。

一九七九年老大一、兩歲之後，我們在大雅買房子，住鑾長的一段時間。一九九七年中區落實社區分組，大雅、西屯、龍井歸爲第九組，組長是溫春蘆，各區還是有小組長，我就承擔大雅的小組長。一九九八年，剛好有一則社會新聞出來，有獨居老人往生，上人曾開示，要弟子們去做獨居老人的訪視[5]。

一九九八年我是大雅組長，在大雅的忠義村和六寶村，以前是眷村，所以老兵很多。當年慈濟事主要還是在慈善，訪視幾乎就是我們委員工作的全部，如果不做訪視，也好像沒有什麼事情可做。

當時大雅區的委員不多，但是獨居老人很多，我們要拜訪住戶時，需去請求其他組隊的志工來支援。我們去探視這些老兵時，遇到重重的困難，因爲那些獨居老人都是領半年俸的老榮民，每次半年俸一發下來，社區裡突然就來了很多鶯鶯燕燕，她們想方設法，想把老人家的錢騙走，所以，當我們在推行訪視關懷時，就頻頻遇到瓶頸。

每當去敲門問：「伯伯！有人在家嗎？」他們都說：「不在！」就是不願意開門讓我們進去。若這樣一直持續下去，根本沒有辦法進行關懷。後來我們就請求村長還有民意代表幫忙澄清。因爲他們已經耕耘社區很久了，很受榮民伯伯的信任。

村長和民意代表不可能跟著我們一戶一戶去訪視，所以我們就利用當年（一九九八）的中秋節舉辦一個中秋團圓宴、月光晚會來破冰。我們邀請獨居伯伯們過來聚餐，然後請這些民意代表和村長，把身穿藍天白雲的志工介紹給他們認識。「穿這個藍天白雲的都是好人，他們去拜訪你們時，你們都要開門喔！」從此獨居伯伯才接受我們，才能完成六寶村和忠義村的後續訪視關懷。

一九九八年十月三日的忠義社區中秋節晚會餐敘中，慈濟志工安排許多表演節目，圖為慈誠師兄以〈瀟灑走一回〉帶動跳為晚會熱鬧開場。（攝影／劉令玉）

為了讓忠義村的榮民伯伯更了解慈濟，志工訂於一九九八年十月三日在忠義社區市場廣場舉辦中秋節晚會，席開三十五桌，有二百五十多位的榮民伯伯參與。（攝影／劉令玉）

當上人來到臺中時，我們跟上人報告關懷榮民伯伯的經過情形，上人曾開示中區的效率非常好，很用心關懷這些榮民伯伯。上人還說，這些老兵大部分都是獨居，他們年紀很輕的時候就跟著國軍過來臺灣，有的甚至還沒有成年就跟過來，上人覺得他們爲這個社會也付出了青春，現在老了，如果沒有成家，我們就應該多多去關懷。

參與九二一賑災

積極推動關懷獨居老人後隔年，就發生九二一地震。隔天，我進去臺中分會，看到的畫面可說亂成一團，來了有很多人，有的在二樓佛堂。很多電話進來時，林佩樺是當年的文宣組（現爲人文眞善美），她都會將災情和有人打電話來報災情或需要物資的資料，記錄在分會進門右邊的黑板上。

大家一進來，就先看黑板，然後到二樓佛堂報到，當時二樓是志工集結中心，也是分配工作的地方。哪裡需要幾個人，能去的就舉手，然後就跟著負責的人進災區去了。九月二十三日上人來到臺中坐鎭後，才比較有規模。上人擔心有餘震，要我們不能大清早或摸黑地去救災，要由幹部先去勘災，勘災完後，若要啓動什麼工作，各區再分配人力去支援。當時有苗栗、清水、大甲等地的志工，甚至臺北、嘉義、臺南等的師兄師姊都一起來支援救災。

九二一發生後，尤其是早上，不管去南投市或去埔里鎮救援，有時候車子開在馬路上，就會看到路旁的房子有人衝出來，有時是一整排房子的人都衝出來。剛開始我們不知道爲什麼，後來才曉得是因爲餘震來了，我們在開車沒有感覺，不過他們眞的就是被地震嚇到了，一有動靜，就往外衝。

二〇〇〇年，中區再次擴編，原來的第九組就分成西屯和大雅區，西屯的組長是溫春蘆，我就承擔大雅的組長。九二一發生後的一、兩年內，大雅認養的區域是南投棒球場的大愛屋，所以我幾乎都在災區。大愛屋蓋好後，我們每個月進去辦活動，寒暑假接著辦營隊，慈濟教聯會還有慈大的慈青社和快健社都會來帶動。如果快健社在大愛村辦活動的話，慈青社和教聯會就去希望工程的學校辦營隊。

我一直在社區規劃活動，承擔組長，負責的地方就要自己規劃、自己辦，我們

二〇〇九年八月莫拉克颱風在南臺灣造成嚴重災情，十六日王郁清（左二）和其他志工前往屏東林邊協助打掃。（攝影／施龍文）

在大雅也辦了好多次的義賣。我都事先私下詢問幾個人：「你感覺這樣進行怎麼樣？」如果問了十個人，有七幹部認同我的想法，我就放大膽下去做了，其他三個不來參加，我之後再跟他們道歉：「不好意思，大家都同意這樣子做。」我對自己處理事情是蠻有信心的，那時候叫做「少年」，什麼都不怕。

二十幾年後想起九二一，還覺得眞的很恐怖。那時候還不懂得體會苦是什麼？我們去南投殯儀館關懷時，那時候也很慘。有的是年輕人、有的是老年人，自己單獨一個人，望著遠遠的地方，好像一切都沒有了，什麼都沒有了。我知道他們很苦，但沒有辦法協助他們是另一個苦。他們的苦，要有同理心，不過我還沒有辦法去同理他們，因為我不是他們，他們的苦應該比我的感受更強。

心裡只想著，能幫災民解決困難，就趕快幫他們解決，他們缺什麼，我們就做什麼。我們逐戶去訪視，下雨的時候，災民居住的帳篷下面都是水，好一點的就睡在棧板上。有的連棧板都沒有，床就浸泡在水中。他們不知道該怎麼辦，我也不知道去哪裡拿棧板給他們，看到那樣也覺得很無奈。但是上人跟我們不一樣，上人可以同理他們，會告訴我們應該怎麼做，怎麼幫助鄉親。

地震後，災區都停電，當時只有中投公路蓋好，其他都還是一般道路，回到臺中同樣沒有電，馬路也沒有紅綠燈，但是大家都會互相禮讓，守規矩，沒有聽到發生車禍。我記得有一次我們去埔里，傍晚天都暗了，在馬路上開車，除了車子的大燈，只看到少數由路邊住家透出的蠟燭燈火，埔里就像一座死城……

我一面開車一面很想哭，心想臺灣怎麼變得這麼悽慘，我們眞的就這樣了嗎？開始慢慢蓋大愛屋以後，可能大家的心就平靜下來，就會看到街道兩旁住家開始點燈，有人開始賣麵等等，才覺得臺灣還是有希望的。

做慈濟改變人生觀

我九歲就認識上人了，我一直在思考一個問題，如果我沒有進來慈濟，可能就是千篇一律的職業婦女的平凡生活樣貌。或許從職場退下來以後，也跟著很多的現代人一樣，隨興自己喜歡什麼就去做，生命的色彩不可能這麼多彩豐富、有意義。

在慈濟團體裡，人事方面需要十分費心，因為大家來自不同的家庭、不同的成長背景，教育背景也參差不齊，不可能每一個人都是同一個模子，一定有一些不同的想法。

進入慈濟後，有了出勤務、辦活動經驗的累積和與人互動，我漸漸覺得，人與人之間要圓融才能將事情辦好，跟很多的人都結了一分很好的緣，所以在家裡也慢慢改掉之前那種霸氣了，智慧好像也增長了一些，如此我的生命便更有深度。尤其在慈濟，不管遇到什麼樣的阻力，只要轉個念頭，善解對方，雲淡風輕，很快就過去了。

從小我都不用做事，根本不會做家事，但從慈濟師兄、師姊們的身上學到怎麼去整理家務，更在他們身上學到精進。像陳麗雪師姊，以前我做組長的時候，我們一起共事過，對於她，我覺得很捨不得，她不管做什麼，真的都是全心、全身投入。她沒結婚，沒有人管，所以常常熬夜，讓我很擔心她的健康。

我常常說，自己跟上人是因深緣淺。其實跟上人很直接的互動，不是很多，記得第一次在臺中分會，約一九九一或九二年時，那時候在選組

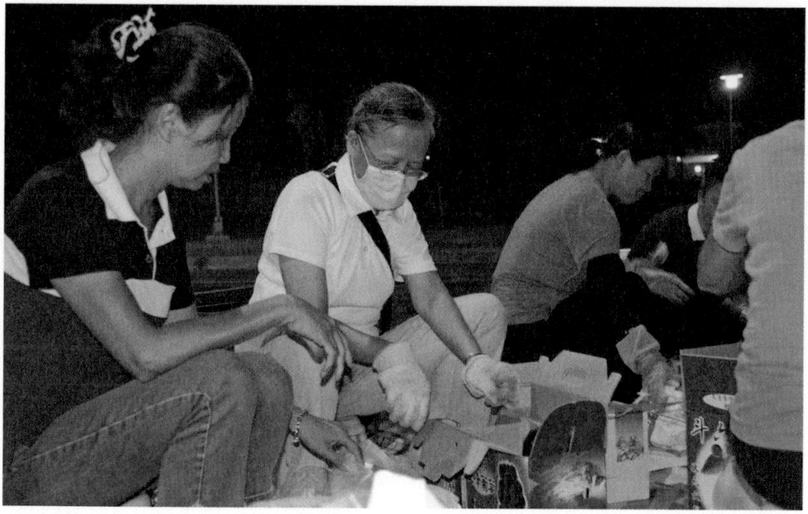

二〇一〇年，王郁清（左二）參與臺中北屯區軍福公園的夜間環保。（攝影／施龍文）

長。當時我還年輕，他們就選我做組長，我也不知道哪來的勇氣，劈頭就當場拒絕，跟上人說：「我不敢擔！」上人很慈悲，體諒地說：「她還很年輕，再給她多學幾年。」

之後搬家到大雅，當大家第二次推舉我承擔組長的時候，我就不敢回絕，如此一路承擔組長數年。後來舊家改建後，搬回臺中北屯（二〇〇二年）定居，也傳承大雅的組長後，先生感到很高興，他覺得我不用當組長就比較有空閒的時間，我們可以一起到處走走，可以出去玩。

承擔活動組　圓融人事結好緣

其實在慈濟團體，我第一個承擔的勤務是人文眞善美。剛開始時，林佩樺師姊利用她公司的電腦教我們，我就從大雅去她臺中的公司學。學會後就很想秀，開始學做社區的檔案、海報。九二一地震時，我是大雅的組長，剛好學會電腦，就開始發揮。每次要進大愛村互動時，我就事先做DM，秀出來給大家看，覺得很有成就感。

二〇〇二年我退下大雅的組長後，活動組林美蘭師姊知道我會電腦，邀約我加入活動組，我推說我不知道怎麼辦活動？她鼓勵我：「沒有關係，慈濟就是從不會教到會。」所以跟著林美蘭師姊一路承擔活動組，現在回想起來也很奇特，一個學護理的人居然能承擔活動組，還承擔好幾年，也辦了很多的活動。

要舉辦一個活動時，總會人不認同，或總是缺人，好像一直在找人補位，有時候感到很挫折，沒有成就感。尤其舉辦大型浴佛時，要排菩提葉，如果缺一個人，就像葉子被蟲蛀一個洞，所以要圓滿。上人常鼓勵我們，做好事要大家一起動員。當然也會有不盡人意的時候，其實不是只有我們中區會欠人，我就盡量努力，努力去做就是了。

不知道是不是我從小父母就沒有讓我擔心過任何事，我比較不會煩惱及緊張。我覺得自己又沒有多厲害，憑什麼給人家不好的聲色。而且，很重要的一點，上人說過：「活動只是一時，做人卻是一世。」如果爲了一項活動而得罪別人，以後在臺中還會見面，那不是很不好意思。所以，我都安慰自己，來慈濟的人都是好人，不要跟好人計較。

二〇一一年八月的《慈悲三昧水懺》經藏演繹，有四面舞臺，從四、五月就開始彩排，因場地不夠大，而且分ABC組，需交換練習，常常要分兩個地方練習。有時候早上在大藝工廠（臺中慈濟醫院建院時志工的臨時使用地點，現在是心田聯絡處），下午就換去東大園區。

下大雨時，大家穿雨衣也照常練習。身爲活動組，雖然爲了找人、補人或接變化球，辛苦難免，但是我對師兄、師姊那分孝順上人的心，滿感動的，這也是促使我們在辦活動，再辛苦也會感到很幸福。每當活動圓滿後，大家皆大歡喜，上人又會讚歎弟子們，這些苦練就不算什麼了。

我覺得慈悅師姊要辦這場水懺演繹前，她已經累積了一些經驗，像演過《無量義經》、《父母恩重難報經》等等，慈悅師姊都會安排得好好的。如果我是她的話，我就會很擔心。我們只要按照她交代我們該做的事去努力配合，盡心力地圓滿一場法會，哪有什麼好煩惱的。

水懺演繹時，整個臺灣每一區都有欠人的現象，我就會想我們已經努力了，雖然過程變化球不少，挫折感很重，好像一直在補人，但我都相信佛事一定會圓滿。很妙的是，到後來，活動都能夠圓滿完成，大家都好歡喜。

總之，表面上好像是活動組在辦活動，事實上是全體慈濟人共同合作承辦，因此也讓我成就好幾次中區的大型活動。

禪與纏　體會來不及

活動組傳承後，二〇一七年陳秀鷹師姊在中國大陸四川關懷當地志工，她邀我過去成都一起關懷，我想我都將近七十歲了，往後的時間還有多久？就答應了。

在四川成都讀書會時，正好大家讀到《靜思》這本書，內容寫到我小時候那一段與上人結緣的經歷。大家都很羨慕，可是我在心得分享時，內心百感交集，相當難過。我說，我跟上人的因緣是這麼的早，而我居然沒能好好把握這一分殊勝的因緣，卻墜入滾滾紅塵裡面那麼久。當下說著說著，爲當年的我感到非常懊惱，就掉了幾滴眼淚。

現在回想起此事，假如我當初有回去花蓮皈依的話，現狀是不是會有所改變呢？然而上人給的開示，只有一句話：「禪與纏。」

雖然我小時候有因緣遇見上人，但是不管在家庭、工作上，不斷被這些紅塵滾滾纏住，因爲這個纏，讓我無法禪定，沒辦法很堅定地在年輕時，就投入這條菩薩道。

對於上人的法，比較受用、記憶深刻的是上人升座在宣講《法華經》時。二〇一三年夏天時，我開始每天聆聽，認眞的做筆記，做完筆記時還記得，不過幾天後就忘記了。後來從《法華經．序品》重播開始聽，終於漸漸能夠明白，其實上人在宣講著佛陀的本懷，佛陀是來人間度化眾生。

關於上人對大千世界的環境，對所有眾生的那種完整的愛，我最近再聆聽後，就能夠更深切體會上人對所有眾生的那一分長情大愛。上人一直說來不及，其實我也對我自己生命感到來不及，我沒有辦法去延長我生命的長度，但我要增加我生命的厚度，所以才會決定過去成都陪伴。

經過不間斷地薰法，也參加線上品書會分享，才慢慢體悟到人生眞的是苦。我現在總算能夠感受到，上人於幾年前再三提醒「來不及」，那時候很多弟子並不理解上人對整個大乾坤崩壞的那種來不及的無力感。這讓我更警惕自己，本身要做好，再去影響別人。對別人而言，他們不一定能聽進去而做到，但是至少我自己要做得很徹底。

我已經七十歲了，若不加緊腳步趕快薰法，會永遠跟不上。不斷薰法和體悟才有辦法，一年一年、一世一世地修，把苦漸漸減少一些。當初的那一分纏，給我現在很多的纏，其實這個纏一直存在著，我正在努力想方設法把它撥開。很感恩有很多人的協助成就，先生也在幾年前先修行去了，所以我現在真的減少許多纏，因此有任何勤務，只要我能力所及，都十分樂意極力配合。

在社區志工茶敘中，王郁清分享自身體會的《無量義經》法義，提醒每位志工，正確的修行道路。（攝影／鍾淑惠）

二〇二〇年因爲疫情的影響，一直待在臺灣，人在臺灣就比較常會回花蓮精舍。有時候，我也會自問：「我還有多少時間？」不管時間長短，我一定要把握現在的每一天，用心在這條路上耕耘。就如上人說的，聽法要有歡喜心，要很歡喜且沒有壓力地在人群中付出，所以我很珍惜輕安自在、無罣礙做慈濟的日常。

特別是上人這幾年開示《法華經》，更明確地給我指引方向，讓我更明瞭、更堅定地做慈濟和修行。或許我的根基並不很深，但是我會努力，即使聽十遍、百遍才能懂，我都願意不斷地學，不斷地聽，將這條菩薩路鋪得更平坦，走得沒有罣礙，才能漸漸接近這個「禪」境。

1 佛教和道教術語，指出家眾或道士於十方叢林或寺院投宿。

2 一九八〇年二月一日北迴鐵路全線通車；一九九一年十二月十六日南迴鐵路全線通車。

3 佛教慈濟綜合醫院自八月三日至十五日，一連舉行二週的義診，把功德迴向給協助建院的諸方大德，義診期間共開放內科、外科、小兒科、婦產科、健康檢查等。據院方統計，來自全省的應診人數：內科三八二五人，外科一二一七人，小兒科六七六人，婦產科四六六人，急診二六人，健康檢查一一四三人，總計七千三百五十三人，支付醫藥費用為臺幣三、三一〇、五九七元。資料來源：〈慈濟醫院義診嘉惠病患〉，《慈濟》月刊二三八期（一九八六年八月出刊），頁一三。

4 過去慈濟委員的組織型態，每組委員分布不同地點，造成區域活動不均。上人認為若能以社區為單位來組合委員，就能集中力量落實淨化人心的工作。一九九六年賀伯颱風在全臺造成災情，各地慈濟人因為動員的是在地志工，才能迅速投入救災，上人眼見因緣成熟，決定落實社區志工的理念，並從一九九七年開始，重新整編慈濟委員和慈誠，推展各種教育培訓計畫。資料來源：〈推展社區志工〉（二〇二一年一月十六日），證嚴法師法音集網站，https://reurl.cc/V1eqpY（二〇二二年八月三十日檢索）。

5 我們常常在報章媒體上看到一些獨居老人病死了，卻沒有人知道的消息；甚至有老人死了很多天，屍體發臭被狗拖出來外面，才被人發現。……我們一直在推動將孝的觀念落實在社區；我希望慈濟委員能夠帶動社區的人，喚醒每個人的反哺之心。……希望大家在各自的社區推動敦親睦鄰、提倡孝道，這樣才是最幸福的人生。資料來源：主講／證嚴上人，恭錄／靜淇，〈無盡藏：上孝下育〉，《慈濟》月刊三七九期（一九九八年六月），頁六。

南投第一顆慈濟種子

徐瑞宏（八十六號）訪談紀錄

訪談／施金魚、蔡鳳寶、江淑怡

記錄／施金魚、沈昱儀、游淑惠、張秋菊

時間／二〇一五年三月一、二十二、二十三日；五月四、九日；六月十二日；八月十二日。二〇二一年一月二十日；三月三、二十三日。二〇二三年四月二十二日、二十三日

地點／徐瑞宏家

【經典語錄】

我從來不曾要求被幫助的人要知道我的名字，我只是盡社會責任，因為心無雜念，所以做得很輕鬆。

【主述者簡介】

徐瑞宏出生於一九三五年，五個兄弟姊妹中排行老大，有兩個弟弟、兩個妹妹。小學畢業後，曾到能高區署當工友，不久隨著表舅到臺東林場工作，二十八歲在媽媽的要求下返鄉成家，開始經商開創事業，育有五個女兒。因爲經常往返花蓮接洽生意的因緣，一九七六年拜訪靜思精舍，並加入慈濟會員；兩年後成爲慈濟委員，法號思戒，承擔起南投縣的會務，積極投入訪視、發放及救災工作，爲南投第一顆慈濟種子，接引許多委員。

牽手逾半世紀的徐瑞宏和徐陳月滿，夫妻同師、同道、同志願，在慈濟路上相扶持。照片為二〇二一年一月二十三日，夫妻在家中合影。（攝影／潘常光）

我的本名是徐瑞千，因爲算命的緣故，所以對外的名片都是用「徐瑞宏」。我是一九三五年出生，家裡有五個孩子，我排行老大，底下有兩個弟弟、兩個妹妹。我們住在埔里鬧區的街上，家裡開店面，一間賣水果，一間賣日本文物，所以我小時候很好命。

在戰亂、疾病中讀完小學

後來，第二次世界大戰（一九三九～一九四五年）爆發，在我讀埔里國民學校（今埔里國小）四年級下學期時，魚池遭到飛機轟炸，祖父擔心埔里也會被轟炸，不敢再住街上，就把房子賣掉，搬到鎮郊的四角城，在叔公家附近租房子，也買下兩甲多的水田和一頭牛。因爲搬家，我就改讀史港國民學校（今史港國小）。

在四角城，祖父爲了訓練我適應農村生活，拜託我叔公的兒子，一連兩天，天還矇矇亮，就叫我起來放牛，祖父還會在路上監督我有沒有去放牛；每天放學後，還要我去放牛，連續好幾個月。我爸爸原本幫祖父種田，後來被徵調去當郵差。他每天要從四角城騎腳踏車到國姓送信，當時的道路不像現在有柏油，都是碎石路，騎起來坎坎坷坷，非常辛苦。

五年級下學期時，臺灣剛光復，我得了阿米巴痢疾，整天都躺在床上。排便都是血和黏液，甚至連大腸頭都跑出來（脫肛），我祖母就用手把它推回去。那個病很難醫治，我病了大約一整年，頭髮也都掉光了。那段時間我幾乎沒怎麼念書，算術只會乘法，除法都不會。

祖父覺得我們家不是種田的料，就把田賣了，又搬回埔里街上。那時候沒有貨車，搬家是用兩輛牛車來載；雖然我的身體已經好多了，但還無法走遠路，所以是坐牛車出來。然後，我又回到埔里國民學校讀六年級下學期。

光復後，物價大漲，做工七天的薪資，只能買一斗米。祖父本來想買房子，卻都找不到中意的，於是向能高區[1]署租了一間日本人搬走的店面。

小學畢業後，因學歷不高，工作不好找，我就去送報紙。幾個月後，有位親戚在能高區署總務科當科長，介紹我進去當工友，我做了一年多，賺的錢都交給父母貼補家用。區長有客人來訪時，我負責接待，所以可以接觸到區長。區長對我很疼惜，他在批公文時我都在旁邊看，後來我在軍中會修改文書資料，就是從那邊學來的。

以前是受日本教育，光復後雖然改成漢文教育，但因爲生病，所以也沒有學到什麼，晚上就去漢文老師家學漢文，一個月的學費是兩斗米的錢，雖然很貴，可是爲了提高漢文程度，也沒辦法。老師當天教的內容，都會用紅原子筆作記號，隔天我就要到他面前背誦，我的漢文是這樣學來的。

家變感親恩　自學不自棄

一九四九年，因爲政府實施幣制改革[2]，四萬元臺幣換一元新臺幣，臺幣貶值了，家裡賣田的那些錢等於縮水了。爸爸也在這一年病逝，他才三十五歲，媽媽三十六歲。爸爸往生後，家中的經濟更是雪上加霜，媽媽只能去做泥水小工。

大弟當時讀五年級，有一個魚池人來跟媽媽說：「我家有兩頭牛，妳家老二到我那裡養牛，你們家就少一個人吃飯。」媽媽說：「不要啦，讓他國校讀畢業，以後才會寫信。」沒想到大弟後來還讀到博士呢！從中我才體會到，一個孩子成功的關鍵就在於媽媽，所以我對媽媽很尊重也很感恩。

媽媽很嚴格，有父親的威嚴，她講的話我都不敢違逆。媽媽不辭辛勞，守著家門，養育我們五個孩子長大，實在不簡單。媽媽眞的很偉大，所以她還不到五十歲就拿到南投縣的模範母親。

後來舅舅要讓我繼續讀書，我就去臺北考開南商工（今開南高中），結果因爲很久沒有讀書了，沒能考上。舅舅那時在臺東縣政府上班，就介紹我到臺東的林場工作。每天我和同事上山，他們測量木材的直徑、長度，我負責記錄，回來還要統計材積。那時候我還年輕，很認眞，還上了一所高中的函授課程，充實自己。

工作一段時間後就去當兵。在金門當兵時，我塡了國小學歷，連長把我改成高中；我們一班有一百六十人，大概只有五、六個高中學歷。上課時，講師講國語，需要有人上臺翻譯成臺語給大家聽，連長推薦了四個當翻譯，我是其中一個。那時候軍隊裡有連長、副連長、指導員，指導員是文官，有一個幹事，我代理了幹事。那時我有空就會看《古文觀止》，指導員還會教我，後來他調走，我又兼指導員。

退伍後我再回到林場工作，林場沒賣完的木材都存放在屛東枋寮，後來老闆就派我到枋寮負責賣木材。

返鄉成家　創業起步難

二十七歲時，媽媽要我回埔里和陳月滿訂婚，因爲剛回埔里職業還不穩定，所以我們一年後才結婚。去餐廳宴客時，我沒有花錢請人拍照，而是拜託媽媽的朋友幫忙拍照，媽媽說：「一輩子就拍這麼一次，你也要省！」

宴客結束後，我和太太先回家。有一個阿伯，穿著草鞋、拄著拐杖來到我家門前，向我們乞討食物。我家外面有自來水，我說：「阿伯，你把草鞋脫掉，我去拿個洗臉盆，你把手和臉洗一洗。」家裡有準備兩桌晚上要吃的菜餚，我招呼他：「來，你自己在這裡吃。」我不認爲他是乞丐，就請他坐上其中一桌。我認爲以平等心來對待一切眾生，就不會在意他乾不乾淨，其實乾不乾淨都在於自己的心。

從枋寮回到埔里的那段時間，是我最辛苦的時候，因爲我本來是做木材生意，回家後一時間不知道可以做什麼。這時有個國姓鄉北山坑的人來找我，我跟他不是很熟，他知道我以前在臺東工作，對東部比較熟，要我去花蓮幫彰化一家鐵工廠買翻砂用的石粉。我想或許可以學做生意，於是到花蓮幫忙買了兩臺卡車的石粉；回來找彰化老闆收錢時，錢卻已經被北山坑那個人收走了。

後來，我去買樹薯來曬樹薯籤，我想要控制全埔里的樹薯籤市場，店面就在瀛海城隍廟對面。有個姓蔣的朋友說要跟我合夥，找我一起到臺東買樹薯，我就邀了一個專門做樹薯加工的老師傅跟著一起去看。老師傅看了之後，他說那些樹薯沒有粉，品質不好，不要買，就要先回去。

老師傅本來打算買樹薯，所以隨身帶了兩萬五千元，而我們只是想先去看看，並沒有帶錢。他就把錢留給我們，讓我們有需要的時候可以用。蔣先生建議可以買花生回西部賣，我們討論後決定買一臺卡車的貨。但是貨款要五萬元，所以我就去找以前的林場總經理，向他借了一張兩萬五千元的支票，就這樣將花生買回埔里。

隔天早上我到店裡，發現整臺卡車的花生都不見了，我問店裡的人，他說被蔣先生載走了；再追問被載去哪裡了，他也不知道。我就去蔣先生家找他，我說：「至少我們跟人家借支票的錢，要先還人家。」他回我說：「支票是用你的名字，你若不付錢，到時候被告，那是你自己的事。」最後，支票、現金都是算我借的。

那時候做生意常被倒、被騙，實在很不甘願。因爲以前我是信道教的，就去寶湖宮天地堂地母廟請地母指點迷津。那個時候地母廟正在擴建，他們在晚上都有扶乩[3]，我問了個人的困惑，在沙盤上地母指示了三句話：「黑氣沖天，前世冤愆，行善可解。」我不懂，以前在臺東從來沒做過壞事，也不曾說過一句壞話，爲什麼我的相貌會「黑氣沖天」？

後來聽到善天寺的師父說起慈濟功德會在做慈善工作，我又想起「前世冤愆，行善可解」這句話，才會到慈濟功德會。

雖然幫鐵工廠去花蓮買石粉，貨款被騙了，卻也因此注意到大理石建材，所以後來我就開始經銷花蓮的大理石地磚。一段時間後，經由在做苦土石灰（改良土壤）和防熱漆的東勢朋友，我認識了花蓮的臺灣礦資公司老闆，於是我轉做臺灣礦資的生意，經銷他們的大理石地磚和苦土石灰，生意才漸漸穩定下來。

生意上軌道後，鄰居許居士邀我和我小時候的鄰居洪櫻紅去學佛，我就加入了佛教蓮社，每天晚上去學唱誦〈爐香讚〉、《阿彌陀經》、〈觀世音菩薩普門品〉。我也跟著許居士去參加埔里善天寺的法會，就是因爲這樣，才有機會聽善天寺的師父講慈濟的事情。

初訪慈濟　發心護持善行

以前沒有火車可以直達花蓮[4]，去花蓮做生意，都是到臺中公路局車站坐金馬號，車班有早上七點十五分和七點五十分兩班，那是全省統一的時間。每到花蓮談好了生意，我都會先買好隔天的車票，要是買不到車票，就先坐飛機到臺北。

一九七六年，我在花蓮談好了生意，就到車站買回程票，卻買不到車票，也買不到飛機票。不知道怎麼辦時，突然想起善天寺的師父曾經提起，花蓮有位證嚴法師，他創立了一個慈濟功德會，專門幫助貧窮人。我心想，就利用這多出來的一天，去慈濟功德會看看。

隔天早上，在早餐店喝我最愛喝的鹹牛奶時，我問老闆娘要怎麼去慈濟功德會，她說：「喔！你要去農場[5]。」她除了幫忙指路，還介紹農場師父的生活，例如師父們撿水泥袋來改成小袋子，再賣給五金行裝鐵釘；還縫嬰兒鞋……我聽了覺得這些修行人很不簡單。

到了精舍，我先到佛堂（大殿）拜佛，佛堂裡面的右邊角落擺放了一組桌椅，牆壁上掛著一塊「慈濟功德會月別收支概況表」看板，寫著每個月收了多少錢、

早期花蓮靜思精舍大殿的左右兩側，懸掛著「慈濟功德會月別收支概況表」（上圖）、「慈濟功德會年度收支概況」（下圖），以昭公信。（圖片／慈濟基金會提供）

支出了多少錢、濟助戶數等等，左邊牆上掛著「慈濟功德會年度收支概況」，我看了就很清楚這位師父眞正是在做慈善。

拜佛後，我走到隔壁，看到常住師父正在做手工。有一位師父向我走來，就是證嚴法師。他問我從哪裡來，我說從埔里來的；他又問我姓什麼，我就拿了一張名片給他。師父請我到佛堂裡坐，我問師父：「牆上寫著救濟金有多少，你們的錢是從哪裡來的？」師父說：「救濟金就像是個甕缸，有的人拿來一瓢水，有的人是一杯水或是一碗水，倒進甕缸裡，救濟金是這樣來的。」

我又問師父：「您辦慈善的動機是什麼？」師父講了「一灘血」的故事給我聽，他曾經在一間診所的地上看到一灘血跡，經旁人告知，是付不出八千元的難產婦女留下，雖然心有不捨，但也無能爲力，所以才會募款做慈善，幫助貧困的人。當時的八千元，不要說原住民，即使一般人，一時要拿出八千元也不容易[6]。

臨走前，我先拿出一個紅包，對著師父說：「這一包我要做救濟金。」師父接下了。我又拿出一個紅包，「這一包我要供養三寶。」師父說：「剛才那一包就是供養三寶了。」我改口說：「因爲您這邊交通不方便，麻煩師父，這包替我買油，我要為我媽媽點佛燈。」師父說：「你剛才那一包就是點佛燈了。」師父的這番話，我體會到他用佛法在教育我，我很感動，當下就發心，以後每個月都要寄錢來護持功德會[7]。

農曆年底，正要去寄錢（劃撥）到花蓮時，剛好有客人來，我隨口問他：「我要寄錢到花蓮慈濟功德會，它在做救濟的工作，你要不要參加？」他說：「好啊！」因為我在做生意，朋友很多，心想可以邀他們參加，結果第一個月就邀到三十六個會員。

一九八三年三月二十日，徐瑞宏（左一）帶著太太陳月滿（右二）和會員到花蓮靜思精舍尋根，在大殿前與證嚴上人（左二）合影。（圖片／曾完妹提供）

去郵局劃撥時，就在劃撥單後面寫上他們的名字、金額，一次貼了五、六張名單，郵局人員說：「我們這裡，從來沒有人像你這樣劃撥的，一張劃撥單上貼了這麼多資料。」[8]

再過一個月就是過年，春節期間，朋友間你來我往請客聚餐，我問他們功德金要繼續繳嗎？他們都說好。我做的事，人家都不會懷疑，我怕的是自己不相信自己，不怕別人不相信我。

接觸個案　看見大樓陰影

連續劃撥了五個月後，我就去花蓮參加全省委員聯誼會。在佛堂裡，大家圍坐在臨時用板子搭起來的會議桌，一起討論要給個案怎樣的幫助，讓我學到個案濟助評估的經驗。看了開會的資料，我就知道訪視資料要怎麼寫了。

一年多後，在全省委員聯誼會（一九七八年三月二十六日）上，上人邀請我加入慈濟委員[9]，並且負責埔里一帶的業務。我說：「師父，可是我什麼都不會。」上人告訴我：「學就會了！」

會後，上人跟我說：「你們埔里若有窮苦人，你要報給我。」我說：「我們埔里沒有窮苦人。」上人說：「爲什麼你們埔里會沒有窮苦人？」我告訴上人，埔里像是一口鼎，這個鼎的中心就是公務員和生意人，他們生活都很安定；鼎的外圍就是做田的，現在稻穀的價錢雖然很差，但是埔里在土地重劃，重劃後他們都變成有錢人；最外圍的是做山的，雖然很辛苦，但他們的生活也很安定。

上人說：「你說的我聽得懂，但是你只看到大樓，沒有看到大樓下的陰影。」我心裡想，上人怎麼會無緣無故跟我講這句話？

雖然白天已經忙著做生意了，晚上我還到醒靈寺讀瓊林班學漢文，我的學問都是自己進修來的。從花蓮回來後沒多久，班上有位學員就跟我說，埔里有一個洪淩箍，他原本是一位泥水工，三、四年前開始時常吐血，曾就醫卻一直沒有好轉，家裡還有三個孩子，全靠太太做工養家，很可憐。

我就打電話問上人怎麼處理？上人說：「你去找他的主治醫師，問問怎麼治療？」我就去請教他的主治醫師，醫生說，洪先生的脾臟腫大，還有腸胃道出血。我問要怎麼做治療？他說要手術，手術費用五萬元，還要輸血一萬西西，一西西要五元，就要五萬，算一算總共要十萬元，我就把訊息回報給上人。結果醫生為他做進一步的檢查後，評估他的身體很虛弱，手術危險性很大，不敢跟他手術。後來不知道怎麼治療，這件我忘記了[10]。不過，第一次看個案，因為有上人的教導，不會覺得困難。

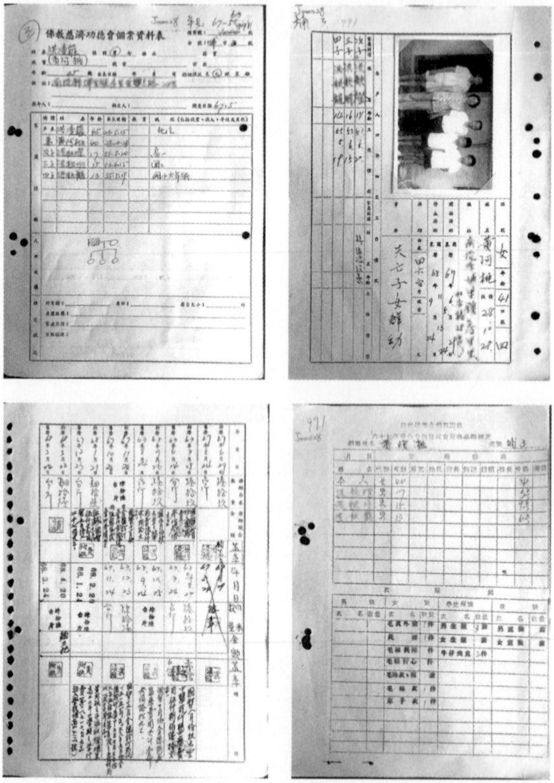

早期慈濟功德會個案資料表皆是手寫，詳實記錄下洪凌箍一家的境況、慈濟每月濟助內容，以及冬令加發衣食用品明細。（圖片／慈濟基金會提供）

承擔訪貧　自家做發放

接下埔里地區的會務後，除了投入訪視工作，也開始每個月做個案發放。我家是連棟的兩間房子，一間是做事務所，一間做倉庫，發放就在事務所那一間。第一次發放是在一九七八年農曆五月二十七日（國曆七月二日）[11]，因爲花蓮精舍是農曆的二十四日發放，我們配合精舍寄濟助金來，所以訂在二十七日。

發放除了給救助金，還有米。上人說過，窮苦人如果有米，就能夠生活。上人還交代，因爲照顧戶平常吃的東西都不好，所以米要用最好的。起先，我請他們拿著米單，到我家附近一家米店去領。後來認識了埔里鎮農會總幹事，他說：「你買米在做救濟，到農會來買，我算你便宜些。」所以之後就請照顧戶拿米單到農會領，我再去結帳。因爲到農會買米，認識很多裡面的人，其中一位職員賴錦文，就被我度進慈濟[12]。

發放在早上九點開始，發放工作是我太太（徐陳月滿）負責，她先叫一位個案過來，坐在她對面的椅子，領好了再換下一位。因爲我們去花蓮看過精舍發放，所以發放過程中沒遇到什麼困難。

不過有一次比較特別，一位太太晚上九點多才來領錢和米。我說：「妳怎麼這麼晚才來領？」她說：「因爲我白天要去做小工，沒辦法來。」她走了之後，我太太跟我說：「人家一個婦女，養一大堆孩子，她去做泥水小工，工作能放掉嗎？跟你領個幾斗米、幾千元，你跟人家講這句話！」我覺得太太這樣體念人家是對的，所以以後不管人家幾點來領，我不再多說一句話，他們什麼時間來，就什麼時間領。

一段時間後，在每次的發放之前，我請洪櫻紅帶照顧戶一起念佛，接著我再講佛法的因緣果報給他們聽。我告訴他們，此生貧窮，是因爲過去生沒有布施；我希望他們懂得布施，爲自己植福。後來委員多了，我們還煮點心給照顧戶吃，大家都爭著要煮呢！

來家裡領物資的都是埔里的照顧戶，國姓鄉就由我載去發放。每次我都是下午出門，有一次開車到柑仔林，人很疲累，就停在路邊休息，然後再進去國姓村、水長流、北港村等村發送，一直到晚上。有個人問我：「你晚上出來發放，怎麼不找個人作伴？」我說：「我的伴很多。」他問在哪裡？我告訴他車上全是佛菩薩。

到了年底的冬令發放，每位個案還會領到一套訂做的衣服，所以事先要去幫他們量尺寸，還要爲他們全家福拍照。我原先的照相機比較小，但爲了拍照顧戶，我又去買一臺大一點的柯尼卡相機，專門拍照顧戶。

冬令發放的物資，事前花蓮本會打包好，再用箱子寄過來。我家的空間不夠，對面有一棟倉庫，屋主就讓我們把物資放在那裡。另外，像較遠的仁愛鄉，我們有時會募一些衣服整理好，再連物資一起載過去給他們。

慈濟志工徐瑞宏（上圖左一）自一九七八年承擔埔里會務後，每個月農曆二十七日在自家辦理照顧戶發放，長達二十年時間，直到一九九八年埔里聯絡處成立。發放前由洪櫻紅（下圖前右）帶領大眾念佛。（圖片／呂智媛提供）

訪視心法　及時與誠情

漸漸地，地方上的人家知道埔里有個徐瑞宏在做救濟，就紛紛提報個案過來，連當時的縣議員蕭琇仁也會提報給我。我一個人騎著摩托車到霧社、信義、集集等地去訪視，路途雖遠，但我從來沒有想到累，只覺得這是一分責任。

有時候，我會邀姑媽的兒子徐阿杜或是朋友曾雪華一起去訪視；另外，我妹妹在宏仁國中當職員，她介紹我認識在學校當會計的王彩媚，我也會邀她去訪視。出去訪視有時候會很晚才回家，還好王彩媚沒有結婚，家裡沒有人管她，她跟我一起做訪視工作很多年，紀錄都是她寫的，我再修改過。

上人叮嚀過，接到個案通知，一定要馬上去看，不馬上去的話，萬一有了變化，要救濟人家就來不及了。但是，一開始我沒有注意這個問題。有一次上人打電話來說，在鹿谷有一個人往生了，他的孩子還很小，要我去看。因爲很忙，我大概隔了兩、三天才去。到往生者的家時，已經要出殯了，他的小孩在送行隊伍中，我看了都掉眼淚，很遺憾，沒能及時關懷他。從那次以後，接到花蓮的通知，我就不敢再拖延了。

我做訪視，經常都是兩、三個人一起。因爲做生意，跑遍整個南投縣，認識了很多人，所以訪視前，會事先看看個案家附近有沒有認識的朋友，先向他們打聽個案家庭狀況，收集資料；有時請朋友帶路，有些人參與多了，後來也出來做慈濟。

進到案家之前，我會問問他的鄰居，大家知道我們在做救濟，都會很親切地告訴我們。進入案家，我一定會去看他的房間。有的窮苦人，早上起來，孩子們要上學，自己要做工，哪還有時間摺被子？有的房間一打開，就聞到一股臭味，就知道這個家庭的狀況了。

還有，看案家的冰箱是不準的，因爲鄰居有婚喪喜慶時，吃剩的食物常會送給他們，冰箱一打開，有魚、有肉，卻都是人家吃不完的東西。如果問案家有幾個兄弟，這也沒什麼作用，因爲能夠出手幫助的，通常我看到的都是姊妹而已。

在案家的面前，我們絕對不做紀錄，要先讓他感到心安，才問他現在家庭有什麼困難。如果是婦女生病，我們有其他的男眾在場，我就不問她個人的問題；等他們出去後，我才問她身體的狀況。我很虔誠，她們不會怕我，就會講出有什麼病痛。

以前我們都不穿制服，也不會先表明我是慈濟功德會，等都問清楚了，我才會告訴他。我還有個原則，不管他家裡乾不乾淨，一定先找個地方坐下來，才跟他講話；即使他家裡很臭，我也不會感覺到不舒服。要知道，上人去痲瘋病患那裡，也是牽他們的手啊！

有一回，我接到南投縣政府轉來一個個案，要去訪視的時候，縣政府有三位社工跟著我一起去。案主住在一棟古厝，房子很大，但是沒有整理，大廳裡放了一堆垃圾，實在很髒，案主就睡在大廳裡，他的孩子睡在豬圈上面。三個社工一看，不敢進去，都跑掉了。

所以政府社工調查不出來的個案狀況，來到我的手中，都可以調查出來。他們就曾經問我：「這個個案的家庭狀況我們都查不出來，你是怎麼查出來的？」其實貧窮人家看到社工不講實話，就是希望政府給他多一點幫助，但是遇上我，他們感受到眞心的關懷，所以會講實話。

視個案如親　生死守護

對於窮苦人，我都把他們看成是自己的家人，如果住在南投（市）、竹山、草屯的個案有病痛，我就會拿我的名片給他，叫他去草屯一位中醫師那裡看病，都是免費。那位醫生也是個佛教徒，他有個女兒出家，我第四個女兒也出家，他們兩個在韓國相識，因爲女兒的關係我們才認識。他知道我在做慈善，所以我介紹個案去拿藥，他都不收費。

有需要時，我還會幫個案處理後事，比如買棺木、送去火化，然後把骨灰罈送到善天寺的靈骨塔；很多喪葬費都是我向地方人士募來的。過程中如果遇到別家的喪禮，就讓他跟著人家的大鼓陣，要不然我們會爲他請個大鼓陣，因爲靈車前頭如果沒有大鼓陣，有時遇到彎路會嚇到人家。

例如有一次接到提報，埔里有一個七、八十歲的老人叫張課，他租房子在二樓。我們去看他的時候，他沒有行動能力，不知道已經多久沒吃東西了，人家送給他的麵，一包一包放在他的床邊，都發臭了，一些水果也放到爛了。我們趕緊把他送到附近的一間診所，醫生一看說：「這要送去大醫院。」我們就把他轉到埔里基督教醫院。

我們幾位委員輪流去醫院照顧張課，輪到我太太時，她問他有沒有兄弟，他說有一個哥哥，叫張平；又問他，哥哥家住哪裡，他說住在嘉義的頭橋老家；再問詳細地址，他可能覺得問得太多，就不說話了。

過沒多久，張課就往生了。我不知道他老家嘉義頭橋是個什麼樣的地方，楊福達師兄平時會跟我看個案，他又有車，我跟他說：「明天麻煩你開車，我們去頭橋找他哥哥。」可是只知道他哥哥的名字，沒有住址，要怎麼找呢？我想到可以到麵店或雜貨店打聽，就走進一間雜貨店，我問老闆：「你們這邊有一個阿伯叫張平嗎？」他說：「沒聽過。」

當時店裡有一位太太在買東西，她告訴我，有一個廟公，好像就是這個名字。我們就去找，果然那個廟公就是張平，我把張課的情形告訴他，他說：「我老實跟你說，我這個弟弟離家三十多年，從來不曾回來過，現在我已經老了，若要叫我的孩子去，也沒有人認識他。不然，可以拜託你們嗎？」

就只是一句「拜託你們」，雖然沒有拿錢給我們，但我們還是自己幫張課處理

二〇一五年二月八日，埔里區慈濟志工在埔里聯絡處舉辦冬令發放暨圍爐感恩會，發放儀式中徐瑞宏（左）恭敬地將物資包送給照顧戶。（攝影／石振賢）

身後事，把他的遺體送去火化後，再將骨灰安奉在善天寺。

還有一位住在魚池頭社的阿婆，早上六點多打電話給我，哭著說她孫女跌入屋前的水池溺死了。這個女孩叫陳婕妤，只有四、五歲，爸爸已往生，媽媽又智障。我趕緊找來兩位一起學佛的朋友，許居士和何擇城居士，一起去阿婆家爲小女孩誦腳尾經，可是屋前、屋後都找不到小女孩的屍體。問了阿婆，才知道是被小女孩的叔叔抬出去埋了。

我找來小女孩的叔叔，問他是怎麼處理，他說：「用薄板叫人抬去埋了。」我追問埋在哪裡？他說不知道。我說：「你姪女被抬去埋，埋在哪裡你不知道？還用薄板！那不到兩年就爛了，如果被人家踩到，人家會不安心，亡者也不安。」他問我要那怎麼辦？我說：「去問清楚埋在哪裡，再挖起來火化。」

開始挖之前，我叫人從埔里送一具棺木來，還要請兩個工人來挖。結果對方說兩個工人要一萬，我告訴他，人不用了，只要送棺木來就好。小女孩的叔叔問我：「那誰挖呢？」我指著他說：「你和我來挖，不然叫誰挖？」結果他不敢，最後是他的鄰居和我一起挖。火化之後，我把她的骨灰罈送去善天寺。我送到善天寺的個案骨灰罈，差不多有十幾甕，每年掃墓時我都會去看一看。

銘記師問　學實事求是

還有人跟我提報草屯一個個案，名叫古金永[13]，原本他在臺北開毛巾工廠，生意失敗後，住到國姓鄉長流村的妻舅那裡。他買了一輛中古車載客維生，不料有一天與卡車相撞，頭部縫了很多針，而且手肘關節破裂。當時我考慮到只有他的手好了，才能繼續工作，所以當場就跟他說：「不然，慈濟功德會幫助你換關節好嗎？」他當然說「好」。

等到開全省委員聯誼會時，我就報告這個個案，上人問我：「你有帶他去給醫生看嗎？」我說：「沒有。」上人又問：「這個你預估要多少錢？」我心想，手肘只是小小的關節而已，我含含糊糊地說：「頂多是二、三萬。」

會後，玉里曹外科的曹醫師（曹葦）就拿他的名片給我，他說：「我是玉里的曹外科。」我不認識他，但是常常和他太太（陳靜枝）一起開會，我們很熟。曹醫師說：「你把這張名片拿到臺中北屯的圓環[14]邊，那裡有一家章骨科，醫療費用會減免。」我就帶著古金永去，章醫師看了之後說：「你們是慈善單位，我給你們打折，算十萬就好了。」我才預估二、三萬，竟然要十萬元，從這件事提醒了我——沒有根據，就不能亂講話。

另一位水里的個案高勝雄，他開鐵牛車載了五十五包水泥要去信義，行經一座橋時，橋梁斷裂，他連人帶車跌落溪底，雖然就醫治療，但下半身神經嚴重損傷，一直都沒好。他有三個小孩，受傷後全靠太太在路邊賣衣服。我去看他時，

證嚴上人於一九九〇年三月二十七日行腳至民權路臺中分會（今民權聯絡處），徐瑞宏於上人開示前，分享訪視心得。（攝影／李朝森）

他跟我說，有人介紹他到南投市針灸，一天要三百，保證三個月會好。我想了想，覺得應該不用向花蓮本會報告，就直接答應要幫助他。

幾個月後，上人來埔里複查個案，我才向上人報告這個個案，並陪上人去看他。上人進去他家時，隨行的林碧玉跟我說：「人家要送患者都要先報告師父，你怎麼沒報告？」我說：「患者傷到神經，三個月就會好，這是很簡單的事情啊！」林碧玉就沒有再說什麼。

過些時日，上人打電話給我，關心高勝雄針灸之後有沒有改善。我回答不知道，上人就要我去瞭解看看。我去看他，他說還無法走路，曾去水里一家外科診所就醫，醫生說需要換關節，但費用要十八萬。

我就照這樣打電話報告上人，我問上人對於醫師建議要換關節，有沒有什麼指示？上人告訴我，他家裡如果有人可以同行照顧他，就送他去長庚醫院找骨科醫師施俊雄，慈濟現在也有兩個個案在給他治療。上人還要我聯繫臺北的老大（陳美珠）、老二（楊玉雪）、老三（胡玉珠）師姊，一起送他去長庚醫院。從這件事，我才了解到上人做事情是多麼的慎重[15]。

撒播善種子　同耕福田

補助個案醫療費用花了功德會很多錢，比我募款收到的功德金還多，因此開會報告業務時，我常常說到哭出來。上人看我哭了，還安慰我：「徐居士，我不用你收錢，你只要把那些窮苦人照顧好就好了。」這是不可能的事情，我只花錢不去募錢，那慈濟的經費要從哪裡來？所以我都對親戚朋友說：「我欠慈濟功德會很多醫療費用，幫忙一下！」

爲了減輕上人的負擔，我很認眞去勸募。

我爲了募更多會員，早期會包遊覽車帶人參訪靜思精舍和花蓮醫院。會在車上播放上人開示的錄音帶，說慈濟故事，還有分享自己所做的慈濟事給他們聽，讓他們了解慈濟；我也會買慈濟的文物送他們，很多會員就是這麼來的。我太太在家幫人修改衣服，她會跟來改衣服的人說慈濟，也募到好幾十人。

一九九〇年十一月十二日，南投地區志工於埔里鎮公所舉行大型茶會籌備會，由組長徐瑞宏（站立者）主持，希望藉由茶會走入社區募心募愛，共同為淨化人心而努力。（圖片／張松年提供）

個案越來越多，只有我一個委員實在很吃力，我就努力邀人做慈濟，其中有人成爲當地的種子，漸漸地在各鄉鎮開枝散葉。像在水里上班的陳松齡，我們是在善天寺相識，我做慈濟不久，他就跟我到處去訪視。

還有住在國姓鄉北港村的黃錦惠，她家開米店，我們去村裡訪視，常到她家借洗手間，然後問她個案的家庭狀況、路怎麼走，互動久了，她也出來做慈濟。草屯的張河圳，我是透過朋友認識他，他的功德金都拿到我家裡。那時候所有人收的功德金，都是由我統一匯款到花蓮本會。

另外，也有受助者成爲慈濟人。住在日月潭的陳欽滿，他開計程車，太太生病很嚴重，我們給他急難補助[16]。後來我接引他進來當委員，有活動需要很多車子時，會請他幫忙開車。

我當南投組長時，所有要受證委員的人都要我簽名，後來各地委員越來越多，擴編後各地區就自行推薦，也分擔了訪視工作，每個人的訪視範圍就縮小了。

救人為己任 不計得失

一九八六年（八月十七日）花蓮慈濟醫院啓業後，我帶過好幾個個案去花蓮治療，不然送到別的醫院就要花很多錢。記得一個星期六的下午一點，埔里鎮公所的人來找我，他說：「有個范順偉，心臟病很嚴重，醫生吩咐要送大醫院，這個要你們慈濟功德會才有辦法幫忙。」那個晚上我過去看范順偉，他躺在床上跟我說話，請我要救他！我請他爸爸拿他的檢查資料拿給我。

我的親戚鄧相揚開設向陽（醫事）檢驗所，我就拿范順偉的資料給他看，他看了之後，說是跟他岳父當年一樣的病。他岳父是給臺中榮總的醫師開刀，我問他花了多少錢？他說四十萬。那時候我很會勸募，我覺得四十萬對我來說是簡單的事，我就請他幫我聯絡醫生，不料那位醫生到金門去了。

假如把這個個案送到別的醫院，可能每個禮拜都會向我要錢，因此我想把范順偉送到花蓮慈濟醫院治療。但是他爸爸不肯，把他送到埔里的醫院，大約住了一個多月，病情更嚴重了，才又來找我。我說：「你兒子已經那麼嚴重了，我不敢！」於是他找來一個朋友做人證，我才答應。

那時候陳忠厚師兄是我有力的助手，我趕快請他叫了一部救護車，並且打電話給我在臺大醫院上班的女兒，叫女兒去臺北火車站找一位魏小姐（魏滿子），她是鐵路局員工也是慈濟委員，跟她說埔里的徐瑞宏要三張七點到花蓮的火車票，有緊急的病患要送過去。

救護車一路從埔里護送范順偉和他父母到臺北車站，我和陳忠厚也隨車同行。因爲時間很趕，把他們送上火車時，車門就關起來了，范順偉的輪椅還有一半被夾在車外。火車啓動，我和陳忠厚下不去，只能搭到松山站才下車，他們三人就去花蓮了。

范順偉雖然送醫治療，還是回天乏術，他整個治療花了將近一百萬，全部費用都是我們負責，我先開我的支票給醫院。花了那麼多錢，范順偉還是不治往生，因此有委員說：「徐居士有慈悲沒有智慧。」我不願意讓功德會白白花這筆錢，所以就去向南投縣政府申請補助款，因爲一年只能申請六十萬，所以分兩次申請，共申請到一百二十萬。

我交代范順偉的太太：「我向政府申請的那些錢會匯入妳的帳戶，妳先生的醫藥費，是我先開支票給慈濟醫院，到時候妳一定要把那些錢還我。」事後想想，那實在是「濁水溪放草魚」（比喻有去無回），很冒險的事情，但是救人是我的責任，如果她領到錢不給我，我也沒辦法，還好她一拿到錢就馬上還我。

後來，上人知道了這件事，就跟我說：「功德會就是要救助貧苦，在我們自己的醫院治療，何必要另外化緣來貼補醫療費呢？」我不敢跟上人說我被批評的事。上人接著又說：「誤救要比失救好！」上人的慈悲，我都記在心裡。

強颱道格毀道　勘災無懼路險

一九九四年八月八日，道格颱風來襲，南投縣信義、仁愛兩鄉受災嚴重，進入信義鄉山區的道路完全中斷。

八月十六日，聽說車子可以通達重災區神木村，我和陳忠厚[17]、陳松齡、呂智媛、蔡錦秋就前往勘災。雖然往信義的路通了，但是進入信義後，車子就無法繼續走，我們只能用走的，一段一段搭人家的便車，才進到同富村。

一九九四年八月道格颱風襲臺，南投縣信義鄉豪雨成災。十六日，慈濟志工蔡錦秋（由左而右）、陳松齡、陳忠厚和呂智媛及徐瑞宏（最上者）心繫災民，冒險前往重災區信義鄉神木村勘災，道路柔腸寸斷，裂縫深可及胸。（攝影／楊貴香）

一九九四年八月道格颱風侵臺，南投縣受災嚴重，徐瑞宏（後排左四）帶領埔里區志工前往臺中分會向證嚴上人報告救災情形後，全體合影。（攝影／黃錦益）

進入同富村，我們立即到同富國小探視緊急疏散在那裡的神木村災民，然後繼續步行到神木村。因爲地層滑動，道路裂得很深，寸步難行。進去村裡勘災，很多路都不見了，我們是邊走邊爬，沿途看到房子都嚴重龜裂。晚上十點左右才回到埔里，沒時間多做休息，就開始整理災情資料。

八月二十五日，我們跟著上人到神木村勘災。本來上人希望幫助神木村的村民遷村，但因爲找不到合適的土地，只能作罷。上人指示南投委員分頭進行仁愛和信義散戶的重建和修繕工作，仁愛鄉是第二組負責，信義鄉是我和呂智媛負責[18]。

我們先去訪視災民，需要重建的，就聯絡鄉公所的人來看，再給予重建。我們每天早上七點出門，晚上九點、十點才回到家。便當一開始都是我太太準備，後來爲了省事，我們就買罐頭帶進餐廳，再買白飯在裡面用餐。呂智媛有個表親在做輕鋼架，價格算我們比較便宜，隔年重建完成後上人還問，怎麼我們負責援建的房子會那麼便宜！

賀伯再創山村　救災先於事業

沒想到，一九九六年七月底，賀伯颱風又侵襲南投縣，信義、水里兩鄉嚴重受災，許多人的田園都流失了。

隔天早上，陳忠厚要到信義勘災，不料，魚池往水里的道路中斷，他就從草屯過去。結果在往信義的途中又有一座橋斷了，但是又收到消息：對岸有兩個人腿受傷需要送醫。那天雨很大，我在樓上誦經，陳忠厚打電話來，要我趕快去借橡皮艇送過去。

我和呂智媛借到了一艘救生艇，連夜送去，我們到了魚池五城村，因為前面坍方，就由對面的救災人員接駁[19]。那時候有拍了一張相片，後來上人看到相片說：「坍方的地方那麼危險，晚上竟然還去救災。」

當晚我們就召開緊急會議，呂智媛的舅舅是銀行經理，我請她拜託舅舅先提領八十萬[20]，隔天早上去賑災，我太太則幫忙準備隔天中午的便當。

第二天早上七點，呂智媛的舅舅帶來了八十萬，我們就出發，一路從水里新山村開始發放。然後一天一天向信義前進，直到八月十七日進入神木村發放。

一九九六年八月一日，賀伯颱風豪雨成災，因前往水里的道路中斷，為了救助新山村傷患，徐瑞宏（左二）和呂智媛（左四）偕同救難人員，連夜送橡皮艇，至魚池五城村坍方處，由對面救災人員接駁。（攝影／劉明德）

一九九六年賀伯颱風來襲，南投縣為重災區，八月六日徐瑞宏（左二）等埔里區志工前往信義鄉豐丘村勘災，因土石流沖刷，一棟三樓房屋變二樓，另一棟僅剩斷垣殘壁，還釀成祖孫二人罹難。（攝影／呂智媛）

勘災時，我發現很多家庭繳不出註冊費，尤其是有高中以上的孩子，父母只好叫孩子放棄念書。爲了不讓他們中斷學習，我們就補助學費[21]，第一學期學費補助了三百多萬，第二個學期補助了兩百多萬；田園流失的部分，我們也有給災民補助[22]。

爲了道格颱風和賀伯颱風救災和重建工作，我自己的貨款都沒有時間去收，因此到年底要給臺灣礦資的貨款，連續三年都跟呂智媛借五十萬。

到第四年，我正在結帳時，陳忠厚正好到家裡，我問他：「你有五十萬嗎？」他說：「有啊！」我說：「借我五十萬，我開支票給你。」他跟我說：「我借你就是打算不要了，拿你的支票做什麼！」雖然他不拿支票，借錢當然要還，後來等我有空收了貨款，才還給他們，但都是沒利息的，所以我很感恩我們的慈濟人。

行菩薩道　修福又修慧

我剛開始學佛時，還是有在喝酒。因爲在金門當兵二十個月，剛好就住在碼頭旁，休假日不會出去玩，都去海軍那裡買高粱酒喝，所以當兵就訓練喝酒。後來在木材界，和那些董事長應酬也都會喝酒，每天睡前也都會喝一小杯。

每次到花蓮，那些工廠老闆都會找我去吃飯。有一回，我到精舍去，正在和上人講話時，有位老闆打電話來找我吃飯。我心想到精舍已經拜佛了，又去喝酒吃海產，很不適當，我就告訴他：「我在慈濟功德會已經吃飽了。」上人就坐在我旁邊，他說：「徐居士，不要打妄語。」

我轉個身又跟那位老闆說：「眞的，我在慈濟功德會吃飽了。」上人又說：「徐居士，不要打妄語。」那個老闆還是一直邀，我只好又說：「我眞的在精舍吃飽了，下次再給你請。」上人再次說：「徐居士，不要打妄語。」上人跟我說了三次不要打妄語，從那次以後，我就不再打妄語。

上人知道我會喝酒，每當我去精舍時，上人第一句話就問我：「徐居士，還有喝酒嗎？」我都很老實地回答說：「有啦，睡前還有喝一小杯！」上人只是一聲：「喔。」沒有多說什麼。上人實在很有耐心，大概問了我兩年多，都沒有直接叫我不要喝酒。我覺得只是喝一小杯而已，所以也沒有特意要戒掉。

一九九六年八月六日，志工見到信義鄉豐丘村災民在檳榔園祭拜罹難的祖孫二人，十分不捨，徐瑞宏（左一）拿出攜帶的便當給家屬祭拜亡者。（圖片／呂智媛提供）

一九九六年八月十七日，徐瑞宏（右二）等志工不畏道路險阻，進入賀伯颱風重災區神木村關懷災民並發放急難救助金。（攝影／呂智媛）

直到有一天在蓮社共修後，楊福達跟我說：「徐居士，我們來受戒好嗎？」我說：「我什麼都可以守，但是不喝酒不行。」他就說：「那還不簡單，人家受五戒，你就受四戒啊。」我說：「別人受五戒，我受四戒？我有茹素，我是可以受菩薩戒的人，卻只受四戒？這樣不行！」我就去受菩薩戒，也馬上把酒戒了。

家裡五個女兒因為我和太太的關係，從小在佛教家庭長大，很早就全部茹素，對佛法也都有深入。我跟她們說：「我們留好的名聲給妳們，妳們有這樣的爸爸媽媽，要珍惜！」

我很感恩我師姊，沒有她，我沒辦法做慈濟，因為家事和孩子都是她在負責，有人來交功德款也幾乎都是她收的，發放工作也都是她在做。我也很感恩、尊重我媽媽，她是一位很偉大的媽媽，她的言行就是給我學習的典範。不過在做慈濟後，我才發現上人的偉大，我們慈濟的女眾也很偉大，我對上人的尊敬是超越我媽媽的。

起初我在慈濟時，有人跟我說：「徐居士，你不要只是在慈濟修福沒修慧，做到以後成為『賓士裡面的哈巴狗』（意指有福報的狗）。」我一直不了解，如果在慈濟只是修福沒修慧，那慧要怎麼修？要整天念佛、誦經嗎？但他的話不會動搖我的心，因為我做的事情對不對，自己最清楚。

歷經道格、賀伯颱風救災之後，我才體會到，其實我天天在慈濟修慧，以前自己都不知道。慈濟是有修禪定的，我們是在動中定我們的心，我們在動中看到苦難的眾生，幫助他們，這是在行菩薩道，所以我對戒律嚴格遵守，奉行上人的理念我也沒有變。

做慈濟四十多年了，我從來不曾要求被幫助的人要知道我的名字，我只是盡社會責任去幫助他們，不管有沒有修福修慧，窮苦人就在眼前，做就對了；因為心無雜念，所以做得很輕鬆。上人的法是那麼的好，而且上人講的佛法深入淺出，學佛要能夠修福又修慧，就要到慈濟來。

感恩上人給我們這條菩薩道走，可以做社會公益，這比賺錢還重要，錢是身外之物，而我們的慧命是永恆的。

1 能高區，隸屬於臺中縣，下轄埔里鎮、國姓鄉，行政機關為能高區署，是一九四五年臺灣光復後，至一九五〇年實施地方自治之前的行政區劃。地方自治實施，南投縣誕生，下轄南投、埔里、草屯、竹山、集集等五鎮，名間、鹿谷、中寮、魚池、國姓、水裡、信義、仁愛等八鄉；其中，水裡鄉於一九六六年改為水里鄉，南投鎮於一九八一年升格為南投市。資料來源：南投縣政府統計資訊網，https://pse.is/3wbbgl（二〇二一年三月三十日檢索）。

2 幣制改革，一九四九年六月十五日，臺灣省政府為穩定幣值，進行幣制改革，公布〈臺灣省幣制改革方案〉，發行新臺幣。自此之後，前揭「臺幣」被稱之為舊臺幣。與此同時，臺灣省政府公布〈新臺幣發行辦法〉，規定新臺幣一元兌換美金兩角。換言之，一元美金可兌換新臺幣五元，再以一元美金折合舊臺幣二十萬元為標準，規定舊臺幣四萬元折算新臺幣一元。資料來源：國家發展委員會檔案管理局網站，https://reurl.cc/4146GL（二〇二一年二月二十三日檢索）。

3 一種民間請示神明的方法。扶乩時，以人為靈媒，借用工具如乩筆、小木棍、轎槓等，依法請神，乩具於沙盤上畫出文字，作為神明的啟示，以顯吉凶。資料來源：教育部國語辭典簡編本網站，https://reurl.cc/9GODv8（二〇二二年四月二十六日檢索）。

4 北迴鐵路於一九八〇年二月一日才全線通車。

5 康樂村舊稱。康樂村是臺灣戰後才從北埔村分立出來，在日治時期屬北埔村的北半段，因鹽水港製糖株式會社曾在此設「北埔農場」，因而又被稱為「農場」。資料來源：李宜憲等撰述，〈第五章　新城鄉〉，《臺灣地名辭書 卷二 花蓮縣》（南投市：臺灣文獻館，二〇〇五年），頁一四八、一四九。

6 根據中華民國主計處統計，一九六六年平均每人所得為九千四百二十元。資料來源：〈國民所得統計常用資料〉，中華民國統計資訊網，https://pse.is/44jq9m（二〇二二年四月一日檢索）。

7 埔里鎮一位善男子是埔里善天寺的虔誠信徒，此善男子營辦建材行事業，須時常來花蓮購買雲壁霜及其他材料，也就得悉本會所創辦的慈善事業，以此也就生起善念，每次來花蓮時便捐出善款，皆為其母親或弟弟們的名義作功德，從來不透露自己的姓名。本月中又捐出一千元善款為其母徐張勤妹，及其弟徐光輝的名義參加本會濟貧營造福德。資料來源：《慈濟》月刊一一九期（一九七六年九月），頁一九。

8 徐瑞宏居士住於埔里鎮，為善天寺熱心護法之一。由於該寺主持法師常褒揚本會意趣，因之培植了深厚慈濟之緣！徐居士因生意，常來往於花東之間，曾經幾次特來本會拜會會長，並常以其母及其弟之名樂捐善款。今又更發心於埔里鎮代本會，勸募熱心人士參加本會救濟行列，目前有多位慈悲善士，踴躍隨喜捐款，茲將發心者功德如列：一千元徐張勤妹、三百元劉黃丹、一百元巫德杏、二十元徐登貴。資料來源：《慈濟》月刊一二六期（一九七七年四月），頁一六。

9 埔里鎮徐瑞宏大德，加入慈濟委員行列。徐瑞宏大德兩年前曾親自至本會拜訪會長，更深、更進一步的了解慈濟的宗旨，人生的真義。他時時以劃撥匯來善款，或親自提來善款，不但自身行善，亦廣召勸募地方許多熱心人士共襄善舉。會長非常誠懇的請徐瑞宏大德為本會委員，負責埔里一帶的業務。資料來源：《慈濟》月刊一三八期（一九七八年四月），頁一一。

10 據佛教慈濟功德會個案資料表（案號：J〇〇〇〇二八）與《慈濟》月刊一四二期二三頁紀錄，案主洪凌箍因病無工作能力，本會本擬盡力幫他治病，但經埔里委員徐瑞宏請教其主治醫師，評估手術風險高，改服中藥治療。慈濟自一九七八年六月開始，每月濟助白米，並於七月開始濟助醫藥費；一九七八年十一月、一九七九年一月，案主因大出血送醫，另援助急救及輸血費用，然而案主仍是不幸往生。慈濟持續濟助該家庭，案主改為案妻黃阿桃女士，直至一九七九年十一月，案家生活改善才結案。

11 埔里地區發放地點在徐瑞宏委員家中（南投縣埔里鎮北澤街九十七號），成立於一九七八年五月二十七日，固定農曆每月二十七日發放物資，濟助範圍包含南投縣國姓、埔里、霧社、魚池等四鄉鎮的個案。其中，國姓鄉路途稍遠，由徐師兄驅車分送救助金和白米至個案家。資料來源：〈全省發放現場概況〉，《慈濟道侶》一一四期（一九九〇年九月十六日），第二版。

12 二〇二一年二月七日，據慈濟志工賴錦文表示，一九八五年他在農會負責經辦稻米收購及販售業務，好奇徐瑞宏怎麼一次購買好幾百公斤的米，詢問用途，得知是為濟貧，於是向總幹事提議以收購價格販售，因此結緣，此後也協助將白米送至徐瑞宏家中。另外，二〇二二年五月九日，據慈濟志工陳忠厚表示，每個月發放，救濟金和物資都是都在徐瑞宏家中領取，後來改在埔里聯絡處發放，也是照顧戶前來領取。而仁愛、信義、魚池等外地，顧及照顧戶要工作，都將救濟金及物資寄放在當地商店、米店或里長家代發。

13 據佛教慈濟功德會個案資料表（案號：N〇〇〇〇二八）與《慈濟》月刊一四二期二四頁、二〇九／二一〇期四二頁紀錄，案主古金永車禍後，委員徐瑞宏於一九七八年五月進行訪視，依案家狀況，六月開始濟助白米，後再增加生活補助金；一九七九年十月，因案家生活改善而停扶。幾年後，古金永往生，案家經濟再度陷入困境，慈濟於一九八四年一月開始，以遺孀古鄭螺為案主，重新每月濟助生活補助金，直至一九八六年十一月案家生活改善為止。一九七八至一九八六年間，案家住處幾經搬遷：南投縣草屯鎮、苗栗縣頭份鎮、新竹縣竹北鄉、臺北縣板橋市，慈濟皆持續關懷。

14 北屯圓環已於民國八〇年代拆除，位於今北屯路與進化北路交接路口。

15 高勝雄，卅五歲，南投縣水里鄉人，育有三子，生活清苦，於務農之餘，駕駛三輪車替人搬運貨物。不幸於六十八年四月二十九日行經水里永興橋上時，突然橋梁中斷，連人帶車跌落溪底，致使雙腳殘廢，經人介紹，前去南投市民安接骨所治療，但醫藥費用不是他們所能負擔。十月二十九日，本會會長全省複查個案到埔里時，由埔里委員陪同前往調查，情況堪憐，經開會議決，暫給予兩個月醫療費。經過二個月的針灸治療（共支付一萬七千五百三十元），卻不見好轉。埔里委員接獲本會會長長途電話指示，帶往埔里醫院徹底檢查，才知腳腿腕及腳骨均以破碎，需要開刀治療，所以由本會接洽長庚醫院，送往長庚醫院接受開刀。在長庚醫院施（俊雄）大夫的治療下，終於在六十九年四月二十六日痊癒出院。醫藥費共八萬餘元，長庚醫院社會服務部補助四萬餘元，其餘四萬多元，由本會支出。雖然本會付出這筆巨額，卻使正值壯年的高勝雄再次站起來，為生活奮鬥，這不是我們所最欣慰的嗎？資料來源：《慈濟》月刊一五八期，頁二三；一五九期，頁二四；一六三期，頁二五。

16 本人駕駛計程車為生，一九八五年，妻中風左手腳失去知覺，送埔里基督教醫院治療，醫藥費每月一千五百──三千元間，生活困苦。本會補助一萬元。資料來源：《慈濟》月刊二二九期（一九八五年十一月），頁四二。

17 二〇二二年四月二十一日，據慈濟志工陳忠厚表示，埔里的委員在一九九三年分成兩組，即埔里一組和埔里二組，徐瑞宏是一組的組長。慈善訪視分工的共識，埔里之外的鄉鎮，一組負責魚池鄉，二組負責國姓鄉，而信義鄉和仁愛鄉則是每年互換，第一年，埔里一組負責仁愛鄉，二組負責信義鄉。

18 信義鄉散戶範圍包括水里鄉、國姓鄉，共十戶（另五戶僅予修繕），由南投第一組委員徐瑞宏居士、呂智媛師姐等人負責，八十三年九月動工，次年十月以前陸續交屋。資料來源：《慈濟》月刊三五三期（一九九六年四月），頁五三。

19 徐瑞宏口述陳忠厚勘災及橡皮艇一事，與陳忠厚二〇二二年四月二十四日口述有差異，因此補充陳忠厚口述內容，如下：當天他要到水里勘災，不料，魚池往水里的道路中斷，於是繞國姓的山路過去。在新山村遇到南投縣議長鄭文銅在勘災，得知郡坑養鵝場有九個人被困在屋頂，他請議長聯絡埔里消防隊支援橡皮艇，再請徐瑞宏去借然後送達。上人得知後，告訴他們，這樣做是有慈悲沒有智慧，碰到這樣的情況，應當從長計議，救災不能冒險，要注意安全。

20 根據呂智媛在二〇一六年五月九日的大愛臺節目《大愛人物誌——徐瑞宏》中受訪內容，她拜託舅舅幫忙後，舅舅是請認識的人，一人一張金融卡領三萬，才籌措到八十萬現金。

21 針對此次賀伯颱風災後復建工作，屬重災區的南投山區，經師兄姊多次上山了解，已大約整理出受災名冊，並完成部分災戶慰問金發放。一些災戶尚有就學子弟，因家逢巨變，無力付學費，致有失學之虞；已給予高中生一百零四人、專科生四十四人共三百多萬元學雜費。資料來源：《慈濟》月刊三五九期（一九九六年十月），頁二〇。

22 一九九七年一月二十六日上午，中區慈濟人於信義鄉明德村信義活動中心舉行「南投縣賀伯颱風田園流失發放」，發放對象主要針對南投縣在賀伯風災中「田園流失」嚴重的受災戶，包括信義、水里、鹿谷等三鄉的神木村（一至十二鄰）一百五十七戶、同富村（一至十五鄰）九十六戶，以及其他村落一百六十五戶，共計四百一十八戶，總金額為新臺幣五千二百八十八萬元。資料來源：《慈濟道侶》二六五期（一九九七年二月一日），第一版。

終身奉行對師父的承諾

林江秀琴（九十八號）訪談紀錄

訪談／林欣璇、許彩霞、江淑怡、李小珍、蕭惠玲

記錄／洪綺伶、沈昱儀、白佳立、吳雪慧、張秀紡

時間／二〇二〇年八月十日、二〇二一年一月六日、二〇二二年三月七日

地點／慈濟大安聯絡處、林江秀琴家、大安聯絡處（訪二女兒林素鳳）

【經典語錄】

答應師父，就是答應佛祖，我很堅持，答應了就要做到，所以都跟著師父的腳步，師父說什麼就做什麼。

【主述者簡介】

林江秀琴出生於一九三二年，幼時受日本教育，遭逢二次大戰空襲而中輟。一九五七年與林子菘結婚，育有二子二女。一九七六年由慈濟委員胡玉珠接引成爲慈濟會員，一九七九年成爲慈濟委員，法號靜儷。先生對她做志工十分護持，又有同住的婆婆幫忙家務及照顧孩子，讓她得以全心投入，不久後即承擔北區第五組組長，經常跟隨在上人身邊學習，依教奉行，積極投入訪視、發放工作，並教導組員完成各項託付的任務。

二〇二一年一月六日，林江秀琴師姊（中）於自家受訪時，與本會文史處職工江淑怡（左一），人文真善美志工（右起）陳春霞、郭怡君、蕭惠玲合影。（攝影／吳雪慧）

我的名字江秀琴，一九三二年出生在板橋後埔。父母開雜貨店，生了八個孩子，我排老二，有一個大姊、四個弟弟、兩個妹妹。我小時候有改日本名，爸爸姓江，所以改作おおがわ，中文是大川；讀日本書到了五六年級時開始跑空襲，光復後就沒有再繼續讀了。

父母孝順　辛勤養家

爸爸本來是做會計，拿筆的人，可是阿公一直交代他一定要回來接手製香家業，他和媽媽都很孝順，最後還是回家接手香舖。不過爸爸覺得做香會讓全身黏上黑黑的香屑，看起來很髒，決定改開雜貨店，批一些從日本九州進口的肥皂、味素、魚乾等商品來賣。

雖然說是繼承家業，但那間房子是跟阿公買的，爸爸每個月要給阿公八百塊錢，又要養孩子，經濟壓力相當大。每天早上就要踩腳踏車去板橋街上批貨，載回來的東西就跟媽媽慢慢排，真的是很拖磨、很勞累。看著他們這麼忙碌地顧店做生意，我和姊姊都會幫忙照顧弟弟、妹妹。

後來跑空襲（第二次世界大戰），貨品沒辦法進口，家裡的雜貨店沒有東西可以賣，爸爸改煮花生糖賣。我們家在現在的四川路，是通往三角湧（三峽舊名）的道路。空襲的時候，臺北人都要疏散，沒有其他交通工具，都用走路的，拉著很小臺的リアカー（手拖板車）載東西。沿路沒有地方可以吃東西，來到我們家門口，就會停下來買花生糖邊走邊吃。

每當聽到空襲警報聲在響，爸媽都要忙著煮花生糖，沒有時間跑去躲空襲，他們就會叫我趕快把弟弟帶去躲。我除了照顧弟弟，還要照顧阿嬤，心裡就覺得臺灣人很可憐啊！要這樣跑空襲。

那個時候我十三、四歲，學校都讓給軍人住，沒有教室可以讀書，老師就帶著學生到樹下去讀書，所以說我的小學沒有讀完。戰爭時各項物資都缺乏，我們一個禮拜就要割一次草，放在家裡騎樓下曬乾，再交給老師餵馬；老師還教我們，路上如果有看到像鐵釘等物資，要撿起來交給他。

光復以後，媽媽就鼓勵我趕快去讀書，那時候讀，剛好不用考試，還說讀書認識字，以後日子才會比較輕鬆。我說，讀書很痛苦，像那個あいうえお（日語五十音）就記不太住，數學九九乘法表更難背，我要去顧店，不要去讀書。其實爸爸做過老師，但是做生意太忙，不然他會教我。

不懂父節儉　外出謀職

家裡的一切都要靠爸爸打拚，因此他非常地節儉，看錢很重。以前板橋方面結婚禮俗是這樣，女方收訂（聘禮），男方送多少東西來，就要照這個數量回禮給人家，對方送來二十盛[1]，我們就要二十盛回禮。

大姊出嫁的時候，媽媽比較愛面子，說我們吃人家這麼多盛，她就私底下買這個買那個，裝成一盛一盛的；爲了買這些嫁妝，媽媽被爸爸罵了差不多兩年。節儉的爸爸說已經準備百衫百褲（豐盛嫁妝）了，還買這個、買那個。媽媽說，現在光復了，東西富足了，就買一塊布裝一盛，還有毛線也買一磅擺一盛，這樣看起來比較有價值。

十八歲的時候，我看到隔壁的朋友穿一件長衫（旗袍）好漂亮，那是她媽媽做給她的。我很羨慕，但是幫家裡顧店都沒領薪水，只好求爸爸給我二十五元去買一件長衫。爲了求他答應，他在店門口做事，我就跟著在店門口，反正他走到哪裡，我就跟到哪裡，一直跟他說：「我要一件衣服啦！」但他就是不給。請求落空，又想到媽媽爲姊姊辦嫁妝被爸爸罵這麼慘，我實在很生氣，就對他說我要出去外面的工廠上班，不要幫他顧店。我硬討著去上班，爸爸只好由我。

後來，我在工廠領到的薪水都自己存著，不給爸爸，他就說：「妳薪水沒有給。」我回他：「我給你？到時候我要結婚你會給我，會還我嗎？」我還理直氣壯地告訴他：「隔壁女孩少我一歲，去工作的薪水都交給媽媽，等到要出嫁的時候，人家的媽媽辦得多豐富，但是你都沒爲大姊準備，媽偷偷準備還讓你罵成這樣！」

我現在八、九十歲，想到以前……其實爸爸也是很努力，妹妹有時候會跟我說：「不錯了啦，他只是比較節儉，但是讓我們三餐吃得很飽。」這是眞的，空襲的時候大家沒飯吃，那些鄉下的親朋好友嫁來臺北，聊到小時候的日子都說：「我們以前是沒東西吃，連稀飯有時候還吃不到，都是吃蕃薯籤。」但是我爸爸很顧家，很疼我們這些小孩，都讓我們吃有米粒的飯。

二〇一九年二月十七日，林江秀琴（中）在女兒林素鳳（彎腰者）的陪伴下參加大安區迎新春餐敘聯誼，神情非常愉悅。（圖片／林江秀琴提供）

姻緣遲　卻遇強勢婆婆？

上班的時候，我很愛漂亮，也有人追，但我就是不要，所以很晚才結婚；同事大都嫁了，我都是做伴嫁。親事是住在三重埔（今三重區）的姑姑講的，她回來跟我爸提，介紹林子菘這個人，爸爸就催我了。

那年（一九五七年）我二十五歲，對方不知是熊還是虎，還是臺北人，大我五歲。年紀都這麼大了，不知道爲什麼沒有娶，我就說不要嫁，怎麼敢說要嫁？姑姑就告訴我，他人不錯，做報關行，有六個兄弟，媽媽很開化，還說結婚以後，若是有錢想要搬出去住，就出去買房子。

爸爸也一直要我趕快去看，他在家裡最疼我，說我最乖，現在只剩我一個女兒沒嫁，而且阿嬤年紀很大了，他就掛心我們兩個而已。我不答應，爸爸就整天一直唸，我心想，再這樣下去，說不定他會押著我去，就答應了。結束回家以後，他一直對著我追問相親的狀況，我就說長得什麼樣，體格像鄰居某某人。他聽完說：「這樣好啊！」因緣就是這樣，就這樣決定了婚事。

訂婚前，我有和同事討論要注意些什麼，知道有些婆婆幫媳婦戴戒指，會把戒指套到手指根部，意思就是要把媳婦「壓落底」，要媳婦乖順聽話。結果訂婚當天，婆婆幫我戴戒指的時候，眞的要把戒指按到底。我都二十五歲了，怎麼會讓她這樣做，我不讓她套到底，咻一下，手就抽回來……

回家後，我把戴戒指的事情說給爸爸聽，在一旁的姑姑也說。我邊說邊哭，一想到婆婆這麼厲害，以後不知道怎麼辦，就哭得更厲害。隔天到工廠上班，有參加訂婚的同事都說，妳怎麼在戴戒指的時候，給她「咻一下」？我說，哪有婆婆這樣給人家戴戒指，你們沒有看到她一直抓著我的手，戒指一直要推下去。

一九五七年，林江秀琴與林子菘結婚。（圖片／林江秀琴提供）

直心相待　化解誤會

嫁過來相處後，才知道我的擔心是多餘，其實婆婆很好，都幫我做家事。而且她個性很單純很直，人家教她做什麼，她就做什麼；訂婚戴戒指的事情，就是隔壁一位歐巴桑教的。

我也是個性很直的人，開口沒有那種彎彎曲曲的話。婆婆對我好，先生也很疼我，都不會管我。我如果要回娘家，就會到龍山寺那裡的菜市場搬一大堆菜，帶回家讓媽媽煮給爸爸吃；爸爸就叫孩子們都回來吃飯聊天。爸爸真的很疼我，只是他的人生很拖磨、辛苦。

先生的家庭不是不好，但就是人多複雜。我們住的房子是公公和另外兩兄弟共有，家裡還有叔叔、嬸嬸；我婆婆生了一個女兒、六個兒子，兒子都長大娶妻，佔了家裡很多空間，光是煮個飯就要輪流煮，非常不方便，所以才會要我們有錢就出去買房子。

結婚之後我還有上班，懷孕八個月接近產期了，才辭掉工作。待產時，婆婆就要我下個月開始自己開伙，碗盤那些她都幫我準備好了。我心想，自己賺的錢都用得差不多了，先生從來沒拿錢給我，我對錢不貪心，不會跟他要，也不會去想為什麼都沒給我錢。而且平常上班，媽媽都會幫我準備便當，現在忽然要自己開伙，怎麼辦？

等到晚上，我跟先生說，お母さん（日語，媽媽）說下個月要我們自己開伙。他說：「好啊！」隔天就拿錢回來給我。一九五八年，就拿五千元讓我管這一個月，他說也拿五千元給媽媽，我聽了沒嫌他，就直接說好；兒子拿錢給媽媽是對的，我猜想他以前都沒有給我，也一定沒有給婆婆，現在才給五千塊，哪有什麼要緊。那個時候五千元很多，我一個月薪水才賺一兩千元而已，我很高興，怎麼拿這麼多給我，心裡也想著會幫他省著用，幫他怎樣安排。

七、八月天天氣正熱，婆婆收到我先生給她的五千塊，她了解兒子的個性，一定也拿五千塊給我，就催我有錢趕快去買房子，還說三重埔有房子，趕快去買一間。先生的二哥、二嫂就住三重埔，我姑姑就住他們對面，所以婆婆去看兒子的時候，就順便請我姑姑幫忙找房子。

隔了一個月，先生又再拿五千塊給我，我就把錢都存下來，也去看了三重埔的房子，一間兩萬五千元，不大，矮房子而已，但也有個閣樓，一個房間、飯廳、大廳。想到自己搬出來住也好，比較單純，結婚差不多兩年（一九五九年），我就買房子了。後來先生的生意有起色，就再換房子，最後是在一九七二年的時候搬到臨沂街這邊，我們住二樓，一樓當先生的公司。

林江秀琴與先生林子菘、四名子女在一九八一年拍攝全家福。（圖片／林江秀琴提供）

夙植福緣　情牽慈濟

住到臨沂街後幾年，遇到了我的母雞[2]——老三師姊[3]。那是因緣，老三師姊住在我家後面的八德路，她弟弟在我家上班，我姪女也在這裡上班，兩人就這樣談戀愛到結婚。我姪女知道老三師姊在做慈濟，就要她來找我當會員，說我會出錢。

我對道場、出家法師一向很護持，朋友都會介紹師父到我這邊來化緣。像臺中霧峰有一位法師一年來一次，我都會捐獻，不會讓他空手而回，他也會帶自己種的荔枝跟我結緣，一直到他往生，才沒有再繼續。還有新店海會寺，我有幫先生在那裡捐款，住持我也認識，他都會打電話叫我去參加法會。

老三師姊眞的就來找我介紹慈濟、募功德款，還約我到花蓮打佛七[4]。那時候我還沒有當委員，她就是一直約，我說哪有辦法，（農曆）三月我正忙碌，天氣又那麼熱，我非常怕熱。

一九七八年，有一回師父從花蓮到臺北（文中「師父」前面未加法名者，皆指證嚴上人），在老三師姊家吃過午餐後要出門，老三師姊打電話給我：「林太太，林太太，花蓮師父來到我們這兒。」我說：「眞的嗎？眞的嗎？稍等一下我馬上去。」就放下手上的事情，跑到她家去。

那時候還沒學佛，趕到的時候，正好師父要下樓了，旁邊的人就向師父頂禮問訊，也要我一起做。我想說奇怪，爲什麼要拜他？只會說：「師父，您要來我家嗎？就在這後面而已。」師父笑笑地答應了，還看著我說：「妳不錯喔！」可能是因爲我年輕時胖胖的，看起來很有福氣。先生那時候在一樓的公司，我向他介紹這是花蓮師父，還要他趕快來打招呼一下。

一九八五年，林江秀琴代表慈濟接受內政部表揚，從部長吳伯雄手中接過「博施濟眾」匾額。（圖片／林江秀琴提供）

明師難遇　終身追隨

隔年（一九七九年），老三師姊約我到花蓮打包（冬令物資），說是過年要發給照顧戶。回想當初看到師父，內心就很感動，覺得他很偉大，這麼瘦，爲了苦難眾生這樣到處奔波，眞的不簡單。那時是冬天很冷，我就跟著老三師姊到花蓮幫忙，然後就皈依師父，師父給我的法號是靜儷[5]，從此就跟著他走，不曾間斷。

當委員後，師父來臺北我就一定跟著，當時師父都去三重埔靜銘[6]師姊家，我早上八點就到了，師父去哪裡，我就與靜銘、靜鴻[7]，還有老三、老二、老大師姊，整群一起跟著走，所以她們對我印象很深。

老三師姊再約我到花蓮打佛七，我就去了。拜《法華經》是一字一拜，天氣太熱，我把毛巾沾水，濕濕的放在拜墊旁，一拜下去就搗一下、擦一下。排在我前面的是融師父、恩師父[8]，在他們中間就是師父，他都有看到我在擦汗，就算隔了很多年，有時候看到我還是會說：「妳最怕熱，還化妝化得很漂亮。」

每次聽師父這樣講，我就想自己眞不懂事，就是女人愛漂亮。不過，我覺得不

一九九六年三月十八日，證嚴上人與北區百號內委員，在臺北分會前合影留念。林江秀琴為前排左一者。（圖片／林江秀琴提供）

能因爲是家庭主婦就穿得很邋遢，尤其是家裡一樓是先生的公司，常有客人要招呼，當然要整理好外表儀容再下樓。因爲這樣，我也習慣出門都要梳妝打扮。

過去回精舍打佛七時，視線都一直跟著師父。有人帶會員來，坐在那邊跟師父說話，人家若離開，師父進房間都是走這邊扶這邊，走那邊扶那邊。那時候師父還年輕，才四十幾歲啊！走路怎麼這樣？聽靜銘說，師父心臟不好，我才了解，師父有多辛苦！頭腦又要想事情，要開示、講經什麼的。若要我話講多一點，頭就昏昏的，眞的要感恩師父來度我這個不知好與壞的徒弟。

我常常對自己說，我的因緣是怎麼樣進來慈濟？是有福報才進來這裡，這個印象一定要記在腦海，這個因緣一定要守好。現在年輕的慈濟人也同樣是這個因緣，才有辦法進來慈濟，因緣如果不夠，到半路自然也會離開，所以我勸大家要珍惜彼此的因緣。

慈善做中學　用心即專業

當委員後要訪視個案，還要寫個案紀錄，我小學也沒讀完，哪會寫什麼複雜的說明。所以有一段時間，我是把個案的狀況記在腦子裡，回家時講給兩個女兒聽，那時候她們還在讀書，就請她們幫忙寫。

我曾經怨嘆自己為什麼不繼續讀書，聽弟弟說他公司樓上有個紫微斗數的算命仙，很準！我就拜託他帶我去。算命仙說：「妳沒有讀書的命，但是這樣才會好命，妳如果有讀書，會拚命做生意，妳會很不好。現在這樣子悠閒，老公會賺錢，妳也不用煩惱，妳的命就是這樣，不用埋怨。」聽他這麼說，我就比較心

一九八七年一月二十日，林江秀琴（中間戴眼鏡者後方）在花蓮靜思精舍幫忙整理冬令發放物資。（圖片／林江秀琴提供）

安，順其自然，師父怎麼做，我就怎麼跟。很感恩諸佛菩薩疼我這個沒有讀書的，眞的，我很感恩！

古早我們三重那一群，有的沒讀書，有的讀小學而已，不是先計畫好怎麼做慈濟，都是師父說什麼，我們就跟著走；師父指點後，大家才去慢慢想「要怎麼做」。譬如照顧戶家裡有孩子，師父非常慈悲，在過年發放之前就會提醒我們，像這樣困難的家庭怎麼可能給孩子買新衣服？我們就會去複查，看孩子年紀多大，量他的身材，買新衣服給他。

發放的物資怎麼包裝，也是師父教，大家跟著做。有一次我們在打包，師父靠過來站在旁邊看，看到有人沒有綁牢固，他就直接問：「這樣子綁，人家走在半路上，東西掉一地怎麼辦？」師父很嚴格，大家都嚇一跳。接著師父就打包給我們看，他動作很俐落，做事情很敏捷，很仔細，我們看了以後都被他對貧苦人的用心和尊重所感動！接下來就會互相提醒，不可以隨便綁。

後來說要蓋醫院，我們跟著師父去臺北市和臺北縣（今新北市），拜訪一些社會賢達、出家師父。我們也有去拜訪承天禪寺的廣欽老和尚[9]，他就坐在一個藤椅上，師父跟他在說話，我們坐在一旁。老和尚很支持師父，叫師父做下去[10]！不過那時候好像沒有拍照，我們哪知道慈濟會發展得這麼大，都沒有留下足跡，沒有東西可以呈現給大家看。

承接組長　帶隊搭貨車訪貧

剛開始做慈濟，是跟著老三師姊在第三組邊做邊學，第四組的組長是張櫻桃（靜儀）；靜儀後來搬到美國去，就換陳芳子（靜琡），接著是羅美珠（靜珠）。做了一陣子後，多出第五組，我竟然被推薦當第五組組長，我說不好啦！不要啦！接組長的責任很重，要當帶頭人，要看個案也不是那麼簡單，我又沒讀什麼書，個案看得懂，紀錄卻寫不出來。

加上那時候要做慈濟是眞的很困難，不像現在人力跟資源都很多……想到這些，我心裡就很怕。但是不管怎麼推就是推不掉，當時紀仔（紀陳月雲）[11]很支持，認爲我比較有時間可以出來做事，也能當頭帶人。但是我自己感覺，跟紀仔比起來，她口才很好，也比較有人面。不過，我清楚這是各自的因緣，所以我發一個願，下輩子要跟紀仔一樣，會講話、口才好，會去邀人來做慈濟。

既然推不掉，只好時到時擔當，沒米才煮蕃薯湯（臺語，隨機應變之意）。當組長要鼓勵組員，還要分配個案，帶著大家做訪視，今天要排幾件個案，我都是記在腦子裡。一群人跟著我出門，像李秀珠（靜映）、吳麗雪（慈敏）都說我的腦子就跟電腦一樣，個案的家從哪一條路接哪一條路都記得。但是如果遇到不懂的、不會的，我也會請教她們，大家若歡喜做，自然就有那個因緣靠在一起。

我們以前都是一群人去看個案，也有分組去，如果師父剛好到臺北，有時候還

一九八五年七月七日，林江秀琴（左二）到花蓮靜思精舍參加委員聯誼會，報告個案訪視內容。（圖片／林江秀琴提供）

會跟著我們去複查個案，看我們是怎麼做。後來師父說不要太多人，因爲個案要說生活困境讓我們了解，人一多怕他們會不好意思，所以才會分組，一組幾個人就好。分組了之後，和靜映她們才沒有在一起，要不然以前我們都在一起。

講到過去的訪視，就想起陳居士（陳柔利），他是做電器材料生意，脾氣很好，非常的慈悲，我們都叫他陳居士，如果要看個案需要司機開車，無論哪一個人叫他，他都說好。有一次去宜蘭的羅東和南方澳看個案，沿路遇到個案不在家，他就載著我們繼續往下走，回程時，再去找跳過的個案，就算很晚了，還是堅持要看完，他眞的很慈悲。那一晚，我回到家已經半夜兩點多，不過我都有讓家人知道發生什麼事。

現在靜映來我這裡的時候，看她開車，我就說很好命，都坐這個外國車，以前都坐小臺的小貨車，擠在後面的裝貨車廂，罩著帆布很悶熱，大家好像在烤蕃薯一樣；如果沒有罩著帆布，突然一陣西北雨下來，來不及拉起帆布罩，大家就會淋雨。

因公忘私　團隊和樂

我和靜映、慈敏一起看的第一個個案家庭住在三芝山區，是阿嬤和兩個智商有問題的兒子、一個孫子、一個孫女，同住在別人提供的古厝。那是民國七十幾年十二月的事情，古厝在崁下，要沿著山坡上的小路往下走，路上的芒草都長得跟我們一樣高。

走到阿嬤家是傍晚五、六點，他們正在吃晚餐，桌上只有一碗公的刈菜，煮得都已經有點黃黃的，旁邊還有一碗糖和一鍋粥。小兒子的頭腦比較傻，蹲在長板凳上，看到我們進去也沒什麼反應，倒是兩個孫子立刻跑進廚房躲起來。我們走到廚房去叫他們，裡面有一張床，旁邊煮飯的地方是用磚塊疊一疊把鍋子架高，底下燒柴、燒草，整間房間燻得黑黑的；還堆了一些雜物，看起來好像倉庫，可惜那時候不知道要帶照相機去，不然就拍起來給大家看。

看完個案再提報到本會，審核要一個月，當下我好想去買一些蛋，讓他們這幾天可以吃，但天色都黑了，也不知道路怎麼走。我們也想拿個兩百元給阿嬤，讓她明天去買東西，但是都不敢，因爲師父有交代不能隨意拿錢給案家，我是帶頭的人，絕對不可以不聽師父的話，還要跟靜映、慈敏說：「不要啦，稍微忍耐一下。」

看完四周的環境，問一問阿嬤家裡的狀況，再各自回到自己家中都已經是晚上九點了；十二月天天氣很冷，大家都還沒吃飯，肚子很餓……

後來慈敏向我哭訴，她回到家以後，先生罵她這麼晚才回來，應該要打個電話回來，哪有讓家裡的人一直在等。她又冷又餓，走進浴室放溫水泡腳，邊泡邊哭……兒子跟著她進浴室，發現她哭了就著急地喊爸爸。先生大吃一驚，趕快跑

一九九八年一月一日，大愛電視臺歡慶開臺，林江秀琴（中）上臺分享訪視工作與經驗。左為藝人巴戈，右為藝人崔麗心。（圖片／林江秀琴提供）

進去看，爲什麼在哭？慈敏就說她好冷！肚子又很餓，先生卻沒有問她吃了沒，一看到她回家就罵她……

我說：「歹勢啦！把妳帶到那麼遠，那麼久才回到家，還被先生罵，不過先生是關心妳才會這樣子說。」雖然辛苦、委曲！但是我們這些女人家愛做慈濟，做多久都要延續下去，做就對了啦！大家都眞乖！我還說：「歹勢啦！我這個人不會帶，帶得大家這麼辛苦。妳們放心，下次去看個案，下午四點就讓妳們回去接孩子、弄晚餐。」

以前在五樓跟師父開會的時候，師父這樣跟組長們說，組長不是很偉大，是要負責任。開會時沒辦法太多人一起，師父說給組長聽，組長再去傳話，組長說什麼，就是師父說什麼。所以我在帶組員，大家都很乖。

有一回連續接三天勤務，辛苦跑三天，中午都沒得休息，慈敏整個眼睛都凹下去，靜映整臉黑斑都跑出來。結束後，我誇讚她們功德無量，要她們趕快回去休息。她們說：「組長，妳足勇！看妳一隻好像龍。」我說：「習慣就好了。」

隨師訪視　見證慈悲

過去如果有人提報個案，我們就會先去看，大家回到車上後再說出自己看到的情形，討論要給（補助）多少，都是很用心，算了又算，之後再到花蓮跟師父報告。頭一次去石門，看那個阿公（王阿興[12]）一百多歲，然後回來花蓮精舍跟師父開會，我報告這個個案，就照看到的講。師父問：「你們的打算是（補助）多少？」我說八百塊。

個案複查是三個月一次，我們有四組在輪流。有一次去臺北福德街複查[13]，師父和大家一起搭遊覽車去，福德街有政府蓋的四層樓[14]，阿公、阿嬤或者是比較辛苦的人，都配給在那邊。師父很慈悲，跟阿公阿嬤面對面坐著講話；我在旁邊想，阿公阿嬤身體狀況不好，不知道會不會有什麼傳染病，但師父不會這樣想，師父非常慈悲。

還有跟師父到新莊樂生（療養）院，那是我第一次去，看到門戶紗窗很多都壞了，零零落落。師父帶著我們臺北的委員繞繞看看，叫我們都要幫他們修理。回去以後，靜妙（葛陳寶珠）說：「我們是不是要去給醫生看？趕快去打針。」我說：「是要打什麼針？師父都不怕了！妳怕什麼？師父靠那麼近跟他講話，有的鼻子蛀

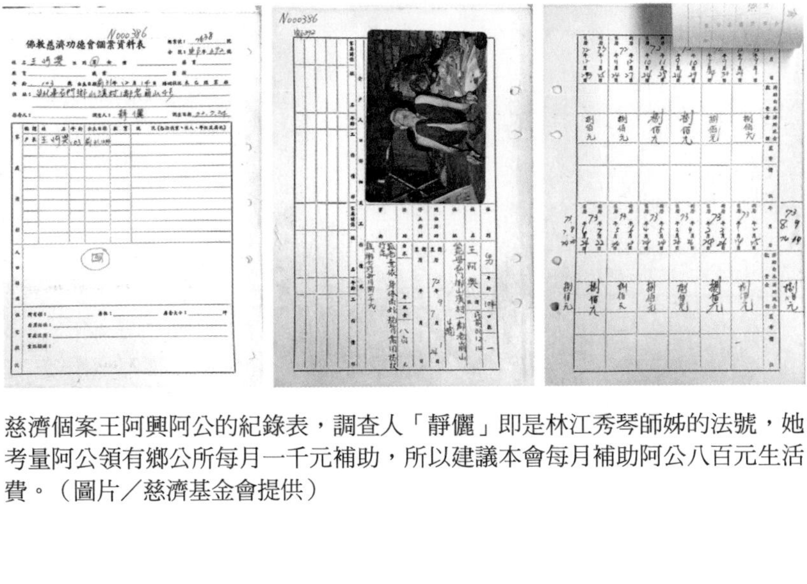

慈濟個案王阿興阿公的紀錄表，調查人「靜儷」即是林江秀琴師姊的法號，她考量阿公領有鄉公所每月一千元補助，所以建議本會每月補助阿公八百元生活費。（圖片／慈濟基金會提供）

掉了，手都變形。」以前民間都傳說痲瘋病會傳染，但是師父都不怕，還要我們不要這樣，要有慈悲心，後來醫學發達，已經有藥可以治療。

跟著師父一起複查個案可以學很多，也很有趣味。桃園有位阿公住在田中央，要看他都要走田埂，窄窄的，上面稍微有草。那一次差不多十個人去，有的人不知道地形，穿著高跟鞋參加，走起路歪來歪去，很怕跌倒。一到目的地，大家都一直踢腳，皮鞋都沾滿爛泥巴。

師父走在第一個，轉過頭來看大家在跳、在擦，就問大家是怎麼走路的，怎麼那雙鞋變這樣？他講話很柔和，不像我們講話這樣大聲。我們反過來看師父的鞋，竟然都沒沾土，很乾淨，都大吃一驚，在後面小聲地偷講：「師父好像有神通！」

以前回花蓮打佛七，晚上比較空閒，幾個人坐在一起休息，突然間師父從後面來，隨口問一句話，我們就都嚇了一跳！因爲他走路很輕，都沒有聲音，所以我們在精舍要開紗門，都不能有聲音，靜悄悄地。

勸募隨喜　貴在發心

募款方面我很慚愧，我笨拙又沒有什麼人面，邀約普通家庭捐款，比較有些困難。如果有去走道場，比較會遇到發心的人，我都說錢少沒有關係，有那一點善心出來，我們的心就安了，不用講要出多少錢。

有時候也會碰到積極的捐款人，我還沒做委員的時候，有一位朱太太跟我一起走道場，曾去過慈悟寺。後來她反而幫我邀約慈悟寺住持：「那個林太太現在在慈濟，慈濟師父說要建醫院，要募病房一間三十萬。師父，那個錢我們來出一下？」

如果有回去花蓮醫院做志工，三樓護理站對面牆壁上有一個大理石有寫名字「慈悟寺」。那一區塊差不多就有八個還是九個，連在一起，那些都是我邀約的，還有我們後面六樓吧，佛祖廳六樓那裡也有一片有寫。

另外一位貴人詹師姑[15]（詹金枝老太太），她到過精舍，對師父很恭敬，很護持師父要做的事，但自己很節儉，都穿舊衣服。她教了我很多事，像是要邀人捐款、出來做委員，也要看對方的因緣，看他的福報，有歡喜心，捐款才有功德；因緣如果到來，自然就會走進慈濟。要我不用煩惱，也不要勉強人家。後來師父要蓋醫院了，詹師姑還幫我勸募，她都叫我：「秀琴啊！我幫妳募款。」像是淨心長老在南京東路講經的講堂（臺北佛教蓮社），那間房子是她的，她都在那裡幫我向蓮友募款，也邀一些後車站的企業主太太來護持，還交代生意有成的兒子，慈濟蓋醫院一定要做，一年要出一百萬。因爲她在幕後幫忙募款，我第一次報告出來時，也收了三百多萬。

我也有聽過一位洗衣服阿桑捐金子的事情[16]，她把女兒、孫子小時候的帽花、戒指，還有自己的東西湊起來，差不多一兩重的金子，拿給一個委員。委員認爲那是阿桑所有的家當，不敢收下；委員的先生也說，她家全部才只有那一塊（金子），師父怎麼敢拿。但委員還是答應阿桑，將金子拿給師父看看。

當時有另一位委員也要捐，說要出三百萬，跟師父談得說到差不多的時候，拿著阿桑金子的委員就靠過去說：「師父！我們家那個洗衣服的阿桑，這塊金子啦！她也要出要蓋醫院。我先生罵我說，那個妳敢拿，師父也不敢拿啦！」師父一下子就接了：「敢！我敢拿！」所以說，懂得發心布施，自然就有因緣。

聘書
財團法人佛教慈濟基金會
慈濟綜合醫院籌建委員會
茲敦聘
江秀琴 大德
爲本會慈濟綜合醫院
籌建委員會勸募委員
此聘
籌建委員會主任委員 釋印順
慈濟基金會會長 釋證嚴
中華民國七十一年十一月十五日

花蓮慈濟醫院籌建期間，林江秀琴受聘為籌建委員會勸募委員。（圖片／林江秀琴提供）

花蓮慈濟醫院建院過程曾經歷兩次動土，圖為一九八三年二月五日在國福里預定地的第一次動土典禮，當天因為下雨，地上到處泥濘，委員們怕貴賓不好行走，收集了粗糠來鋪地。上人陪同當時的省主席李登輝先生進入會場，林江秀琴在旁為上人撐傘。（圖片／林江秀琴提供）

一生呵護　鶼鰈情深

我先生人很好，很老實內向，他見過師父，也曾經跟我去精舍，師父問他一句，他才回一句話，師父沒有問他，他都不會說話。如果他現在還在，你們來採訪的時候，應該就只是跟你們點個頭而已，他不會跟人家講什麼話。他一向很善良，賺的錢隨我用，都不會查我有多少錢，錢都拿到哪裡去，他還會幫我整理捐款帳目，幫我算好錢，放得好好的，再幫我把支票開好放著。

先生很疼我，事事順著我，甚至他要往生的時候，也是靜靜地走。前一天晚上他就不大能吃，邊吃邊睡，咬兩下就睡著了。我稍微有預感，凌晨三點就被一個夢境驚嚇醒來，夢中我找不到女兒……怎麼會夢到這個？又看到佛龕斜一邊，色澤稍微不一樣，我心裡有數，大女兒住在四樓，趕快叫女兒起來。

因爲我有去醫院做志工，知道人即將往生的常識，我要孩子不要再叫他，讓他好好地去佛祖那裡，我跟他講：「你趕快跟佛祖去，唸南無阿彌陀佛。」他迷迷糊糊中嘴巴動了一下，好像回應我，雖然沒有聲音，我知道他有在唸，他跟我唸了三四聲阿彌陀佛，接著我提醒他：「你趕快唸。」就這樣子靜靜地去了。

信守承諾　奉行不渝

有一句話「允人卡慘欠人」（臺語，意指許下承諾的事，無論如何都要完成），對我來說，答應師父，就是答應佛祖，我很堅持，答應了就要做到，所以都跟著師父的腳步，師父說什麼就做什麼，我們的規矩都是這樣子建立起來的。我也跟一些新進志工講，我們要有感恩心，師父開這條路讓我們可以走，不簡單，一定要好好地走，這樣才對得起佛祖，對得起師父。

花蓮慈院蓋好了以後，我們委員每個月都去醫院一次，每次一星期左右，約十年不曾間斷。除了陪伴病人，還幫忙換床單、送病歷、做飯等等。有時候看到比較可憐的病人，大家會擔心他們繳不出醫藥費，上人非常有智慧，告訴我們：「妳們負責陪伴就好，其他不用操心。」同樣的，當慈濟護專成立時，師父要我們去當懿德媽媽，我沒念多少書，怕做不來。上人說了：「又不是叫妳們去教書，只是要妳們以慈濟精神去輔導他們。」

這些事情，我都很聽師父的話，都有做到。但是叫我說文章，我不會說，叫我說經典，我記不起來，只是師父講的聽久了，有稍微懂一些道理。如果要我對眾人說話，就比較會緊張出錯，雖然師父都會提醒我，我還是很害怕，不太敢在他身邊說話。不過師父如果來臺北，我都會去看他，看到他心裡就很高興。

不過，我不是家庭放著不顧去做慈濟，要兩邊都做得很圓滿，這樣才是慈濟人。對家裡的孩子，我都講以前的故事給他們聽，我是怎麼嫁進來這個家庭，怎麼持家照顧婆婆，怎麼做慈濟……我都有跟他們說。不是我愛講，是要讓他們知道做人要孝順，要有憐憫心、慈悲心、愛心。我所做的孩子們都有看到，也不會阻止我，我如果看到哪裡有需要救濟的，就請孩子去匯款，跟對方結個緣。有這一條慈濟路走，我很感恩，做慈濟，我家庭圓滿，兒子、女兒都很乖，我心裡只有感恩。

一九九一年六月二十二日，首屆慈濟護專二年制護理科學生畢業，擔任懿德媽媽的林江秀琴（前排左一）陪孩子們在靜思精舍與上人合影。（圖片／林江秀琴提供）

後記：

在慈濟人文眞善美志工團隊記錄秀琴師姊生命故事的過程中，無常忽至，秀琴師姊於二〇二一年十月十九日捨報往生，享耆壽九十歲。爲了圓滿秀琴師姊的故事，人文眞善美團隊接續約訪長年照顧師姊起居的二女兒林素鳳女士，並請其代爲確認訪談紀錄內容，才讓本文順利付梓。

在素鳳女士的記憶中，年幼時曾與長姊素佳幫忙母親寫訪視紀錄，也曾隨母親到靜思精舍抄錄登載功德款的簿本，因爲家人都知道母親在做對的事，所以都護持母親做慈濟。

在母親健康的時候，每週都會自行搭車到臺北慈濟醫院當志工，一直到二〇一一年做了脊椎手術，致使雙腳無法久站，才無奈停止醫院志工生涯。二〇一六年父親往生後，母親的身心狀態也逐漸走下坡，在隔年開始洗腎，所幸有兒女的陪伴與安撫，才慢慢釋懷。然而在二〇二一年三四月，母親行動必須仰賴輪椅，又讓她的心情變得更爲低落。

母親雖然因爲健康因素較少參加慈濟活動，但只要上人行腳到臺北，她都會去見上人，見到上人，她就感到很心安。而且對上人的呼籲仍舊積極護持，不改初衷，她把老人年金都存了起來，只要聽到上人談起當下慈濟的賑濟重點項目，就一次次地響應捐款。

素鳳女士深知母親護持慈濟善行的堅定心念，在母親往生後，決定將母親遺留的老人年金全數捐給慈濟購買COVID–19疫苗幫助臺灣人民。二〇二一年十一月三日早上，她代表母親參加上人與資深志工的溫馨座談，在眾人見證下，圓滿母親捐助疫苗的心願，也是表達家人對母親的深切思念。

1 指盛裝聘禮的紅木盒。

2 慈濟志工慣以「母雞」代稱引領自己成為志工的資深者，是從「母親帶小雞」的意旨演變而來，其深層意涵就是「人帶人」的藝術。母雞為哺育小雞，不斷地以爪耙蟲；若遇下雨轟雷，更不忘展翅擁子入羽懷，呵護備至。在慈濟世界中，每個人都有母雞，每一個人也曾是小雞。資料來源：賴怡伶，〈樣式演變，莊嚴和團隊精神最重要〉，《慈濟》月刊四七四期（二〇〇六年五月），頁四〇。

3 老三師姊名叫胡玉珠（靜緣），和陳美珠（慈蓮）、楊玉雪（慈妙）是結拜姊妹，攜手創業、學佛。三人在慈濟志工李水玉（靜銘）接引下成為慈濟會員，並隨之前往花蓮靜思精舍參加冬令發放，親見證嚴上人生活刻苦，卻致力為眾生付出，大為感動。後來三人一起皈依上人，成為大臺北地區最早一批的委員。新進志工依她們年紀長幼次序，暱稱陳美珠為「老大」師姊，楊玉雪為「老二」師姊，胡玉珠為「老三」師姊。

4 一九六九年至一九八八年，慈濟年年於農曆三月在靜思精舍舉辦佛七法會，以此修持功德，迴向所有愛護慈濟的善士大德，並慶祝周年慶；一九八八年為最後一次舉辦，此後因精舍空間已無法容納年年增加的與會大德，故自一九八九年起停辦。其間亦曾停辦兩次：一九八一年慈濟十五週年，因精舍內部整修停辦；一九八六年慈濟二十週年，因籌備慈濟醫院啟業停辦。資料來源：慈濟年譜資料庫。

5 林江秀琴成為慈濟委員的時間考證：《慈濟》月刊一四九期第十四頁〈臺北江秀琴女士　加入本會為委員〉，以及《慈濟》月刊一九四期第十二頁〈慈濟委員小傳：江秀琴女士，法號靜儷〉，兩篇文章皆記錄她是在「一九七八年年底」到花蓮參加「冬令救濟」後，旋即加入委員行列。但從《慈濟》月刊一四七期第十四頁記錄可知，「一九七八年年底的冬令救濟」是在「農曆十二月二十三日」，亦即「一九七九年國曆一月二十一日」舉行。故口述內容無誤。

6 本名李欅，又名李水玉，於一九七二年五月七日靜思精舍佛七圓滿日皈依證嚴上人，獲賜法號靜銘，為大臺北地區第一位慈濟委員，委員號三十七號。慈濟志業因而在臺北發芽，上人每回行腳臺北，都在靜銘師姊位於三重的家對眾開示。而後委員鄭柏、李實先夫婦（一九八三年）提供濟南路房子作為慈濟人聚會處，仍無法容納日益增多的會眾；一九八四年李清波委員將位於吉林路一〇一號七樓百餘坪的空間，借給慈濟作為臺北分會會所。資料來源：黃鵬宇，〈臺北慈濟會所增加三處　新泰聯絡處、中山聯絡處、中山共修處成立〉，《慈濟道侶》三四〇期（二〇〇〇年三月十六日），第四版。

7 本名沈玉蘭，臺北三重人，在慈濟委員李欅的邀約下，一九七三年農曆八月二十四日搭乘遊覽車到花蓮的靜思精舍，參加慈濟每月一度的貧戶發放後，受感動而成為慈濟委員，法號靜鴻，委員號四十二號。

8 指證嚴上人的三弟子德融法師、四弟子德恩法師。

9 為「慈濟綜合醫院」籌建的工作，本會會長證嚴法師拜訪土城承天寺廣欽老和尚。承天寺正在增建大殿，工程經費龐大，許多工作均由寺內住眾自行負擔，工作異常艱辛，然老和尚不計經濟上的拮据，隨即提出了二萬元，交給本會會長，囑咐作為濟貧與建醫院的基金各一萬元。資料來源：〈廣欽、如寬、心光諸法師　為建醫院分別捐出善資〉《慈濟》月刊一六二期（一九八〇年四月），頁一三。

10 證嚴上人曾於後來的開示中談及與廣欽老和尚的對話：記得我計劃興建醫院時，有一次到土城拜見廣欽老和尚。老和尚平日禁口不語，那天卻對我說許多話。有位委員問他：「老師父，我們師父說要建醫院，您想蓋得起來嗎？」他拍拍我的肩頭說：「你心無欺，醫院一定建得成。」當時，我體會到「欺」就是「誠」的相反；若有一分誠，醫院一定建得成。而今，這句話已經應驗了。資料來源：證嚴上人，〈人性之美，莫過於誠〉，《慈濟》月刊三四〇期（一九九五年三月），頁七。

11 慈濟志工紀陳月雲，委員號一〇四，法號靜暘，慈濟人常稱紀媽咪。自幼集寵愛於一身，後來嫁入深受日本禮教影響的夫家，而與夫家產生許多摩擦。直到她加入慈濟，在證嚴上人教誨，以及參與慈濟活動的磨練下，才改變對待家人的態度，並獲得家人的肯定。她幽默風趣，妙語如珠，經常與人分享自己的生命故事，並拍成《大愛劇場：雲彩飛揚》，以及著有《無子西瓜》。

12 王阿興為石門鄉山溪村的獨居老人，林江秀琴師姊等委員於一九八三年前往訪視，並於九月開始每月濟助八百元生活補助金，直到一九八六年老人往生，壽衣也是由委員為他穿上。過程中，委員每隔兩星期都會前往為他洗澡、打掃房舍；老人唯一的親戚，是他哥哥養女的媳婦，就住在不遠處，被委員的善行打動，自動拾起老人換下的衣服到溪邊洗滌。後來老人往生，本與他不相聞問的當地民眾也受委員感動，協助老人的喪葬事宜。資料來源：佛教慈濟功德會個案資料表（案號N〇〇〇三八六）；《慈濟》月刊二七三期（一九八九年七月），頁五四。

13 臺北市信義區慈濟志工為推動關懷社區老人，自一九九四年開始，每逢三大節日——端午節、中秋節、農曆春節，就會召集志工到福德平宅義剪，陪伴老人家們歡度佳節。資料來源：賴麗君，〈高婆婆和陳佳梅　真投緣！〉，《慈濟道侶》三一七期（一九九九年四月一日），第二版。

14 臺北市政府為照顧貧民，在今信義區大道路九十四巷及九十六巷之間興建福德平宅，於一九七〇年完工，提供低收入戶平宅出借服務；二〇一〇年因都市更新計畫拆遷。資料來源：臺北市社會局平價住宅紀錄片，https://reurl.cc/7pE4Ay。

15 詹金枝老太太學佛多年，對佛教事業護持，數十年來不遺餘力，乃經由慈濟委員楊玉雪、黃張乖之介紹而認識本會，並成為幕後委員，默默協助委員做勸募。老居士深覺慈濟建醫院乃佛教界千秋萬世之濟眾事業，將一幢座落於臺北市區林森北路的二樓洋房過戶給慈濟，供師父做建院之任何應用。資料來源：〈興建慈濟醫院捐款源源而來：詹金枝老太太將洋房過戶　提供本會作建院任何應用〉，《慈濟》月刊一九四期（一九八二年十二月），頁一六。

16 那時我在濟南路的臺北分會，靜恩捐三百萬，（陳）美玉也拿這一塊金元寶來道明原委，並說她先生認為這是阿桑磨手皮的辛苦錢，看看師父敢收嗎？我說我敢收，且一手拿著元寶，一手拿著靜恩的捐款告訴她，這比妳的三百萬更大。旁邊有人就說，師父怎麼這麼講？價錢差那麼多。我說，會這麼講是因為對於富有者來說，存款簿多一個零、少一個零，生活都不會有太大的變化。但是掃地阿桑的付出是傾其所有，這分心意無法評估價格。資料來源：〈二〇一一年三月十九日 菩薩行，布施無慳吝；無私付出的心念，無法以金錢衡量〉，《證嚴上人衲履足跡：二〇一一年・春之卷》。

歹命變好命

陳秀琴（九十九號）訪談紀錄

訪談／何日生、林秋玉

記錄／林如萍

時間／二〇二〇年九月二十七日、二〇二一年一月十日

地點／新店靜思堂、三重靜思堂

【經典語錄】

杯子缺角，不看就是圓的。無論家人的優缺點，我就是要把家顧好。

【簡歷】

陳秀琴，一九四〇年（昭和十五年）出生在臺北新莊，經過日據空襲時代，從小生活窮苦，沒有受完整教育。一九四七年由艋舺姑婆家收養，爲了養家曾當過童工賣黃牛票。一九五九年結婚，做手工存錢、貼補家用。因阿嫂介紹認識慈濟成爲慈濟會員，並進一步協助收功德會款，於一九七九年成爲委員。二〇〇三年，學會騎腳踏車，上街撿拾、載運被棄置的可回收資源。做出心得後，在自家騎樓設置環保點，帶動左鄰右舍一起做資源回收與分類。

二〇二〇年十月五日陳秀琴於三重園區靜思堂接受口述歷史專訪。（圖片／慈濟基金會提供）

憶兒時　生活不好過

一九四〇年（昭和十五年）我出生在臺北新莊，娘家在樂生療養院[1]對面，我們家住山上，下山報戶口不方便，父母生很多個，所以就會兩、三個一起報戶口。小時候是住土角厝，上面覆蓋稻草，家裡共有四間房間，好幾個小孩子睡一間房間；十六個兄弟、姊妹，我排第三，前面好像有人沒有了（往生），但我不知道幾個沒了。

在娘家有讓我們讀書，但是大家都不愛去，像我大哥不愛讀，是因爲讀書走路要走很遠；我弟弟也是，帶他去到學校就跑回來，甘願牽著那一頭牛，去放牛，他就不要讀書。

日本時代（一八九五～一九四五年），日本書我讀了半年，因爲我們小孩子都要人家來叫（起床），沒有叫就一直睡覺，睡太晚起床，就不給你去了。小時候就是看家、顧小弟。我們那邊都是種桂竹仔筍，賣人做椅子、做菜櫥，那時候媽媽去採收竹筍、賣竹筍，煮飯都是等媽媽回來才煮，我不會煮，鍋子很高我摸不到。

家裡生活不好過，若竹筍期到，每天都要去採，每天都要去賣，竹筍期一過就沒有了。媽媽都會先把竹筍燙一燙，綁成一捆一捆，我們姊弟就拿去樂生療養院賣。一路都是石子路跟土，土是紅色的石子路，不是細石子，是大一點的石子；那時候都打赤腳，哪有什麼鞋可以穿，就算是家裡有準備木屐給我們穿，木屐也都捨不得穿。

路的兩邊一邊是草，一邊是種樹，走路差不多要半小時，小孩子比較快，都用跑的，不過遇到爬坡路段就比較慢。我跟弟弟兩人，用竹片圓籃子裝，一人扛一邊，爬坡時扁擔有剁一個缺角會擋住，不會落掉，很好扛。我跟小弟竹筍賣一賣，錢就拿去換菜、換肉，換肉不能換瘦肉，要換肥的，回來可以炸油；但是小弟肥肉不敢吃，所以都換瘦的，回家會被打，他就說是阿姊說的，所以我也跟著被打。

空襲後 意外被收養

我阿公（外公）有種田，種在林口，他都會拿吃的來，我們這些小孩都是阿公、阿嬤幫忙養大的。

小時候生活非常的窮苦，那個時候是空襲時代（第二次世界大戰），戰爭飛機對飛機，會丟炸彈，空襲警報的警笛聲響起，我們就躲在防空壕裡面。那時阿公會開防空壕，上面種竹子，大家都去躲在那裡。

阿公的親妹妹、鄰居都來躲，他們住艋舺祖師廟對面有一個公園，公園對面有一間派出所，他們住派出所的隔壁巷子。從艋舺來新莊躲很遠，所以他們都住在防空壕內睡覺，等到沒打仗的時候才回去。那時候有配給米、鹹鰱魚、蕃薯，我們就煮給他們吃；或是等飛機過去以後，我也經常揹著採茶的籃子去採竹筍回來煮。

我的舅舅在躲防空壕的時候，覺得我很投緣，就跟阿公說，他想領養我。阿公以爲他是在開玩笑，就隨口說：「好啊！」他又問：「你要我多少錢？」阿公說不用啦，老人家就喜歡吃平西餅。

隔天，舅舅眞的擔了兩個謝籃的平西餅過來，隔壁一位親戚看到，就要他稍等，親戚說：「這個大女兒，她老爸十分疼愛。哪會捨得給人領養！」阿公說：「這是自己的親妹妹的兒子要的，既然餅都拿來了，沒有給他也不好意思。」就這樣把我分給了舅舅。等到我爸爸回家，知道這件事情以後，一氣之下就抬腳把兩籃餅踢翻，媽媽才一塊塊慢慢撿起來；沒過多久，舅舅就來把我帶走了。

收養不被疼惜　當童工貼補家用

舅舅成了我的養父，他是手拉車的車夫，就是客人坐上去，他在前面用手拉著跑。我七歲住到艋舺的養父家並沒有得到疼惜，養父的媽媽，就是我的姑婆，她都虐待我，以前在娘家有米可以吃，被收養後就沒有了，也沒有讓我讀書。

日本時代過去，日本人剛回去，養父的手拉車放在人家的騎樓，用沒有靠背的木凳子，跟一塊木床板架在那邊圍著，結果輪子被偷拔一個。家裡就說我手腳不乾淨，就怨我……現在想想，這些事情過去就好了。

八、九歲時我曾偷跑，那時候去做紙錢剝銀帛，做完有十二元。我要跟老闆領錢時，才知道姑婆怕我會逃跑，事先叫老闆不能讓我領，所以我就跟老闆偷拿十元，想說兩元給他利息錢，小時候是這樣想的。

我送飯到中山堂給養父吃，臺北車站就在那裡，他們手拉車的車夫就像醫院計程車排隊一樣；我送飯給他後，就去臺北車站，逢人就問要怎麼去迴龍。有個人說他也要去迴龍，要我等一下跟他搭同一臺車。我車票買了就跟他一起上車，車子很擠，我手放在車門口，門一關起來夾到我的手，手指頭的肉都裂開了！

那時候，爸爸在山上幫人家砍柴、鋸柴，我回去時他在睡午覺，我就說：「阿爸、阿爸！我回來了！」他說：「妳怎麼回來？」我就說：「你看！你看！我被打得手都裂開了！我偷跑回來了！」不然要怎麼說，我就找一個理由說。我回家住了三年，養父來帶我好幾次都帶不回去，每次帶到半途我就偷跑。

有一次阿公要帶我回養父家，走到一半，我跟阿公說：「我要尿尿！」他就坐在路邊抽煙等我。結果我就溜走了，旁邊有個墳墓，以前的墳墓都是自己的自己埋葬，我躲在一個很大的墳墓內睡覺。阿公等了很久都等不到人，就生氣地自己回家。我一直在墳墓內待到媽媽來找我，聽到媽媽在外面說阿公回去了，我才出來。

努力養　沒賺沒飯吃

到十二歲的時候，養父生病，姑婆親自來帶我，我才跟她回去。她還做了兩套很漂亮的衣服讓我穿，一件是上衣和裙子的套裝，一件是洋裝。跟她回去後，我去賣黃牛票，賺錢養一家人，賣黃牛票很可憐，我沒本錢就要先跟人家借。我買一張票兩塊八，轉賣五塊六，賣雙倍價錢。歌仔戲羅春蓮、四季紅這些都很有名，連站票也有人家要買；一個人排隊一次最多只能買四張票，兩次才買八張，我還要拜託正在買票的人幫我買兩張。

大家瘋歌仔戲，有錢人想要好位子，黃牛票賣比較貴也會買；我都要跟裡面售票的人串通，才能買到好位子。黃牛不是只有我一個，我在這一群人當中是裡面年紀最小的。我每天都去賣，賣一賣順便看歌仔戲，看完才回去。小孩子就是這樣愛玩，在那邊一天賺幾十塊、幾十塊！

有次賣到皮包弄丟了，在那邊哭，人家拿錢給我，好像是位茶館的老闆，不知道拿幾百塊給我。那時候賣黃牛票賺錢回去了，就會有一碗爲我保溫著的熱食。保溫用的木炭是去港邊的船上撿的，人家用船從三重埔（現爲三重區）載到艋舺，我就進到船艙內掃掉落的碎火碳，一小塊一小塊，撿回去後都囤積滿整個床下，這樣才有一碗熱熱的讓我吃，不然早上都不讓我吃。

養父腦子有問題，沒有娶老婆。後來阿公想說，這個孫女給人家，沒人照顧，就介紹一個寡婦給我的養父。住進家裡後，養母生了一個兒子，只是後來被我姑婆趕出去了，她們婆媳不合。

我賣黃牛票，賣到十六歲搬來三重埔，本來養母要將我抵押給別人，三年幾萬塊那一種。我不要，十七歲時叫姑婆介紹我進味全上班，在裡面的醬油部做包裝，綁一打一打貼標頭，檢查瓶子乾淨或骯髒，那些我都有做過。

那時候很多人追我，有位職員介紹影業公司的人，說這個女孩子氣質不錯，拍片可以。那人就去問我姑婆，姑婆要他三萬塊，那人就問我有沒有興趣，我說我沒興趣，因爲我聽人家說，拍片若要紅，就是要跟導演一起，我就說：「這樣我不要。」

三重埔我們是住在金國戲院後面，有三間古早厝，一間姓李、一間姓陳、再進去一點還有一間姓陳；我們是跟姓李的那戶租房子住，他家的門口前面有搭一間簡單得屋舍，在開雜貨店，也有賣水果。老闆娘想幫我介紹去當人家的小三，我不要，老闆就推薦住在隔壁的陳豐文，說他人可靠、不錯。因爲這樣，我才跟陳豐文認識。

選擇嫁人　走入另個艱辛

陳豐文大我三歲，我們談戀愛後，決定結婚；姑婆只要錢不要人，開口要收聘金七千二。當時陳豐文沒錢，去跟人家借金子來賣，西裝也是跟他堂哥借的，還跟人家燒破一個洞；我一開始知道他沒有錢，但是不知道他沒有錢到這樣子。媒婆問姑婆，怎麼沒拿半毛錢給我，她才給我一千二，讓我做頭尾（指嫁妝）。後來，她收那些聘金，也被人家吃了。

先生的父母是種田的，種田就可以三七五放領[2]，他們不知道要放領，前一年不做了。不做就什麼都沒有，就空了。他們若多做一年就有放領，金國戲院跟加油站後面那一些地就都是他們的，結果什麼都沒有了。

我十九歲（一九五九年）結婚後，吃都沒得吃，眞的結婚後還是沒得吃；都帶便當拌醬油、配菜脯；夏天剉冰加飯吃，甜甜地像米苔目，吃到急性肝炎。那時候大肚子，一個小孩就流掉了，我有去公所申請補助，補助兩萬塊來治病。

一九五九年大兒子出生，有孩子以後我把味全工作辭掉，去做手工學做卡司米隆[3]繡花，整件繡得很花那一種。我是看隔壁鄰居在繡，就請她教我，人家學一天就會，我學一個禮拜才會。一個禮拜以後，我每個月都很認眞做，那時候一個月賺一千多塊，房租四百元，一房一後廳，我先生出房租的錢，剩下吃、用都我出，就這樣生活。

我先生是在工廠做餅，後來老闆讓他合夥變股東當老闆。他愛喝，他們那一群老闆都愛在晚上去江山樓[4]喝酒。大兒子讀國小三、四年級時，先生就跟老闆拆股，自己出來開雜貨店中盤。前兩年都虧錢，我跟了一個會一直存、一直存，存了三萬元就拿給他。接下來他就賺錢了，賺錢後才買現在住的這個房子，後來又買了兩層。那時候我很傻，都不會說跟人家借，拿自己存的錢給他做生意，他說賺錢要還我，結果也沒有還半角。

阿嫂引路　啟慈濟因緣

我嫂嫂陳梅[5]是慈濟委員，跟靜銘師姊[6]是鄰居，阿嫂來我們家收善款，那時我三十出頭歲加入會員。還沒加入委員時，我去花蓮看到上人，我說這個就是我要的，我很喜歡上人，看到上人就覺得很歡喜，他給人的感覺就好像是自己的長輩；可能是我很缺家人給的愛，他說的話都很柔軟、很感動，我才會開始去幫忙收功德款。

去到精舍時，我記得常住師父都在做工作用的手套，有沒有做鞋子我忘了；做手套時，叫一批棉紗織好後，再叫一批棉紗來，我看了覺得很不捨，回來後想說要更努力收善款。在精舍，常住師父棉被都讓給我們蓋，床也讓給我們睡，常住師父都打地鋪，我們雖然兩個人擠一張床，但還是覺得不捨。上人是一面鏡子讓我們看，我們一定要學他；上人這樣的人實在是找不到第二位了，從我懂事到現在，遇過的人當中，就是上人最偉大。

剛開始我是幫嫂嫂收功德款，她不識字，我也不識字，結果兩人常常弄不清楚收據。有一天上人來靜銘那邊，就叫我去，去了之後靜銘就拿了一本簿子給我，我不會寫也不敢說，不敢說我不識字，接回來後我就叫先生幫忙寫。

那時候領勸募本收功德款的委員沒有像現在這麼多，聽到上人說要蓋醫院，正在找土地，我們也是這樣對會員說。我先生在開店，我顧店很忙很少出去，都是人家來店裡，我跟人家介紹慈濟。每月收完善款後，都是先生拿去郵局劃撥，精舍就會寄收據來。

我阿嫂是小時候就被抱來當我大伯的童養媳，兩人年紀好像差了十幾歲。婆婆在阿嫂很小時，眼睛就看不到，我先生是阿嫂帶大的。因爲先生很支持我、太疼愛我，才會被誤會；造成阿嫂吃醋、忌妒就對了，相處之間變成困擾多多，先生在說，阿嫂在無中生有。婆婆眼睛看不到，不知道我的好壞，做媳婦的也沒辦法跟她回嘴；而阿嫂就像是我們的父母一樣，也是要尊重她。

常常聽上人說法，我就懂得要放下，放下就是無論她怎麼罵，我靜靜地不曾回嘴，尊重她是我們的長輩；想到丈夫也是她一手帶大的，我也不能說什麼，好壞都是自己的命，要怪誰？

人生多舛　有願有力求解困

先生要跟人家做合建生意，兩層房他賣一賣去跟人家合夥蓋房子。後來，他膽囊不好就收起來沒做了，沒做後才去賭博。聽說他被詐賭，欠人家兩千多萬的債；那時剛好花蓮（慈濟）醫院要啓業開幕（一九八六年八月十七日）[7]，他欠人家這麼多錢，我只能先來拚經濟還錢。我心想先去花蓮一趟，做最後一次的志工；回去就跟佛祖說，我要暫時請假，先生欠人家很多錢，我要去還債務。

那天到火車站，上人正在接一些法師，上人一直盯著我看，那時候我身心憔悴，瘦得皮包骨，上人看到我覺得很不捨。上人知道我家裡的情形，我不敢去跟他坐同一輛車，只好一直閃、一直閃。到醫院啓業典禮結束，那個下午我在等車，大概要等個一兩個小時；有一對師兄姊，他們夫妻會幫人算命，很多人都說很準，因爲我家裡發生這種事情，想說來讓他算一算。日本時代媽媽幫我取的名字叫陳月子，就拿去給他們算，他們說你什麼都沒有、沒半項。我當時半信半疑，覺得人家是隨便說說。

我到六樓佛堂拜佛，跟佛祖說：「如果能讓我在半年內處理好這些債務，我要捐十萬。」我發願完後，上人剛好來到六樓，大家說：「上人來了！上人來了！」大家排成兩列一起迎接上人，上人看到我，一隻手指指著我說：「你要多拜佛！」意思就是我的業障很重，要拜佛消業障。

事實上我哪有時間拜佛？我要拚經濟，怎麼會有可能！那時顧著賺錢沒時間，我發願一年要賺一百萬，曾經四處去賣「唵嘛呢叭咪吽」加持過的戒指；每天早上出門賣戒指之前，先把小孩子的東西準備好，先生也幫忙賣。大家一個接一個介紹人來跟我買，結果一年賺了一百零四萬。

我聽上人說：「你這一世不還，來世還要加倍。」除了賣戒子，我還跟兒子說：「不然我們來開平價中心。」房子本來租人，從花蓮回來後決定開始做生意，也沒有看日子，因爲上人說：「時時是好時、日日是好日。」

那時候我發願，若跟人家共同持有的不動產賣了，還清債務後，我要捐十萬元。因爲是共有，我不敢講說要賣。結果三個月合夥人就一直來談要賣土地的事情，售價雖然沒有賺很多，至少也沒有虧到，所以就賣了。後來又賣了一間和別人合建的別墅，還賣一間二樓的房子，總共賣了兩千多萬元，還完債後我就捐了十萬元。

賣不動產的錢扣掉還債，剩下一百零四萬元。眞好笑，剩一百零四萬元剛好是先生欠

一度有輕生念頭的陳秀琴，因受到上人的鼓勵，轉而心開意解，她在努力幫先生還清賭債後，也陸續幫全家人共圓榮董與祝福。（圖片／陳秀琴提供）

我的錢；因爲先生跟人家買一塊土地欠了一百零四萬元，那人要跟他翻臉，我就拿錢讓他去還，當時，他說若賺錢會連本帶利都還我，會對我很好就對了。

結果錢還一還，先生就去外面養女人了。他銀行帳戶的印章、存摺都放在我這裡，我幫他還錢，他不對我好，還恩將仇報，我就跟兒子說，把錢領出來，偷偷領了一百萬捐出去，幫他做榮董[8]，不然錢也會被外面的女人拐走。後來他要去領，領不到錢，說要去找上人算帳。我說：「好啊，你去找啊！」他沒那麼大膽，他怕上人。

心靈有依歸　逆境關關過

先生有賺錢就變一個樣子，在外面嫖、賭、飲通通都來。他行爲欠檢點，一直回家要錢；家裡是我管錢，我不給他，爲了孩子我要拚。

我開店做生意有賺錢，手頭比較寬鬆，花蓮精舍不知道辦什麼活動我回去，因爲有事要問上人，上人剛好有客人在座，上人只祝福我一句：「妳如果想要什麼，就有什麼。」之後，我做生意一路都很順暢。

後來又有一次，那時候已經有賺錢，日子過得比較好，我較常回精舍。上人問我有沒有多拜佛，我說有，但心裡想的是哪有可能，做生意這麼忙。上人就瞪了我一下，意思是要我不可以說謊；他都知道，你騙不了的。

我覺得對不起上人，就陸續捐六個榮董，三個兒子跟我們夫妻五個，還有一個乾女兒，最後兩個是我跟會賺來的。我不識字，是陳麗秀[9]去郵局幫我提領，我也不是很能幹，是節儉然後一直跟會，跟會標起來就捐出去。

上人眞的是很厲害，今天若不是上人救我們全家人，我們就家破人亡了。有一次，我第二個兒子半夜腹痛送臺北榮總急診，醫生做了超音波和電腦斷層掃描，原來是結石堵住膽囊口，才會痛到打嗎啡都沒有效。早上想辦出院，急診醫師特別跑來，說胃部有一片陰影，應該要住院繼續檢查，在醫院任職的姪女看了病歷後建議轉到振興醫院再檢查一次。

振興醫院的醫生調來榮總的超音波和電腦斷層的病歷後，認爲有必要做一次胃鏡和切片確認。檢查完後姪女與二媳婦當場抱著痛哭——胃癌末期，醫生說他的胃只剩一點點是好的，大部分都壞了，如果開刀會有半年的時間不能動。我就在上人的法相前說，我這個兒子的小孩還小，如果能讓他的病好起來，不用開刀，我就捐五十萬。

三天後，預定手術的日子，手術前再次做胃鏡檢查，結果醫生露出不可置信的表情，跟我說胃的內部都是粉嫩的顏色，原來黑壓壓的一片竟然都不見了！還對二兒子說：「上次檢查都是黑黑的一片，你也看到了！」切片報告出來也是良性；一家人歡天喜地的辦理出院手續，感謝菩薩，感恩上人！滿心歡喜的我就眞的捐五十萬。

我叫兒子去上課，想說他去上教聯會[10]的課後，度他出來教書，結果課上完就不

陳秀琴一路艱辛，但永遠是家人最堅實的臂膀，最強而有力的依靠。（圖片／陳秀琴提供）

出來，這也是因緣。師父說一切都是因緣，幸好他身體好起來很健康。今天若不是上人，我大概也支撐不下去；今天把這個家箍好，上人跟我說：「要什麼，有什麼。」

記得二兒子一次是罹患急性肝炎，當時他在林口憲兵學校當兵，休假回家時跟我說他站不住了，我看他全身流的都是黃汗，我趕快對著上人（法相）說：「上人、上人，趕快來救我，快化個貴人來帶我，我不知道要往哪裡去！」

正巧有一個朋友在三軍總醫院裡面，他認識一個兩顆星星的醫生，跟醫生的爸爸是結拜兄弟。那個朋友要我幾點的時候到哪裡去等那位醫生，但我兒子還在軍中。我就跟上人（法相）說：「上人啊！感謝您帶個這麼好的醫生給我，但我的小孩還沒回來，怎麼辦？」過了十分鐘，兒子就回來了！這是上人來救我的，所以我看到上人都覺得很不捨也很感恩。

不看缺角　事事圓

我丈夫不讓我皈依，他怕我跟別人去，他不願意，我就不敢。婚都結了，就這樣了要怎麼改變，要不然要離婚嗎？以前那個本子（慈濟功德會委員通訊手冊），裡面都有印委員的相片、名字、號碼、幾年次、法號等，但我的名字下面沒有相片，沒有皈依就沒有法號，我都沒有，我是後來才皈依。早期，上人曾說，若是為了一人，放下一家人，這是不對的事，他也不會收。

過去我常在吉林路[11]那邊聽到上人說一句話——杯子缺角，不看就是圓的。我也儘量想，兒子是自己生的，丈夫也是自己選的，沒有話說，所以就要把家顧好就對了。

先生沒有跟著外緣去，生病後都跑來讓我照顧，病好就去大陸。過去如果有欠他，我算是還完了，後來先生也往生了（二〇一六年三月十六日）。

法親情深　自掏腰包做志工

以前，在臺北分會我是跟著高昆泉師兄做香積[12]，他現在身體不太好。他的嫂嫂跟我，還有余玉鳳，如果上人來臺北分會，不管多大的場，都是我們這幾個人一起做，最多大概有四、五百人。若是我們做的話，高昆泉的嫂嫂都會拿一萬元出來，其他不夠的部分我支出；我們沒有請（款），上人很辛苦，我們不忍跟他請（款），我們都這樣做，都是走前腳放後腳。分到三重之後，像是教小孩那種（親子成長班），我都是負責做點心，也都是自掏腰包，不曾請款。

陳秀琴（左一），為人溫暖，很會照顧人，因而接引許多人進慈濟當志工。李佩潔（右二）即是其中之一。（圖片／陳秀琴提供）

一九九二年九月二十八日，陳秀琴（左二）與志工帶領北十一區（三重、蘆洲）的會員到花蓮靜思精舍參訪。（圖片／陳秀琴提供）

做香積都是高昆泉開車，早上五點我們去大市買菜，那時候大市是在環河南路，做香積較特別的地方，就是人家來東西吃得高興，把東西吃完我們就覺得很開心；有人吃，我們可以感受到，東西有做得成功人家才會想吃。現在錢不好賺，年輕人就要量力而爲，老的若有存一點起來，就會照付。

以前我是在紀媽咪[13]那一組，訪視都是許麗華在帶，一部車四、五個人。最好笑的一次，許麗華跟上人報告我們去訪視，中午大家都各帶便當在一起合著吃，黃金受（基隆慈濟志工）開車載我們去訪視，黃金受說：「你們坐好，邊吃便當，我要倒駛（倒車，臺語與「倒屎」相近）！」其實他是要停到樹下比較涼快，上人聽了也覺得好笑。

我也曾在那一組做小組長，那時候帶人比較好帶，大家都很乖。以前若有什麼工作，我打電話一個一個邀請，有時候遺漏一兩位，事後他們還會打電話來問：「師姊，你怎麼沒叫我？」我會說，日後若有工作你就來。大家都很認眞，再遠要去唸佛大家也去，大家會相約作伴，坐一部計程車去。費用大家分擔，例如五個人一起搭車，車資五十元，一個人就出十元，大家都是這樣分擔。

我們聚會都是去臺北分會，現在的人觀念跟老一輩不同，他們的觀念就是用LINE傳訊息就好，上了年紀的人比較不會看LINE，若是用打電話的就會覺得比較親切，聽到聲音感覺就不同，還會聊天。年輕人是很有才華，只是喜歡用LINE，LINE來LINE去，沒有電話比較不親切，眞的，你如果有打電話，有開講就比較有感情，人家說見面三分情，不一樣喔！

做環保　聊天忘煩惱

我還有做環保，後來我兒子在開安親班，我就比較沒有時間出來參與。我若去大市買菜，就順便撿回收物回來。我到六十三歲才開始學騎腳踏車，用腳踏車撿保鮮膜，用布袋裝成一大包，一次都載兩趟回來，載不動時就用牽著走。以前在仁愛街那間松青超市，裡面的紙板都是我去綁的，大概十到十四天，就用一噸半的車載一臺，都是我們師兄去載。

我一直撿，到最近腳受傷，都不能走，膝蓋要蹲蹲不下去。等到腳好了之後我還是要繼續做，因爲師父在板橋講用鼓掌的手做環保時，我就開始做，撿習慣了，去買菜只要看到都會撿回來。

師兄還沒開始收回收物的時候，客人拿回收物來我店裡，我綁一綁，會先拿去廢紙間丟著。他們都知道是我們的，一個月會跟我們算一次錢，算好我們就把它

陳秀琴在家人經營的補習班內，帶入靜思語，期許學童在學習外，也能在內心扎下良善的種子。（圖片／陳秀琴提供）

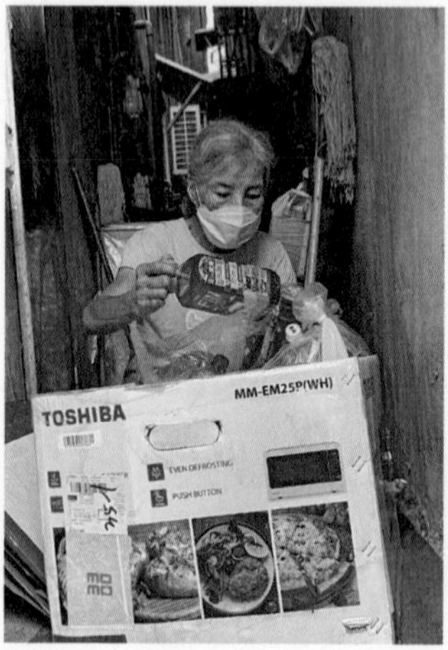

二〇二二年九月十六日陳秀琴在自家後巷中做環保回收分類。（攝影／林秋玉）

捐出去。

我做環保越做越開心，覺得有些煩惱的事都會忘掉，環保在我家有設一個點，每個月第二個星期天，會有十幾個人來做分類，做很久了。做的時候會聊天、分享，大家都覺得很有趣，像親姊妹一樣，有什麼好的、壞的事情大家都會相挺。

歹命好命　兒孫有乖最重要

養父往生後，小弟由我照顧，一個月給他三千元作生活費。他本來是在我堂哥的建材行當送貨員，送到年紀老了，沒辦法做了。他腦子也是有一點問題，常常要跟人家吵鬧不休。我跟他很親，我們別人都在幫助，何況是自己的小弟。

賺多賺少是一回事，兒孫有乖最重要。我有三個男孩、一個乾女兒，都已經嫁娶，有七個孫子，老大、老二都跟我住，小兒子在香港，他娶那裡的人。兒子很支持我來惜福區[14]，還會帶一堆小孩的衣服來捐，孩子長大了以後，這些衣服已經不能穿了，但狀況還很好。

上人這麼多的弟子，最不孝的人就是我。有一次他在臺北分會地下室開示，我剛好去繳善款，上人說要叫一個最歹命變最好命的人上來說話，那時候我嚇到發抖不敢上去分享。到現在想起來我還很慚愧，那時還年輕沒有膽子，現在還是會怕，要不是麗秀牽我來，我也是不敢上來。

上人年紀多我三歲，我每年過年都回去精舍做香積五天，小年夜就坐夜車回去，去十二年了。如果看到上人，就會在心裡祝福他身體健康，希望他身體都很健康。我每天都很擔心，用餐時間，我看他從我面前走過，我眼淚就含在裡面。

上人是很偉大，要找到這樣的師父很少，已經沒得找了。我真有福氣，遇到上人，才有這麼幸運，要不然我看會很淒慘。回想起來感恩比較多，不能怨嘆，這是我們自己的命。

二〇二一年一月九日三重區社區歲末祝福，陳秀琴（右）擔任接待。（攝影／蘇峻民）

二〇二一年一月十日三重區社區歲末祝福，陳秀琴（左）承擔接待，引導會眾到竹筒區捐善款。（攝影／林秋玉）

1 樂生療養院建於一九三〇年（民國十九年），取其樂其所生、愛其所生，命名「樂生」，收治痲瘋病患。臺灣省行政公署於一九四五年（民國三十四年）更名為「臺灣省立樂生療養院」，並於一九九一年展開轉型綜合醫療服務規劃，在一九九九年配合精省改隸為「行政院衛生署樂生療養院」後，逐步執行整建工程—新建醫療大樓，並藉著二〇〇二年「迴龍門診部」的對外開辦，提供一般醫療服務、積極走入社區以開拓醫院轉型之路。資料來源：https://www.lslp.mohw.gov.tw/?aid=204（二〇二〇年十二月三日檢索）。

2 第二次世界大戰結束後，臺灣農村中的土地，多半仍集中於少數人之手，地權分配不均。政府乃於一九四九（民國三十八年）開始實施農地改革，過程大致分為三七五減租、公地放領及耕者有其田。試圖從減輕佃農負擔、保障佃農權益的三七五減租開始，逐步降低地主地租收益，減低地主投資買地的意願，奠定「耕者有其田」的基礎。此後，再實施公地放領政策，終止政府與承租農民的租佃關係，將土地所有權置於農民之手。經多年努力，政府終令臺灣八成以上的農民成為自耕農，獲得土地的農民也因此提高生產意願，使得生產力大增，解決糧食不足的問題。部分地主則把政府的補償，用於投資工業生產。伴隨農民收入增加和購買力提升，促進工業產品的國內市場發展，奠定工商業經濟成長的基礎。資料來源：國家發展委員會檔案管理局網站 https://reurl.cc/R0bmXn（二〇二一年六月七日檢索）。

3 英文cashmilon，カシミロン（日語Kǎ sī mǐ lóng）紡織丙烯纖維製品，以由天然氣提取的合成樹脂。資料來源：日語詞典網https://reurl.cc/aNzAy4（二〇二〇年十一月二十六日檢索）。

4 大稻埕江山樓，日治時期臺北大稻埕著名的飯店。成立於一九一七年，位於現今臺北市大同區寧夏街與歸綏街一帶（當時稱日新町三丁目），是四層樓建築，一樓提供女侍服務，二樓則為飲酒，當時許多政商名流、巨賈文人雅士來往其間。資料來源：文化部臺灣大百科全書https://reurl.cc/XW4d4e（二〇二一年六月九日檢索）。

5 陳梅，慈濟委員號四十一號，法號靜怡，童養媳的命運使陳梅和陳家結緣甚深；十一歲小小年紀，因拋不下視她如親生女兒的瞎眼養母，她放棄回到富裕的原生家庭，反而去工廠做縫鞋女工，奉獻一生改善陳家經濟，幫助陳家脫胎換骨。陳梅吃苦當吃補，好像苦頭吃多了能回甘似的，不斷要求自己、要求家人。資料來源：慈濟全球資訊網，大愛推新戲酸甜苦辣《美味人生》https://reurl.cc/7ovv9k（二〇二〇年十一月二十六日檢索）。

6 靜銘，家住臺北三重的李水玉，於一九七二年五月七日靜思精舍「佛七」圓滿日皈依，法號：靜銘，為臺北第一位慈濟委員。一九七一年因友人李時，加入會員，自農曆八月起定期捐款，同年十二月募款得三百一十元。爾後，在慧日講堂結識陳美珠、楊玉雪、胡玉珠，進而帶出一群北區資深委員。資料來源：〈救法用心知〉，大愛電視—回眸來時路節目。https://reurl.cc/XkYrYe（二〇二〇年十一月二十六日檢索）。

7 證嚴上人有感於「貧因病起，病由貧生」，尤以東部山川重阻，缺乏完善的醫療設施，民眾由小病釀成大病，甚至枉送性命者時有所聞。上人思索：生命尊嚴，平等無異；為服務東部病患，解決貧困的根源，毅然發起建醫院，從上無片瓦，下無寸土開始，上人不顧孱弱之軀，辛勞奔走，不遺餘力，其間經歷的艱難波折、血淚辛酸，實難一一盡述；卻也開啟大眾的本源善心，逐漸匯成一股愛的長流。從一九七九年發起建院開始，到一九八六年慈濟醫院落成啟業為止，這一路行來，可謂點滴在心頭。資料來源：佛教慈濟綜合醫院網站。https://reurl.cc/bRxLZM（二〇二〇年十一月三日檢索）。

8 慈濟榮譽董事簡稱「榮董」。榮譽董事的產生，緣起於一九八六年八月十六日，慈濟醫院開幕前一天，證嚴上人為感恩捐款滿百萬元新臺幣贊助建院的大德們出錢成就慈濟志業，特地頒發慈濟榮譽董事聘書。榮譽董事們於一九八七年一月二十一日，在花蓮靜思精舍成立榮董聯誼會，並舉行首次會議。他們有的是事業成功的公司負責人，有的則是市井小民。資料來源：慈濟全球資訊網。https://reurl.cc/83WRjj（二〇二一年六月九日檢索）。

9 陳麗秀，慈濟志工，從小生長在清貧家庭，陳麗秀與家人的關係相當緊密。她看著母親林色辛苦照料家庭，還要洗衣服貼補家用只想趕快長大，好替父母分擔經濟壓力；國小一畢業就進入工廠當女工，即使薪資微薄，卻是她對家庭的具體貢獻。二〇一五年二月二十一日晚間八點檔，《大愛劇場》推出以喜劇為基調的〈大大與太太〉，即是陳麗秀的故事。資料來源：慈濟全球資訊網https://reurl.cc/WLZZZZ（二〇二〇年十一月二十六日檢索）。

10 教聯會，一群滿懷善心和愛心的教師，以及社教機構、學術研究機構專業人員所組成的「慈濟教師聯誼會」（簡稱教聯會），於一九九二年七月二十三和二十四日在花蓮靜思堂舉行成立大會，以「研討慈濟人文精神，融入教學活動中；淨化校園，祥和社會」為宗旨，期許以「菩薩的智慧」和「媽媽的愛心」，在校園播下美善的種子。資料來源：慈濟全球資訊網https://reurl.cc/R1lN4x（二〇二〇年十一月二十六日檢索）。

11 資深慈濟志工李清波於一九八四年五月二十八日提供位於吉林路一〇一號七樓百餘坪的空間，借給慈濟。是日，證嚴上人領臺北委員遷入，慈濟臺北分會正式成立。李清波夫妻倆都是虔誠的佛教徒，曾經經營建築業，和慈濟結緣之前，此處早已設有華藏講堂。認識慈濟後，輾轉得知上人正四處奔波籌建花蓮慈濟醫院，李清波毅然決然將吉林路的華藏講堂提供出來，作為上人行腳臺北弘法利生之處。資料來源：慈濟全球資訊網https://reurl.cc/ldrV0q（二〇二〇年十一月二十七日檢索）。

12 按《維摩詰經》之「香積佛品」載，距以娑婆世界上方過四十二恆河沙佛土，有佛國名眾香，佛號香積。香，係離穢之名，宣散芬芳；積，即聚集之義，積聚功德。意指這佛正報殊勝莊嚴，由眾多功德妙香積聚而成。「民以食為天」，從維護色身生命看，「吃」原是件極自然、必然、無可厚非，同時，應受尊重的事。是故，慈濟每辦大小活動，幾乎無不適時供需茶水、餐點。雖僅止於解渴療飢，難能讓人大快朵頤，但其恭敬待客之心，則毋庸置疑。圓滿此一「神聖」任務的功臣，往往人不在檯面，所事又非全場主軸，必須眼不見盛況、耳不聞拍掌，只有默默地、專注地、歡喜地……堅守爐灶，飲盡炊煙，像似點燃自己，照亮別人！因此在慈濟以廚房為道場的族群，以「香積志工」名稱之。資料來源：孫秉森，〈香的名相〉，《慈濟》月刊三七六期（一九九八年三月二十五日出刊），第五十四頁。

13 紀媽咪，慈濟志工紀陳月雲，是慈濟人所熟知的「紀媽咪」，個人著有《無子西瓜》、曾拍成大愛劇場與出版《雲彩飛揚》。書中記錄許多紀媽咪與上人互動的點滴過程，兩人的往來對話，親愛有趣並富哲理。

14 慈濟三重園區環保站將回收的衣物整理後，設惜福區提供需要的人來惜福繼續使用。

百號慈濟委員簡介

莊是　委員號：2
所在地：花蓮　生年：一九〇〇

莊是曾於一九六三年冬—一九六四年五月間，在花蓮慈善院聽聞證嚴上人講述《地藏經》、《阿彌陀經》，結下深刻法緣；上人再回普明寺掛單後，與弟子做手工自力更生，她亦常帶著孫女同住普明寺，協助縫製嬰兒鞋。一九六六年佛教克難慈濟功德會成立，莊是即加入委員，承擔勸募與訪貧工作，是慈濟的元老之一，與靜思精舍一起走過同甘共苦的歲月。

洪碧雲（靜宏）　委員號：3
所在地：花蓮　生年：一九二三

洪碧雲早年篤信佛教，一九六五年受到莊是與陳葉劉的邀請，每週一次在陳葉劉居士家聆聽證嚴上人講經，敬佩上人不受施供的原則，隔年加入初創的慈濟功德會。不識字的她為了清楚記錄每一筆善款，在會員名冊內註記各種只有自己看得懂的符號，用以記憶會員姓名、住處。發揮高度智慧，排除萬難達成目標，讓上人更有信心推廣慈濟理念。

吳玉鳳（靜慈）　委員號：4

所在地：花蓮　生年：一九三二

吳玉鳳是五號委員陳貞如（靜智）的舅媽，一九六六年隨之加入慈濟功德會成為委員；後來委員增加，進行分組，她是第一組組長。她的夫家經營豆乾店有成，是委員中少數經濟較寬裕者，常出錢雇車載著證嚴上人與委員訪貧；她也善於香積煮食工作，早年靜思精舍每月的發放日，都能見到她用心打理供餐。《慈濟》雜誌創辦之初，她擔任副社長，與陳貞如共同承擔發行費用。

陳貞如（靜智）　委員號：5

所在地：花蓮　生年：一九四一

陳貞如在阿姨陳綿的引介下，一九六五年初識證嚴上人，時為《民聲日報》花蓮分部的主任兼記者，對上人的濟世理念十分認同；一九六六年慈濟功德會成立，她即入會擔任委員。後來委員進行分組，她是第二組組長。為了讓功德會廣為周知，她籌措經費、運用人脈，邀集資深媒體人協助，參與創辦《慈濟》雜誌，為後來《慈濟》月刊的前身。許多善心人士因此了解慈濟的理念與會務，進而成為會員或志工，對慈濟的發展與茁壯，有著重要的貢獻。

李時（靜恒）　委員號：6
所在地：花蓮　生年：一九二四

李時成為慈濟委員，緣於慈濟第一個醫療個案——盧丹桂。當時李時為了幫助窮苦的眼疾婦人盧丹桂，自己捐款也向親友勸募，但費用仍是不足，於是透過謝玉妹將個案提報給慈濟功德會濟助。慈濟不但支付盧丹桂的醫療費，還包括就醫旅費、住院伙食等，讓李時備受感動，因而在一九六六年加入委員行列；委員進行分組時，她是第六組組長。之後李時廣邀親友加入慈濟，臺北第一位委員李水玉、高雄第一位委員涂茂興、臺東第一位委員黃玉女等，都因她而加入，是慈濟在臺灣開枝散葉的重要推手。

潘菊桂（靜慇）　委員號：7
所在地：花蓮　生年：一九二六

慈濟文獻多用舊名「陳阿玉」。陳阿玉與李時為朋友，同樣是因為幫助窮苦的眼疾婦人盧丹桂，而接觸慈濟，並加入會員，捐款護持善行。此後幾次與證嚴上人互動，基於對上人的欽敬，便請求擔任委員。

陳明珠（靜賢）　委員號：8
所在地：花蓮　生年：一九三〇

陳明珠於一九六七年加入慈濟功德會，因為她有會計學專長，因此證嚴上人聘請擔任會計，大家都稱她為「會計師姊」。她的帳目清晰，獲得一般善士信任，也使得功德會會務推展順利。

張金蘭（靜誠）　委員號：9
所在地：花蓮　生年：慈濟文獻無登載

慈濟文獻無登載。

林美玉（靜得）　委員號：10
所在地：花蓮　生年：一九一五

林美玉因想救助一位遭蛇噬的女孩，前往花蓮普明寺找慈濟功德會捐款，巧遇證嚴上人，受到上人邀請而入會擔任委員，後來委員進行分組，她是第四組組長。她積極招募會員，甚至相隔多年後重逢的日本友人，在聽過她的介紹後，也加入慈濟的行列。

蔡秀梅（靜瑩）　委員號：11
所在地：花蓮　生年：一九三一

蔡秀梅向來熱心助人，受到同事母親——慈濟委員林美玉的邀請，加入慈濟功德會，後來委員進行分組，她是第三組組長。一九七〇年冬日欲贈毛毯予上人與常住師父，觸動上人於過年前位感恩戶置辦年貨的想法，除例行的白米與補助金，還有毛毯、冬衣及過年紅包，成為慈濟「冬令發放」的傳統。

劉秀蘭（靜仁）　委員號：12

所在地：花蓮　生年：一九三〇

劉秀蘭是靜思精舍德融師父的二姊，一九六三年底在花蓮慈善院聽證嚴上人宣講經文，覺得上人講經淺顯易懂、闡揚明晰，之後常親近聞法，是慈濟功德會初期響應「日存五毛錢」的婦女之一。

黃真　委員號：13

所在地：花蓮　生年：一九三三

服務於花蓮市公所的黃真師姊，在偶然的機會裡，由友人介紹加入慈濟功德會，時常利用閑暇、假日聽證嚴上人講道論理，及關於救苦救難的一些菩薩行誼。每個月，她都會向左鄰右舍及同事朋友，收取樂捐款項，然後轉交到慈濟功德會，濟貧扶傾。

黃張櫻桃（靜儀）　委員號：14
所在地：花蓮　生年：一九三九

黃張櫻桃於花蓮市經營美美布料行，一九六八年成為委員，一九六九年靜思精舍大殿落成，證嚴上人為了佛龕的莊嚴、雅緻，特親自到布店選購布色，櫻桃師姊一見師父舉止令人驚歎，從此常與母親江阿菜（靜松）相偕來親近師父。一九七八年舉家遷往臺北，她也與當區委員攜手，推動募款與慈善濟貧工作；一九八五年舉家移民美國。

俞金釵（靜能）　委員號：15
所在地：花蓮　生年：一九三一

慈濟功德會成立不久，會址暫設於佳民派出所對面的普明寺，當時俞金釵的先生張榮財時任佳民派出所主管。夫妻二人感動於功德會對於地方貧困孤老，疾病殘弱者，甚至危急災害者，實有莫大的幫助，俞金釵受到張榮財的鼓勵，皈依證嚴上人，法號靜能，成為慈濟委員。

陳秀鳳　　　　委員號：16
所在地：花蓮　　生年：一九二八

陳秀鳳受慈濟委員俞金釵接引和證嚴上人鼓勵，成為慈濟委員。因曾於鐵路局當出納，於慈濟功德會每月的發放日擔任會計，負責善款點收與濟貧支出，直到一九八四年遷居至臺北。其詳細清楚登記所有出入款項，是功德會信實的基礎。

劉秀英（靜悟）　委員號：17
所在地：花蓮　　生年：一九一四

劉秀英向來默默行善、熱心助人，在還未加入慈濟功德會之前，她已十分景仰證嚴上人，一九六九年她在花蓮市節約街涵洞附近，遇見上人，特趨前問候請安，上人告知她有空到靜思精舍共研佛理，之後，她就經常來往精舍，不久接受上人邀請，成為慈濟委員；後來委員進行分組，她是第五組組長。

陳梅菊（慮勤）　委員號：18
所在地：花蓮　生年：一九二四

陳梅菊是花蓮農業職業學校的護理師，受洪碧雲邀請入靜思精舍參加慈濟委員聯誼會，感動於慈濟眾生苦難的功德會宗旨，不久成為慈濟委員。一九七二年功德會在仁愛街成立「慈濟貧民施醫義診所」，陳梅菊擔任配藥工作，也會為只會說閩南語、日語、客家話的阿公、阿婆翻譯病情。

蘇阿色（靜航）　委員號：19
所在地：花蓮　生年：一九二三

蘇阿色的夫家對佛法信仰虔誠，公公樂善好施，熱心公益，先生也支持她做慈濟工作。她常常和靜慈師姊一同去普明寺，聽證嚴上人講經，一九六九年成為慈濟委員，常隨著上人出外訪視，為弱勢個案服務。蘇阿色擅長烹飪大鍋飯，精舍中每月貧民施放日，每年佛七法會、冬令救濟，或是災難救濟現場，她都承擔廚房工作。

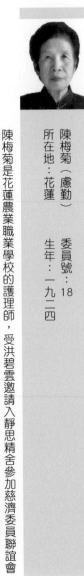

林玉蘭（靜健）　委員號：20

所在地：花蓮　生年：一九二五

林玉蘭受到慈濟委員靜恆邀請，一九七六年成為委員，法號靜健，雖然身體很不好，但仍把握機會做善事。

林川惠（思度）　委員號：21

所在地：花蓮　生年：一九三二

林川惠喜愛佛法，探詢佛理，於慈濟功德會成立的第四年，與李文塗一同到花蓮靜思精舍，拜證嚴上人為師。一九七〇年李文塗遷回臺中祖居，其於花蓮之委員一職由川惠師兄接棒。

高日華（思悟）　委員號：22
所在地：臺中　生年：一九二六

高翁彩尉（靜道）　委員號：22
所在地：臺中　生年：一九三〇

高日華與太太高翁彩尉在原二十二號慈濟委員李文塗接引下加入慈濟；一九八〇年，夫妻一起皈依證嚴上人，先生法號「思悟」，太太法號「靜道」。在志業參與上，他們承繼李文塗的二十二號委員號，由太太在先生的幕後護持，負責家務，或代替先生前往花蓮靜思精舍，協助準備冬令發放事宜，讓先生能專注於事業與在地的訪貧扶困工作。直到一九九四年先生病逝後，太太才走到幕前，參加培訓，於一九九八年受證委員。

張約（靜節）　委員號：23

所在地：花蓮　生年：一九二五

張約的丈夫在工作過世，獨力扶養五個孩子，一九六八年罹患嚴重的胃病，無法出門工作，一家生活陷入困境，因此被提報到慈濟功德會，成為長期照顧戶。張約在受助的過程中，發現功德會的常住師父與大多數委員們，是在經濟不寬裕中，攢存慈善基金，因此受到鼓舞，很快地回到工作中，只接受功德會五個月的幫助，並在一九六九年成為慈濟委員。

劉林阿日（靜蓉）　委員號：24

所在地：花蓮　生年：一九二七

劉再傳（濟溥）　委員號：24

所在地：花蓮　生年：一九二八

林阿日，本名「林素月」，樂善好施，但卻常受騙，因此一九六八年她跟著九號慈濟委員張金蘭（靜誠）到靜思精舍參訪。當日看到證嚴上人對於精舍與功德會的財務，嚴實分明，粒米不馬虎的態度，讓她投入成為慈濟一份子。她也邀請家人一同加入，她與先生劉再傳「分工合作」，先生負責收善款，她在精舍掌廚、做手工，女兒劉文瑛也在幾年後成為慈濟第一位員工。

許彩雲（靜雯） 委員號：25
所在地：花蓮 生年：一九三〇

許彩雲小時候全家賴以棲身的房子付之一炬，幸得左右鄰居接濟，感受社會溫情。因此當聽到兒子同學的母親李時，邀請她加入慈濟功德會時，立即加入。長期承擔香積工作，因菜量拿捏得宜，無論活動人數多寡，都能夠吃且不浪費；另外慈濟香積志工為使菜葉好入口而用的「切寸菜」法，即是許彩雲得自上人教導與弘揚。

張炎振（思耀） 委員號：26
所在地：花蓮 生年：一九三六

張炎振是虔誠的佛教徒，一九六九年隨同事到靜思精舍拜訪，看到精舍僧眾們不但自力更生，又為慈善存攢存基金的修行生活，覺得感動，進而皈依證嚴上人，成為委員，法號思耀。一九七一年前，花蓮玉里鎮尚無委員負責發放，每當發放日，在鐵路局工作的思耀，會將救濟金與米糧帶上火車，抵達玉里後，親自送到每一照顧戶的手中。

趙審（靜芬）　委員號：27

所在地：花蓮　生年：一九三一

趙審最初是因朋友邀約而加入慈濟會員，對於功德會的組織與作為完全不了解。一九七二年七月她至靜思精舍參與慈濟委員聯誼會，聆聽委員們報告弱勢個案的生活情況、關懷方案，發現委員以同理心與理性的態度，為有困難的人服務，為此感動，加入慈濟委員。

蔡陳阿來（靜真）　委員號：28

所在地：花蓮　生年：一九二〇

蔡陳阿來居住於靜思精舍附近的康樂村，知悉精舍是不受信眾供養，這種自力更生的精神令她深受感動，便自動幫忙工作，諸如田間拔草、種植、收成，以及坐織棉紗手套、布手套，外銷加工等工作。她在負責康樂村勸募的謝靜敬師姊搬離後，接替成為委員，憑著意志力、記憶力克服不識字的難處，會員由康樂村擴展至北埔，加里灣，樹林腳等數個地區。

方謝玉妹（靜依）　委員號：29

所在地：花蓮　生年：一九一六

方謝玉妹生養於佛教家庭，喜歡親近佛法。慈濟功德會成立前，她因聽證嚴上人講述《藥師經》，得以親近上人；功德會成立後，便隨上人訪視慈濟第一位個案林曾老太太。雖很早就與上人結緣，而且捐功德款、參與訪貧工作，但因家務繁忙，直至一九七一年才正式成為委員。早期交通不便，她還曾購置車子，請女兒接送上人訪貧。

王枝梅（真智）　委員號：30

所在地：花蓮　生年：一九五〇

王枝梅原本只是功德會會員，經委員許彩雲介紹，帶她到靜思精舍參觀，有感於師父的慈悲及慈濟救人如救火的精神，旋及加入委員行列。裁縫師的她，不僅要忙於生意，還要照顧先生及三個幼兒，日子雖然忙碌，但是她對慈濟工作的熱心卻不退轉。

江木火（惟誠）　委員號：31

所在地：花蓮　生年：一九一八

邱蘭嬌（慮緣）　委員號：31

所在地：花蓮　生年：一九二三

花蓮市第一合作金庫江木火經理，是慈濟功德會顧問委員，妻子邱蘭嬌在他鼓勵下，一九七二年加入慈濟委員行列。他一家人都是虔誠佛教徒且樂善好施，功德會設立「慈濟貧民施醫義診所」，江經理的千金江小姐也自願來義診所配藥處幫忙，為貧病患者服務。娜拉風災後功德會於臺東第一次義診，是由江木火作為先導，在當地安排聯繫，讓活動順利進行。

陳碧玉（靜祿）　委員號：32

所在地：花蓮　生年：一八九四

一九六〇年代末期，陳碧玉在一次佛教活動中，經由同道介紹，認識慈濟功德會，加入慈善濟貧的工作，雖然她的家境不富裕，仍然每個月捐出十元、二十元的買菜錢，幫助貧戶，同時還以七十多歲的高齡，挺身擔任慈濟功德會的勸募委員，募款時不論對方捐助錢數的多寡，只要有一分行善的心，她都願意幫助他們完成向善的心願。

林薰蓮（靜蓮）　委員號：33

所在地：花蓮　生年：一九二五

林薰蓮曾於東淨寺聆聽證嚴上人講經，當時想親近，但苦無機緣，直到加入慈濟功德會。她於一九七二年在「慈濟貧民施醫義診所」隨柯萬見居士學佛後，才正式加入慈濟委員。由於生在貧困家庭，很清楚窮人家的痛苦，因此對於長大能幫助別人，感到安慰。

陳初妹（慈永）　委員號：34
所在地：花蓮　生年：一九二三

陳初妹在偏僻的瑞穗鄉負起護理助產接生的工作，遇見許多窮困人家，感嘆地方上窮人多，惜無善人或慈善機構來賑濟。一九七一年間她透過江泉妹，得悉佛教慈濟功德會，兩人同赴靜思精舍拜訪證嚴法師，遇到本居瑞穗的劉秀英（靜悟）委員，因此受到推薦，上人當日即囑咐兩人負責瑞穗一帶的慈濟會務。

林招治（靜朗）　委員號：35
所在地：花蓮　生年：一九一九

林招治是由慈濟委員謝阿玉接引，她看到證嚴上人與弟子們在普明寺前的旱地耕作的身影，「一日不做，一日不食」的精神感動了她，決定加入慈濟功德會。早期慈濟在仁愛街的「慈濟貧民施醫義診所」，總由她發心插花和打掃。當她知道上人決定要建醫院，她不但捐出積蓄，在北迴鐵路尚未完成時，仍搭著顛簸長途車，專程北上募款。

劉興和（思誠）　委員號：36

所在地：花蓮　生年：一九二三

劉興和是經由太太林順妹接引而成為委員。一九六三至六四年證嚴上人在慈善寺講經，當時林順妹被上人的威儀及學識所吸引，後來慈濟功德會成立，她即加入慈濟是莊是的會員；在更深入了解慈濟精神後，於一九七一年加入委員，並鼓勵丈夫劉興和參與慈濟工作，他早期常在靜思精舍幫忙做些粗重的工作，慈院建院時，從整地到破土，都能見到他忙碌的身影。

李櫸（靜銘）　委員號：37

所在地：臺北　生年：一九二六

又名李水玉，慈濟文獻慣以此稱呼她。一九七一年李水玉經友人李時介紹加入慈濟功德會，次年至花蓮靜思精舍參加佛七活動，被功德會的理念而感動，因此皈依證嚴上人座下，是北部地區第一位慈濟委員。早年上人行腳至臺北，皆於李水玉師姊住所對眾開示，可視為臺北分會的前身；李水玉師姊接引出許多北部委員，如陳寶霞、薛黃釵、張沈玉蘭、陳美珠、楊玉雪、胡玉珠等，帶動會務迅速發展。

陳寶霞（靜鈺） 委員號：38

所在地：臺北 生年：一九二八

陳福才（思倫） 委員號：38

所在地：臺北 生年：一九二六

一九七三年在三十七號慈濟委員李水玉（靜銘）邀約下，陳寶霞到花蓮靜思精舍參與慈濟功德會周年紀念會，聆聽證嚴上人講經，生起悲憫心，領取功德簿開始募款。她勸募地域甚廣，萬華、松山、北投等地，甚至有會員受到感動，自動幫忙募款。她接引丈夫陳福才加入，協助勸募，如遇搬運施濟物品等較為粗重的工作，都由他負責，每年冬令救濟他迢迢趕來花蓮協助。

李氣（靜勳）　委員號：39

所在地：臺北　生年：慈濟文獻無登載

李氣為委員李時的姊姊，一九七二年由李時陪同往靜思精舍謁見證嚴法師，初次晤談，深受上人慈悲心而感動，立即發心盡一己之力，共襄盛舉。自此成為委員後，她即努力在北部推展慈濟善業，會員遍及三重、新莊等地，時而步行或擠公車，往返奔波地勸募善款。

薛黃釵（靜暉）　委員號：40

所在地：臺北　生年：一九三一

一九七二年三十七號慈濟委員李水玉（靜銘）邀薛黃釵去花蓮參訪靜思精舍。隔年參加慈濟功德會周年紀念的佛七活動，受到證嚴上人鼓勵，擔負起慈濟委員重責。

陳梅（靜怡）　委員號：41

所在地：臺北　生年：一九二六

一九七三年間，陳梅跟著委員三十七號慈濟委員李水玉（靜銘）來到花蓮，在拜會上人後，久冶無效的毛病不藥自癒，內心感激佛菩薩加被，感懷師父慈悲，便發心盡力做慈濟工作，募款也募心，響應贊助者踴躍而來，並接引靜福、靜亮、靜愈、慈祺等。

張沈玉蘭（靜鴻）　委員號：42

所在地：臺北　生年：一九二九

張沈玉蘭秉性熱心樂於助人，一九七三年跟隨委員靜銘師姊，至花蓮靜思精舍，聆聽證嚴上人開示，她思索上人說的，佛教大好教理為甚麼不能普遍於現代社會呢？就是佛教徒不能將佛教慈悲的精神，實地普及在人間，卻少社會慈善工作。返家後，她試著向親朋好友傳達，「慈濟」救人助人的意義，得到熱烈的捐款，從此開展慈濟工作。

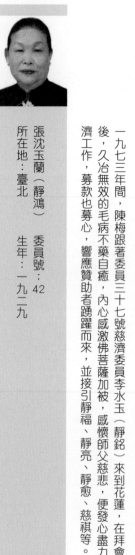

陳美珠（慈蓮）　委員號：43
所在地：臺北　生年：一九二五

陳美珠、妹妹楊玉雪和結拜姊妹胡玉珠經由三十七號慈濟委員李水玉（靜銘）介紹，一九七三年成為慈濟委員，她為人處事周詳，人稱「老大師姊」。因臺北醫療發達，慈濟功德會如遇疑難重症患者，必送往北部醫院治療，由陳美珠與臺北的委員承擔陪伴，諸如找醫師、辦掛號住院、出院等。面對繁雜的工作，她只要想到，外地者就醫處處生疏，換成是自己一定非常希望被人照顧、幫助，就更願意奉獻一己之力。

楊玉雪（慈妙）　委員號：44
所在地：臺北　生年：一九二八

一九七三年慈濟冬令救濟日，楊玉雪和諸多會員包車，隨著李水玉到花蓮靜思精舍參訪，身為佛教徒，看到佛教比丘尼濟助這麼多弱勢家庭，讓人引以為傲，她不久即加入慈濟，成為委員，人稱「老二師姊」。

胡玉珠（靜緣）　委員號：45

所在地：臺北　生年：一九三二

胡玉珠經由李水玉的推薦，在一九七三年成為委員，人稱「老三師姊」，經常隨證嚴上人行走各地查訪個案，她有感於交通工具對於訪視的效率，便去學開車，一九七五年領到駕照，開車陪伴上人在臺北、高雄、屏東等處奔走。一九七八年證嚴上人首次訪問樂生療養案，責成她與樂生療養院合作，整修朝陽舍，讓生活無法自理的院友遷住於此，方便照顧。

黃玉女（靜觀）　委員號：46

所在地：臺東　生年：一九二八

一九六〇年黃玉女與上人在臺東佛教蓮社結緣，一九七一年好友李時到家裡作客，她從好友口中得知花蓮有位師父在救助貧病，當下決定加入勸募的行列。一九七三年，強烈颱風娜拉重創臺東，她與丈夫王添丁校長在證嚴上人指導下進行賑災，展現驚人的動員能力。慈濟也在此次賑災中，建立了「勘災、募款、造冊、發放」的賑災模式。

吳尾（信宏）　委員號：47

所在地：臺東　生年：一九二五

吳尾師兄為臺東著名的大華西裝社老闆，也是臺東佛教蓮社的創辦人之一。一九七三年娜拉颱風來襲時，他放下生意，參與慈濟救災工作。當時，臺東只有三名委員，他是其中之一，由慈濟功德會租用遊覽車，吳尾擔任隨車接送，一天開四班車到太麻里鄉災區接送災民，到臺東市區領發放物資。

何振玉（惟廣）　委員號：48

所在地：臺東　生年：一九二七

何高碧珠（靜津）　委員號：48

所在地：臺東　生年：一九三一

何振玉與慈濟委員鄭柏同在關山林區工作，為鄭柏之會員；鄭柏退休後，其委員工作則交由何振玉代勞。太太何高碧珠亦為委員，一開始因為要照顧公婆，且兼顧家裡生意，沒有太多閒暇時間可以做慈濟，後來家業都圓滿後，發放、慰問、香積、醫院志工、講解奉茶禮儀等勤務都做，九十多歲了在慈濟活動中仍可見到她。

黃寶玉（靜萍）　委員號：49

所在地：臺北　生年：一九三七

慈濟文獻無登載。

林怡君（靜懿）　委員號：50

所在地：花蓮　生年：一九三一

林怡君是花蓮省立醫院的護士，早期花蓮義診時，花蓮省立醫院內科醫師張澄溫先生，及外科醫師黃博施先生協助本會為貧民義務診療，林怡君與該院護士林碧芭、吳素蓮、鄧淑卿，義務作護理及配藥等工作。

王成枝（明成）　委員號：51

所在地：花蓮　生年：一九一七

王成枝是早年籌建慈濟醫院的大力支持者，從一九七二年到二〇一九年往生，行善的腳步沒有間斷。他的會員曾高達四千多戶，但他不認識字，也不會騎腳踏車、不會騎機車，更不會開車，靠他一雙腳走路、搭車，走遍全臺拜訪會員、收善款，沒有一天停歇，被譽為「後山土地公」。

曹陳靜枝（靜枝）　委員號：52

所在地：花蓮　生年：一九四一

曹陳靜枝是玉里鴻德醫院的院長夫人，是慈濟功德會在玉里的第一位委員。早期曹陳靜枝舉辦發放，先生曹葦同時為照顧戶義診，他們也常常到部落偏鄉提供醫療服務；她從一九七一年接觸慈濟開始，帶動玉里鎮慈善公益的腳步，從未停歇；多年後曹葦醫師往生，她繼承曹醫師的遺願，將鴻德醫院轉交慈濟醫院，為玉里慈濟醫院的前身。

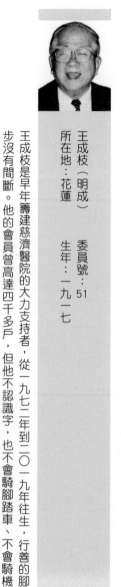

葉鏘興（思照）　委員號：53

所在地：花蓮　生年：一九二三

葉鏘興是一位忠誠佛教徒，是觀音正信會的會友，一九七三年參加慈濟功德會在玉里的賑災，因而認同救濟工作，主動加入委員。他原服務於鐵路局，慈院建院時，為求更專心於慈濟工作，不惜提前退休，誓願終生服務於慈濟行列中。八十歲仍於投入九二一希望工程與社區活動。

楊網（靜瑞）　委員號：54

所在地：花蓮　生年：一九二七

俗名楊碧玉，與先生在慈濟功德會成立之初，即透過十二號委員劉秀蘭（靜仁）的丈夫加入慈濟，但直到一九七二年楊碧玉的丈夫退休後，才第一次到靜思精舍參訪。當時聽證嚴上人提及臺中有位小孩患先天性心臟病，卻無力繳付醫療費，她回家後，即向親朋好友募得五千多元，再加上自己的一千元，下個月交給功德會，上人便鼓勵她承擔委員。加入慈濟後在「慈濟貧民施醫義診所」、訪貧行列，常見到她的身影。

陳美雲（真勵）　委員號：55

所在地：花蓮　生年：一九三九

證嚴上人的一句，人家有困難，妳為何不踏出一小步？讓陳美雲於三十二歲那年走入慈濟。家住花蓮的她，清晨兩點就起床趕到精舍備膳，廚房裡不但聽不到碗筷聲，也沒有切菜聲。每根菜都要切寸長，以提醒自己「做人要有分寸」。

王沈月桂（仁德）　委員號：56

所在地：臺中　生年：一九一六

王沈月桂是證嚴上人的俗家母親，慈濟人都親切的尊稱「師媽」，一九六七年她在花蓮普明寺旁，買農地讓上人興建靜思精舍，慈濟就從這裡起家。早期與黃春梅、廖炳南和甘芬成等一同募款、送物資，地點再偏僻都能抵達；無論賑災、義賣活動從不落人後，說話條理分明、富草根性，總能引起共鳴，是中部第一募款高手。

王添丁（思安）　委員號：57
所在地：臺東　生年：一九二四

王添丁受到妻子黃玉女接引，隨同證嚴上人與慈濟委員訪視個案，進而認同慈濟，投入委員的行列，擔任臺東區負責人。一九七三年娜拉颱風重創臺東、花蓮，他主持賑災工作，發動許多任職學校的教職員參與救災；慈濟功德會於此次事件中，訂定勘災濟助標準，建立日後賑災模式。一九八四年臺東分會假王添丁的住所成立，他與邱耀民聯合負責。

楊金雪（靜泓）　委員號：58
所在地：桃園　生年：一九五六

一九七五年十九歲的楊金雪從李文塗手中接下桃園慈濟會員的勸募工作，成為當時最年輕的委員，也是桃園第一位委員。一九七八年開始開始跟著臺北老三師姊胡玉珠，在新竹、桃園學習看個案，同時帶領桃園的委員訪視，直到一九八四年桃園的訪視工作獨立運作。對於凝聚桃園志工力量，催生社區道場有重要貢獻。

陳柔利（慧一）　委員號：59
所在地：臺北　生年：一九四二

陳柔利是李氣的長期會員，李氣因生病不良於行，陳柔利便接下幅員廣大的勸募工作。功德會訪視工作如需要交通，他一定全力支援；一九八四年起，他負責石門鄉一位臥病在床的獨居老者個案，不但為房屋裝上衛浴設備，且定期協助洗澡，直到個案往生。一九八七年琳恩颱風重創臺灣北部，他承擔長期救災小組的幹事之一。

鄭李實先（宏先）　委員號：60
所在地：臺北　生年：一九三五

鄭李實先和夫婿鄭柏都是虔誠的學佛者，一九七一年他們受真華法師的介紹，得知在花蓮從事慈善工作的慈濟功德會，他們參訪靜思精舍，隨慈濟委員訪視個案後，即投入慈善工作。一九七七年他們為精舍裝設電話；一九八三年挪出閒置的臺北濟南路房子作為會所，是臺北分會之始；一九八九年兩人移居美國華盛頓特區，開啟慈濟於當地萌芽的契機。

王陳瓊玉（靜亮）　委員號：61
所在地：臺北　生年：一九三三

一九七六年王陳瓊玉到靜思精舍，參加她第一次的打佛七，在此當中，課誦佛經、聆聽證嚴上人開示、感到獲益良多，因此加入慈濟。她隨丈夫工作於臺北批發果菜市場，清晨二、三點鐘就開始做生意，生活忙碌，但仍早晚禮佛作課。她募款的對象亦為市場中人士，雖然會員繳功德款的意願經常受生意起起伏伏影響，但她總保持恆常心，不間斷地為弱勢族群努力。

林周香桂（靜愈）　委員號：62
所在地：臺北　生年：一九三三

一九七三年身體不好的林周香桂，受到大姑四十一號慈濟委員陳梅（靜怡）委員的介紹，在八月的發放日到靜思精舍參訪，看著志工們服務照顧戶的景象，讓她升起一個想法，若身體健康起來，我也來做善事；就這樣加入了勸募、幫助弱勢的行列。她在訪視時，看到弱勢個案在貧病交加的情況下，仍努力生活著，反觀自身豐裕而知足，進而改掉習氣，增長慧命。

涂茂興（思毅）　委員號：64
所在地：高雄　生年：一九四六

涂徐懿馨（靜恂）　委員號：64
所在地：高雄　生年：一九五一

涂茂興是高雄的第一位慈濟委員，一九六八年在花蓮當兵時，透過李時認識慈濟功德會，欽佩靜思精舍師父們自力更生、發願濟貧的修行方式。一九七一年與徐懿馨結婚，婚後兩人到花蓮拜訪證嚴上人時，受到上人委託，投入慈善工作，早期訪視範圍包括嘉義、臺南、高雄、屏東。徐懿馨為支持先生投入慈濟，利用晚上時間賣衣服，也隨著先生投入志工行列；孩子長大後更以慈濟志工為要，哪怕是因車禍行動不便，也要到慈濟靜思堂顧家、招呼來眾。

蘇啟德（惟全）　委員號：65
所在地：花蓮　生年：一九三六

在壽豐街上經營雜貨店，相當熱心助人，總會拿店內要賣的米來賑濟窮人家，因此許多人有需要都會找他幫忙。後來加入慈濟，是壽豐第一位慈濟委員，每月精舍發放日，都會前往精舍代個案領取物資。

吳鎮旭　委員號：66
所在地：臺南　生年：慈濟文獻無登載

吳鎮旭師兄原為李時師姊的會員，按月捐出善款。一九七六年他到靜思精舍參觀，證嚴法師講解功德會成立的意義，鎮旭師兄聽後，深為感動，立即表示回到臺南後，可對外勸募善款。爾後開始在臺南募款、訪貧等工作，甚至曾幫助雲林元長鄉長者修建房屋。從此事可知，當時慈濟委員不多，訪視負責範圍橫跨縣市。

陳榮慶（淨牧）　委員號：67
所在地：屏東　生年：一九四三

黃春蘭（靜耀）　委員號：67
所在地：屏東　生年：一九四二

陳榮慶是慈濟在屏東的第一顆種子，一九七二年經由惟勵法師認識證嚴上人並加入慈濟，一九七六年成為委員。一九七七年賽洛瑪颱風重創南臺灣，陳榮慶在屏東還無人知道「慈濟」時，說服受災地鄉公所派鄉里幹事，為上人與委員們帶路勘災，他當時借用東山寺為發放場地，建立屏東大型災難急難救助初步模式；同年十二月借用圓通寺成立屏東分會。陳榮慶能專注於慈濟工作，全靠太太黃春蘭在背後操持家務與米廠工作；她待人開朗熱情，善於促進人與人之間的感情，每月的發放日與訪貧工作，她都承擔香積，為大家準備餐點、茶水。

邱近妹（靜適）　委員號：68
所在地：花蓮　生年：一九一四

邱近妹的丈夫過於操勞，五十四歲時驟然往生，她遭逢巨變後，常到秀林鄉普明寺地藏廟禮拜，因此認識當時借住在寺中修行的證嚴上人，常受上人溫慰開示。一九六六年上人決定創辦「克難佛教慈濟功德會」時，立即加入，從每天的五毛錢開始護持，追隨上人跨出慈濟志業的第一步。

陳貴玉（靜敏）　委員號：69
所在地：臺中　生年：一九三四

一九七六年十一月，陳貴玉與住在花蓮玉里的小姑陳靜枝相偕至靜思精舍，與上人晤談，詳悉慈濟功德會宗旨及救濟情況，甚為感動；隔月功德會貧民複查團到臺中，她與上人再次相談後，決定加入慈濟，成為臺中的委員，日後成為臺中分會最初的四位組長之一。她積極在親戚、朋友、顧客間勸募，勤耕於慈善這塊福田，讓善士布施行善，貧者得其所需。

江玉珮（靜慮）　委員號：70

所在地：屏東　生年：一九四一

江玉珮因好奇與朋友向證嚴上人請法，感到上人對佛法闡明清晰、受益匪淺，多次聞法後皈依；經常往來靜思精舍，體驗到常住師父之間和氣、規矩的生活休養。婚後定居於屏東，在當地推廣上人的精神理念，成為慈濟於南臺灣開展的助力之一。

林金月（靜悅）　委員號：71

所在地：高雄　生年：一九五一

一九七六年林金月寄信到精舍，在信中向證嚴法師請願參加慈濟行列，並指名欲結識四十一號委員陳梅（靜怡）。兩人一見如故，因面貌酷似，猶同母女，以義母女相稱，從此母女一北一南為慈濟眾生的工作而努力。

余秀琴（靜純）　委員號：72
所在地：花蓮　生年：一九三九

黃鶴汀　委員號：72
所在地：花蓮　生年：一九三五

余秀琴因先生黃鶴汀的工作調動，一九六八年遷居花蓮。她心追求宗教信仰，適巧先生的同事為委員陳貞如的先生，因得其引薦，隔年加入委員行列。

王郁清（靜弘）　委員號：73

所在地：臺中　生年：一九五二

王郁清九歲時就與尚未出家的證嚴上人相遇，並向媽媽提及要拜上人為師。十九歲時皈依上人。從事護理工作的她，退休後積極投入慈濟，是臺中分會活動組的合心幹事，是慈濟臺中分院固定值班醫療志工；九二一地震後，她積極邀請會眾到霧峰國小關懷。她用行動證明中年投入慈濟，也能發揮人生的價值。

馬長成（思穎）　委員號：74

所在地：高雄　生年：一九四二

一九七〇年左右，馬長成於屏東圓通寺承包工程，在見慧法師的接引下，他與朋友騎摩托車到花蓮靜思精舍參訪，從德慈法師說明，了解常住師父們的自力更生，和救濟弱勢的修行生活，他覺得救濟是很好的事情，回家後就開始招募會員。

林錦勝　委員號：75
所在地：臺東　生年：慈濟文獻無登載

林錦勝、陳秀美賢伉儷，在臺東經營機車行，平時就樂善好施，是黃玉女師姊多年的會員。一九七八年農曆三月份慈濟功德會舉辦佛七法會，其母廖四妹與王添丁的母親一起到靜思精舍參加，結束時林錦勝來接母親，適逢精舍發放日，目睹功德會救濟貧胞情況，加上母親鼓勵，即加入委員行列，為更多需要幫助的人盡心盡力。

賴靜慧（靜寧）　委員號：76
所在地：花蓮　生年：一九四八

慈濟文獻無登載。

楊秀英（慮瑞）　　委員號：77
所在地：花蓮　　生年：一九二八

余永欽、楊秀英夫婦在花蓮經營新美都理髮廳，楊秀英從報上得悉慈濟功德會獲內政部表揚為興辦慈善事業第一名，決定造訪靜思精舍，瞭解是否有自己能盡力的地方。一九七七年的冬令救濟日開始，每月的發放日，楊秀英帶著店內三名理髮師，到精舍為照顧戶免費剪髮，在他們的巧手下，一家大小容光煥發，成為慈濟發放日一項溫馨服務。

羅銀妹（靜祚）　　委員號：78
所在地：花蓮　　生年：一九三一

慈濟文獻無登載。

曾玉霞（普玄）　委員號：79
所在地：新竹　生年：一九三二

曾玉霞篤信佛教，當初僅聽聞花蓮有一佛教的慈善機構，再詳閱慈濟的刊物，升起佛教弟子應做慈善事業的意念。她的兩位女兒均已出家修持，分別取法號為宏法法師、宏照法師。一九七八年曾玉霞率同兩女兒至靜思精舍，親眼看到功德會確實從事救濟眾生的事，回到新竹後，即發心參加慈濟委員，向當地善心人士勸募善款。

余陳涼（靜賓）　委員號：80
所在地：臺北　生年：一九三二

居住三重市熱心於慈濟的余陳涼，是位虔誠佛教徒，長期茹素持齋如恆，她透過委員李水玉（靜銘）認識慈濟，進而於一九七八年皈依證嚴上人，成為委員。同年她代表臺北參加全省委員聯誼會，聽聞一位高雄弱勢個案生活狀況，感到非常同情，散會後將身上所有金錢捐出，幫助個案解除困境。

吳月桂（靜璿）　委員號：82

所在地：花蓮　生年：一九四二

吳月桂是證嚴上人的大弟子德慈師父的弟媳，一九六六年慈濟功德會成立時，全家人一起加入會員，之後領勸募本成為委員。一九七二年婆婆黃阿乃將住屋的一樓空間，借予慈濟功德會作為「慈濟貧民施醫義診所」，吳月桂加入義診志工，成為開啟慈濟醫療的助力之一。

釋普義法師　委員號：83

所在地：花蓮　生年：一九一二

慈濟文獻無登載。

李恭信　委員號：84

所在地：臺東　生年：一九三五

一九七八年十二月十七日，證嚴法師率委員到臺東作貧戶複查，李恭信與郭恆敏陪同，挨家挨戶訪問。李恭信致力於臺東善訪視工作。早期的冬令發放日，他準備車輛，貼心地服務貧戶，方便其領物資。

郭恆敏（思恆） 委員號：85

所在地：臺東 生年：一九二八

郭王松娥（靜豪） 委員號：85

所在地：臺東 生年：一九三一

郭恆敏與郭王松娥夫婦住在黃玉女的家對面，郭王松娥被黃玉女接引入慈濟，當時臺東慈濟人不多，她常隨著證嚴上人和委員們去訪視，是臺東第一代慈濟人。郭恆敏在縣政府農業局擔任農會輔導工作，經常與農民們接觸，啟發引導他們發菩提心，行菩薩道；義診時，病患多是原住民，他用日文幫原住民翻譯。

徐瑞宏（思戒）　委員號：86
所在地：南投　生年：一九三五

徐陳月滿（靜定）　委員號：86
所在地：南投　生年：一九三八

徐瑞宏一九七六年參訪靜思精舍，深為證嚴上人克難濟貧卻不受供養的修持所感動，因而加入慈濟，兩年後成為委員；太太陳月滿隨他腳步成為委員，協助每月的照顧戶發放工作。徐瑞宏的訪視範圍涵蓋整個南投縣，經常騎機車往返於群山間送關懷，並且每個月在家中舉辦發放，直到一九九八年埔里聯絡處成立。他在訪視過程中接引了許多人受證慈濟委員，將慈濟的種子遍灑於中部山城間。

徐銀妹（靜欣）　委員號：87

所在地：花蓮　生年：一九四八

家住花蓮的徐銀妹，是高雄涂徐懿馨委員的胞姊，是委員陳美雲委員的長期熱心會員。在涂茂興的邀請下，於一九七八年加入委員行列。

陳絢暉　委員號：88
所在地：臺北　生年：一九二六

陳蓮招（靜施）　委員號：88
所在地：臺北　生年：一九三〇

陳絢暉與陳蓮招夫婦都是善心的佛教徒，陳絢暉認為慈濟宗旨正確，一九七八年鼓勵太太加入委員。當時北迴鐵路還未通車，陳蓮招每月一定從臺北經由蘇花公路回花蓮參與全省委員聯誼會；臺北分會成立，業務繁忙，陳蓮招常忙到半夜，先生陳絢暉總會分擔。陳絢暉專事日文翻譯，一九九二年他翻譯的《靜思語—消除內心的迷惑》日文版，獲得日本各界廣大迴響與共鳴。

施張照（靜涵）　　委員號：89

所在地：臺北　　生年：一九三九

張照平日熱心於慈善事業，一九七八年她隨委員余陳涼（靜賓）等人至花蓮靜思精舍，參加全省委員聯誼會，覺得感動，加入委員的行列。一九七九年冬令賑濟，經營超級市場的她，負責購買大量賑貧用的高級沙拉油，同時請廠方直接運寄各地分會；她的先生主動墊付一千多元的運費，作為對慈濟善行的護持。

林慧美（靜盈）　委員號：90
所在地：花蓮　生年：一九四七

石福村（惟晤）　委員號：90
所在地：花蓮　生年：一九四三

林慧美的母親是功德會員，因此認識委員陳阿玉（靜愍）；有一天她跟隨陳阿玉拜見證嚴上人，從此常出入靜思精舍，不但體會常住師父自力更生的辛勞，也接受上人親自教導慈善工作，與先生石福村在一九七八年一起加入委員。花蓮慈濟醫院建院前，一位同事發生嚴重車禍，在花蓮無法得到治療，透過慈濟轉往北部醫院，治癒後回公司上班。經過此事件，讓上人更確定在東部建醫院的必要性。

謝碧鴻　委員號：91
所在地：臺北　生年：一九三二

謝碧鴻於一九七八年在好友委員林碧玉（靜憪）陪同下，兩度造訪靜思精舍，被證嚴上人發揚佛教、扶弱濟貧的宗旨所感動，進而加入委員行列。一九七九年九月，慈濟舉辦臺東市、玉里鎮義診，謝碧鴻運用人脈，促成臺北國泰綜合醫院、鐵路醫院等院所醫師參與，並支付他們的機票費用。

林碧玉（靜憪）　委員號：92
所在地：花蓮　生年：一九四七

林碧玉原為慈濟的長期會員，在好友林素雲之母靜勤師姊的邀請下，到靜思精舍協助農忙，自此為證嚴上人及精舍修行所吸引，在一九七八年成為委員。上人籌建花蓮慈濟醫院期間，她放下自己的會計事業，從籌建醫院的構想開始，到土地的尋覓、取得，其間的公文的辦理、與土地補償戶的協調，或與政府各個部門的聯繫，乃至招募人才等，都是由她代表慈濟處理，是慈院的重要催生者。她也投身教育、慈善等志業推展，包括籌備慈濟醫學院（慈濟大學前身）、九二一希望工程、八八水災永久住宅等。後來她成為靜思精舍清修士，於二〇一九年十月十七日靜思精舍第一屆清修士授證典禮中，接受上人授證，以出家人清淨身心，做入世的事，荷擔起法脈宗門的傳承與弘揚。

游月鶴（靜照）　委員號：93
所在地：花蓮　生年：一九四〇

洪茂隆（惟抑）　委員號：93
所在地：花蓮　生年：一九三六

游月鶴於一九七一年陪玉里佛教蓮社蓮友曹陳靜枝等人到花蓮辦事，並參訪靜思精舍。兩人深為證嚴上人的濟世理念所感動，返回玉里後，即開始勸募與濟貧工作。游月鶴因生性內向，當時並未與曹陳靜枝一起加入委員行列，只是將募得的功德款交給曹陳靜枝代繳回慈濟，多年後才自己領取勸募本成為委員。做慈濟之前，游月鶴在路上遇到喪家總會因害怕而閃避，但在二〇〇一年桃芝颱風後的援助行動中，她在得知遭土石流掩埋的大體被挖出時，克服心中的障礙，領隊為往生者助念。先生洪茂隆為小學老師，在她影響下也加入委員，常利用休假時間，一起做訪貧、義診、急難救助等慈善工作。

鄧淑卿（靜善）　　委員號：94
所在地：花蓮　　生年：一九四四

鄧淑卿與五十號委員林怡君（靜懿）同為省立花蓮醫院護士，一九七二年在林怡君邀約下，和同事林碧芑相偕到靜思精舍皈依證嚴上人。因認同上人辦義診的想法，邀請院內醫師支援「慈濟貧民施醫義診所」，服務貧病患者逾十四年，是促成義診的重要推手之一。一九七八年承擔委員，參與勸募、訪貧；一九八七年轉至慈濟醫院社會服務室工作；二〇〇七年退休，成為全職志工。

許筑媄（慧芳）　　委員號：95
所在地：屏東　　生年：一九三九

許筑媄在一九七九年有緣到花蓮參訪靜思精舍，確知慈濟救濟貧苦的善行後，返回屏東即向同事、好友宣揚慈濟，並將眾人捐款，代表劃撥到慈濟，成為慈濟委員之一。

黃張乖（靜昭） 委員號：96

所在地：臺北 生年：一九三五

黃張乖經三十七號委員李水玉（靜銘）介紹，一九七五年開始捐功德款，後來成為四十四號委員楊玉雪（慈妙）的幕後委員，常相伴探訪貧病個案；一九七九年在證嚴上人邀請下出任委員。在上人籌建慈濟醫院期間，她曾因腹部肌瘤而不時有貧血、暈眩問題，但擔心手術後必須休養，無法外出收善款，所以拒絕手術，只為了助上人早日完成理想。

張家鳳（思修） 委員號：97

所在地：臺北 生年：一九四三

張家鳳經營男裝製衣廠，慈濟籌備一九七八年冬令發放時，四十一號委員陳梅（靜怡）代表向他訂購三百多套男裝，並藉此介紹慈濟。張家鳳大為感動，以最低成本接下訂單，另贈一部份襯衣，又在發放日（一九七九年一月二十一日）專程搭機到花蓮參觀冬賑實況。發放後，他告訴證嚴上人，願為功德會盡一分心力，返北即展開募款濟貧的委員工作。

林江秀琴（靜儷）　委員號：98
所在地：臺北　生年：一九三二

林江秀琴一九七六年由四十五號委員胡玉珠（靜緣）接引為慈濟會員。一九七九年，她到花蓮靜思精舍協助冬令發放後，發願為貧苦眾生付出更多心力，於是加入委員行列。在家人支持下，她得以全心投入，曾擔任北區第五組組長。二〇二一年往生後，女兒素鳳將她留存的老人年金全數捐給慈濟採購COVID-19疫苗，遺愛人間。

陳秀琴（慮鴻）　委員號：99
所在地：臺北　生年：一九四〇

陳秀琴的嫂嫂為四十一號委員陳梅（靜怡），她捐功德款也隨嫂嫂到花蓮參訪靜思精舍，受證嚴上人與精舍師父克勤克儉生活所感動，回去後就開始募款，於一九七九年成為委員。一九八六年，她為了償還先生積欠的千萬賭債，曾想暫停委員工作，但在上人鼓勵下，努力工作還清債務，還捐了六個榮董。後來在自家騎樓設立環保點，帶動鄰居一起做資源回收。

林張桂香（靜玫） 委員號：100

所在地：臺北 生年：一九三一

慈濟文獻慣以林桂香稱呼。林桂香年輕時在小吃店洗碗盤、端餐點，與三十七號委員李水玉（靜銘）為朋友，在靜銘邀約下，一九七四年成為慈濟會員。起初，她忙於生計，僅以家人名義捐功德款。直至一九七九年證嚴上人帶領委員複查北部個案，林桂香放下工作，一連五日隨行，親見老、殘、貧、病個案的慘況，因而更堅定護持慈濟的信心，加入委員行列。

感恩參與本書的口述歷史記錄者

口　　述／陳貞如、高翁彩尉、楊金雪、涂茂興、涂徐懿馨、陳榮慶、黃春蘭、王郁清、徐瑞宏、林江秀琴、陳秀琴

口述整理／魏玉縣、許淑靜、葉灑瀛、廖耀鈴、何麗華、張麗雲、施金魚、洪綺伶、林如萍、沈昱儀、吳明勳、曹慧如

聽打紀錄／林秀女、魏玉縣、陳秀雲、葉灑瀛、郭玟君、何麗華、張麗雲、施金魚、游淑惠、張秋菊、白佳立、吳雪慧、張秀紡、蘇峻民、李佳珍、王繕慈、林如萍、吳怡貞、沈昱儀

採　　訪／何日生、賴睿伶、魏玉縣、許淑靜、王秀純、陳秀雲、林淑娥、何麗華、何麗雲、施金魚、蔡鳳寶、林欣璇、許彩霞、李小珍、蕭惠玲、林秋玉、江淑怡、沈昱儀、曹慧如

影音記錄／王水田、歐瑞興、林道鳴、郭玟君、賴秀玉、吳士鐘、潘常光、黃南暘、黃淑琴、張秋燕、吳雪慧、陳春霞、張秋燕、王志宏、高泉發、蔡永安、傅長新、謝榮祥、萬文郁、鄭龍、宋建樺、沈昱儀

影音記錄／王水田、歐瑞興、林道鳴、郭玟君、賴秀玉、陳麗英、吳士鐘、潘常光、黃南暘、黃淑琴、張秋燕、吳雪慧、陳春霞、張秋燕、王志宏、高泉發、蔡永安、傅長新、謝榮祥、萬文郁、鄭龍、宋建樺、沈昱儀

採訪協力／鄧文森、陳麗英

口述協力／高勳美、高曾素貞、張美貞、郭桂美、林素鳳